Enfermedad inflamatoria intestinal

MARGE
MEDICA BOOKS

Enfermedad inflamatoria intestinal

Dr. Joaquim Balanzó

Editor invitada:
Dra. Elena Ricart

MARGE MEDICA BOOKS

Colección: AVANCES EN PATOLOGÍA DIGESTIVA

ENFERMEDAD INFLAMATORIA INTESTINAL
Editor: J. Balanzó
Editor invitada: E. Ricart

1.ª edición, noviembre de 2006

© *Copyright* de esta edición: ICG Marge, SL
© *Copyright* fotografía de la cubierta: Hospital de la Santa Creu i Sant Pau

Edita
ICG Marge, SL
Valencia, 558, ático 2.ª
08026 Barcelona (España)
Tel. +34-932 449 130
Fax +34-932 310 865
www.marge.es

Director editorial
David Soler

Realización editorial
Laura Matos
Héctor Soler

Coordinación editorial
Sandra González

Colaboración técnica
Ana Romo

Compaginación
Rosa Grafisme

Impresión
Gràfiques Cuscó (Sant Adrià del Besòs)

ISBN: 84-86684-61-7
Depósito Legal: B-38.534-2006

Índice

Autores

L. Abreu García
Jefe Servicio de Gastroenterología.
Hospital Universitario Puerta de Hierro.
Madrid.

M. Aceituno
Médico especialista Servicio
Gastroenterología.
Hospital Clínic i Provincial de Barcelona.
Barcelona.

J. Balanzó
Director Servicio Patología Digestiva.
Hospital de la Santa Creu i Sant Pau.
Barcelona.

M. Barreiro de Acosta
Facultativo Especialista de Área.
Servicio de Aparato Digestivo.
Hospital Clínico Universitario de Santiago.
Santiago de Compostela.

Y. Ber Nieto
Médico adjunto Servicio de Aparato Digestivo.
Hospital Clínico Lozano Blesa.
Zaragoza.

D. Busquets
Médico investigador Servicio Patología
Digestiva.
Hospital de la Santa Creu i Sant Pau.
Barcelona.

E. Cabré
Médico adjunto Servicio de Aparato Digestivo.
Hospital Universitari Germans Trias i Pujol.
Badalona.

I. Correa
Investigador Unidad Enfermedad
Inflamatoria Intestinal.
Servicio de Gastroenterología.
Hospital Clínic i Provincial de Barcelona.
Barcelona.

S. Delgado
Médico adjunto Cirugía Gastrointestinal.
IMDM.
Hospital Clínic i Provincial de Barcelona.
Universitat de Barcelona.
Barcelona.

E. Domènech Morral
Médico adjunto Servicio de Aparato
Digestivo.
Hospital Universitari Germans Trias i Pujol.
Badalona.

J. E. Domínguez Muñoz
Facultativo Especialista de Área.
Servicio de Aparato Digestivo.
Hospital Clínico Universitario de Santiago.
Santiago de Compostela.

D. Ginard
Médico adjunto Servicio de Digestivo.
Hospital Universitari Son Dureta.
IUNICS Universitat de les Illes Balears.
Palma, Mallorca.

C. Ginestà
Médico residente Cirugía Gastrointestinal.
IMDM.
Hospital Clínic i Provincial de Barcelona.
Universitat de Barcelona.
Barcelona.

F. Gomollón
Médico adjunto Servicio Aparato Digestivo.
Hospital Clínico Lozano Blesa.
Zaragoza.

J. Hinojosa del Val
Jefe de Sección Unidad de Digestivo.
Servicio de Medicina Interna.
Hospital de Sagunto.
Sagunto.

A. Lacy
Jefe Sección Cirugía Gastrointestinal. IMDM.
Hospital Clínic i Provincial de Barcelona.
Universitat de Barcelona.
Barcelona.

N. Maroto Arce
Médico adjunto Unidad de Digestivo.
Servicio de Medicina Interna.
Hospital de Sagunto.
Sagunto.

J. Martín de Capri
Médico adjunto.
Sección de Gastroenterología, Hepatología y
Nutrición pediátrica.
Hospital Sant Joan de Déu.
Barcelona.

D. Monfort
Médico adjunto Servicio de Digestivo.
Hospital del Mar.
Barcelona.

A. Obrador
Jefe Servicio de Digestivo.
Hospital Universitari Son Dureta.
IUNICS Universitat de les Illes Balears.
Palma, Mallorca.

J. Panés
Consultor senior, Jefe Unidad Enfermedad
Inflamatoria Intestinal.
Servicio Gastroenterología.
Hospital Clínic i Provincial de Barcelona.
Barcelona.

D. S. Pardi, MD
Assistant Professor.
Division of Gastroenterology and Hepatology.
Mayo Clinic College of Medicine.
Rochester, Minnesota.

E. Ricart
Médico adjunto Servicio Patología Digestiva.
Hospital de la Santa Creu i Sant Pau.
Barcelona.

W. J. Sandborn, MD
Professor Division of Gastroenterology and
Hepatology.
Mayo Clinic College of Medicine.
Rochester, Minnesota.

M. Sans
Investigador Unidad Enfermedad Inflamatoria
Intestinal.
Servicio de Gastroenterología.
Hospital Clínic i Provincial de Barcelona/
IDIBAPS.
Barcelona.

A. Sturm
Assistant Professor of Medicine.
Department of Hepatology and
Gastroenterology.
Universitatsklinikum Charité, Campus
Virchow-Klinikum.
Universitätsmedizin, Berlin.

L. Suárez Cortina
Médico adjunto Servicio de Pediatría.
Hospital Universitario Ramón y Cajal.
Universidad de Alcalá de Henares.
Madrid.

I. Vera Mendoza
Médico adjunto Servicio de
Gastroenterología.
Hospital Universitario Puerta de Hierro.
Madrid.

S. Vermeire, MD, PhD.
Department of Gastroenterology.
University Hospital Gasthuisberg.
Leuven, Belgium.

P. J. Vilar Escrigas
Médico adjunto.
Sección de Gastroenterología, Hepatología y
Nutrición Pediátrica.
Hospital Sant Joan de Déu.
Barcelona.

Prólogo

Pocas patologías en el mundo de la gastroenterología han despertado tanto interés como lo ha hecho la enfermedad inflamatoria intestinal en las últimas décadas. Su complejidad fisiopatológica y genética, su heterogeneidad clínica, el aumento de su incidencia, su aparición a edades cada vez más tempranas y la ausencia de tratamientos curativos hacen de esta entidad un campo de investigación clínico y básico complejo y fascinante. En los últimos años, hemos tenido la oportunidad de asistir al descubrimiento de aspectos genéticos y fisiopatológicos fundamentales de la enfermedad inflamatoria intestinal, que han desembocado en el desarrollo de nuevas terapias inmunomoduladoras y biológicas que, probablemente, constituyan el principio de una nueva era en el tratamiento médico de nuestros pacientes.

La Escuela de Patología Digestiva del Hospital de Sant Pau de Barcelona creó hace ya tres décadas una de las primeras consultas monográficas en España sobre enfermedad inflamatoria intestinal. Esta consulta fue liderada por el Dr. Martí Roca tras su estancia en Inglaterra a las órdenes de uno de los padres intelectuales de la enfermedad inflamatoria intestinal, el Dr. Sidney Truelove. Desde su inicio, contó con la colaboración imprescindible del Dr. Joan Pujol Pi y, posteriormente, de la Dra. Dolors González Juan. Desde su creación, somos muchos los médicos digestólogos que hemos pasado por esta consulta durante los años de residencia y los que hemos captado la fascinación que esta patología puede generar.

Es un verdadero privilegio haber colaborado, junto con el Dr. Joaquim Balanzó, en la edición del primer libro sobre enfermedad inflamatoria intestinal que surge de la Escuela de Patología Digestiva del Hospital de Sant Pau, y lo es sobre todo por la calidad y el entusiasmo de los autores que nos han ayudado a que este libro sea una realidad. Gracias a ellos, se ofrece una revisión actualizada y de gran calidad de los distintos aspectos fisiopatológicos, genéticos, diagnósticos y terapéuticos (médicos y quirúrgicos) de la enfermedad inflamatoria intestinal. Muchas gracias a todos por la confianza, el apoyo y el trabajo.

Muchas gracias también a UCB Pharma y en su nombre al Dr. Carlos Cara, por su colaboración desinteresada: sin su ayuda este libro nunca se hubiera publicado. Finalmente, agradecemos y felicitamos a la editorial Marge Medica Books por la meticulosa y esmerada edición de la presente obra.

DRA. ELENA RICART
Servicio de Patología Digestiva
Hospital de la Santa Creu i Sant Pau

Enfermedad inflamatoria intestinal

Dr. Joaquim Balanzó

Editor invitada:
Dra. Elena Ricart

Introducción

J. Balanzó

Director de Servicio de Patología Digestiva
Hospital de la Santa Creu i Sant Pau
Barcelona

Agradecimientos

A Elena Ricart, coordinadora de esta monografía; a todos los autores; a Marge Medica Books; a UCB Pharma, y en su nombre a Carlos Cara por haber patrocinado esta esmerada edición y contribuido a la distribución de la misma; a todos los médicos adjuntos, residentes, investigadores y becarios del Servicio de Patología Digestiva, y al Instituto de Salud Carlos III (C03/02).

Dirección para correspondencia
Hospital de la Santa Creu i Sant Pau
Dr. J. Balanzó
jbalanzo@santpau.es

Esta monografía sobre la enfermedad inflamatoria intestinal (EII) constituye el segundo volumen de la serie sobre Avances en Patología Digestiva, iniciada en 2005 con la obra dedicada a la Hemorragia Digestiva. Nos propusimos publicarla coincidiendo con el curso anual del Servicio de Patología Digestiva, que se celebra cada mes de noviembre; en 2006 tendrá lugar la 89.ª edición.

El Servicio de Patología Digestiva del Hospital de la Santa Creu i Sant Pau es un centro de referencia para la enfermedad inflamatoria intestinal, al igual que lo es para la hemorragia digestiva. De ahí nuestro interés en que esta segunda monografía estuviera dedicada a la colitis ulcerosa y a la enfermedad de Crohn.

La etiología de ambas enfermedades es, hasta el momento, incierta e inciden en ella múltiples factores genéticos, inmunológicos, ambientales, dietéticos y de la flora gastrointestinal. En consecuencia, los diversos tratamientos se han basado en inducir y mantener la remisión de la EII actuando sobre la patología multifactorial. Actualmente, se emplean, además de la terapéutica clásica, modernos fármacos inmunomoduladores y biológicos.

En esta monografía, se revisan todos los factores patogénicos responsables de la colitis ulcerosa y de la enfermedad de Crohn, así como las posibilidades terapéuticas. Igualmente, se describen los diferentes criterios diagnósticos: clínicos, analíticos, inmunológicos, endoscópicos, radiológicos e histológicos, para el correcto diagnóstico y tratamiento, aun cuando con frecuencia es difícil establecer unas premisas claras y aplicar la metodología de la medicina basada en la evidencia.

Se hace hincapié en la importancia del establecimiento de una estrategia de diagnóstico y tratamiento, así como del seguimiento adecuado de los pacientes.

Debido a que la EII es una enfermedad de evolución crónica, a brotes, y afecta con frecuencia a gente joven, es importante que en los hospitales exista personal médico y de enfermería dedicado a la misma, con consultas monográficas, y la posibilidad para el paciente de contactar fácilmente con el médico ante cualquier eventualidad relacionada con la enfermedad.

Se dedica un capítulo a una entidad clínica muy prevalente como es la afectación perianal de la EII y sus diferentes posibilidades diagnósticas y terapéuticas. Igualmente, es básico conocer las peculiaridades y los cuidados en las pacientes embarazadas afectas de EII. En esta monografía se revisan los tipos de exploraciones y tratamientos indicados o contraindicados. La incidencia de displasia, su importancia clínica y la posibilidad de desarrollar cáncer colorrectal son motivo de otro capítulo.

Si bien el tratamiento médico de la colitis ulcerosa y de la enfermedad de Crohn ha progresado extraordinariamente desde finales del siglo XX, gracias a las investigaciones sobre los factores responsables de la respuesta inflamatoria de ambas, la cirugía sigue teniendo un papel primordial cuando fracasa el tratamiento médico. Cabe remarcar que las técnicas quirúrgicas son actualmente muy innovadoras; destaca en especial el avance de la cirugía laparoscópica. En consecuencia, es imprescindible que en los hospitales exista una continua y perfecta coordinación entre gastroenterólogos y cirujanos especializados en esta patología.

La infancia no está exenta de padecer colitis ulcerosa o Crohn y, por ello, hemos creído necesario dedicar un capítulo a las peculiaridades y normas diagnósticas y terapéuticas que deben tenerse en cuenta. En este grupo de edad es más difícil el diagnóstico y es básico controlar el estado nutricional del niño.

Esta monografía, escrita por un elenco de expertos en EII, es una herramienta para ser utilizada por los médicos de Aparato Digestivo, por los residentes de nuestra especialidad o afines y por los internistas, ya que encontrarán en ella una puesta al día sobre la colitis ulcerosa y la enfermedad de Crohn.

Capítulo 1

Fisiopatología de la enfermedad inflamatoria intestinal: conceptos actuales

I. CORREA, M. SANS*

Hospital Clínic i Provincial de Barcelona
Unidad Enfermedad Inflamatoria Intestinal
Servicio de Gastroenterología
Barcelona

*IDIBAPS (Institut d'Investigacions Biomèdiques August Pi i Sunyer)
Universitat de Barcelona
Facultat de Medicina
Barcelona

Dirección para correspondencia
Hospital Clínic i Provincial de Barcelona
Dr. M. Sans
msans@clinic.ub.es

1 Introducción

La enfermedad inflamatoria intestinal (EII) es una entidad compleja, que incluye la enfermedad de Crohn (EC) y la colitis ulcerosa (CU). Su desarrollo requiere la interacción entre factores ambientales y la flora gastrointestinal en un individuo genéticamente susceptible (véase la figura 1). Dentro de los factores genéticos actualmente conocidos, tienen relevancia los relacionados con la inmunidad innata (receptor NOD2 para el muramildipéptido, un derivado del peptidoglicano) y con la barrera epitelial (DLG5, proteína encargada de la polarización epitelial, y el OCTN, molécula implicada en la detoxificación intracelular). Los factores ambientales, como el tabaco, las infecciones gastrointestinales y los antiinflamatorios no esteroideos, desempeñan probablemente un rol iniciador o modificador de la enfermedad. Finalmente, la flora gastrointestinal ejerce un papel clave, pues, sin ésta, no se desarrolla la enfermedad.[1, 2, 3-5]

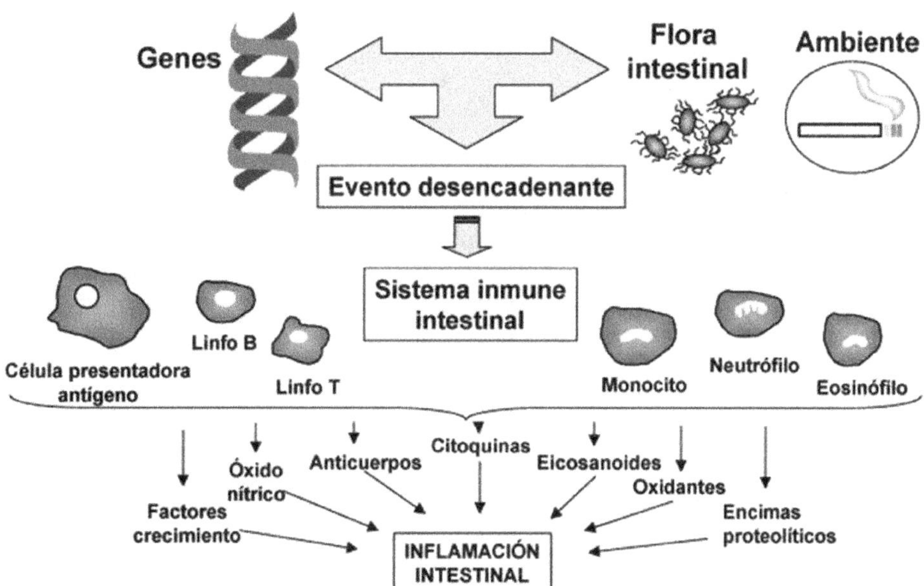

Figura 1. Fisiopatología de la EII. El desarrollo de la EII resulta de una compleja interacción entre factores genéticos y ambientales, entre los que el tabaco y la flora intestinal ejercen un papel clave.

2 Genética

Sin duda, en los últimos años, los hallazgos de los polimorfismos del gen NOD2/CARD15 como factor genético de susceptibilidad para la enfermedad de Crohn han permitido empezar a conocer la complejidad de esta enfermedad poligénica, así como valorar su interacción con otros genes y el medio, lo que en conjunto condiciona un fenotipo determinado.[6,7] Este apartado será desarrollado más extensamente en el capítulo 3 (genética de la EII).

3 Inmunidad innata

El sistema inmune innato es aquella porción del sistema inmune encargada de una respuesta rápida frente a una agresión, así como de coordinar la respuesta inmune adquirida (humoral y celular) y de mantener la inmunotolerancia frente a la flora y nutrientes. Para esto, cuenta con un componente celular: barrera epitelial (enterocitos, células de Paneth, células troncales, células M), células dendríticas, macrófagos, células B y tejido linfoide asociado a la mucosa (MALT). Además, cuenta con barreras como el moco, péptidos antimicrobianos como las defensinas y el peristaltismo. Todos ellos, de forma coordinada mediante los receptores de inmunidad innata, generarán una respuesta inflamatoria ante una señal de peligro o, si el microambiente no presenta alteración significativa, generarán señales de inmunotolerancia.

3.1 Receptores de inmunidad innata

Los receptores de la inmunidad innata pertenecen a varias familias proteicas (receptores Toll Like [TLR], NOD, proteínas de unión a peptidoglicano, lectinas-C, receptores Fc y otros) que en conjunto se conocen como receptores de reconocimiento de patrones, ya que reconocen estructuras conservadas de los microorganismos (lipopolisacáridos, peptidoglicano, ADN y ARN viral, etc.) (véase la figura 2). Se caracterizan por estar codificados por genes de la línea germinal, es decir, no son clonales como el receptor de un linfocito: por su localización ubicua y, algunos de ellos, por mediar funciones homeostáticas no inmunes de la mucosa intestinal.

3.1.1 Receptores Toll Like (TLR)

Se conocen once receptores glicoproteicos transmembrana que pertenecen a la superfamilia de receptores de la interleucina 1 (IL-1) y que presentan tres particularidades es-

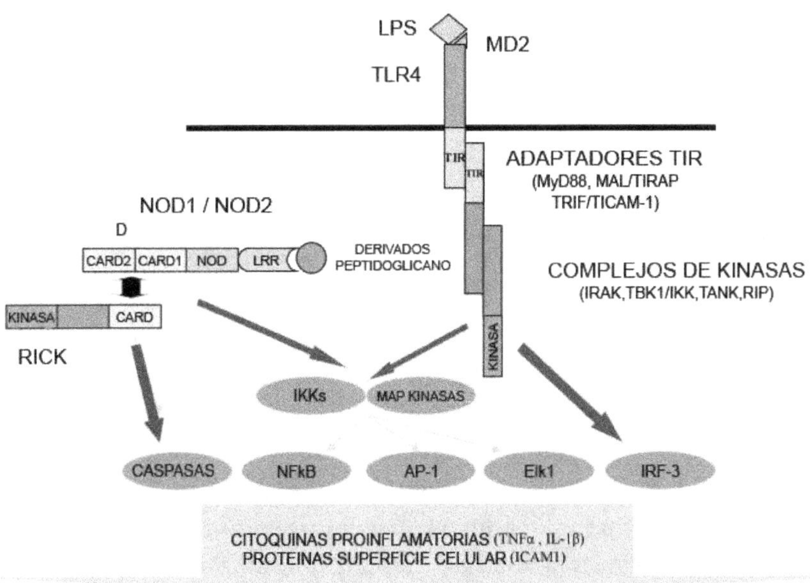

Figura 2. Estructura y mecanismos de acción del receptor Toll Like 4 y NOD. Los receptores NOD1 y NOD2 están implicados en el reconocimiento intracelular de moléculas derivadas del peptidoglicano. Interactúan con el adaptador RICK, que activa diversos factores de transcripción. El receptor Toll Like 4, en conjunto con el cofactor MD2, reconoce el lipopolisacárido (LPS) en la superficie celular; posteriormente, interactúa con una serie de adaptadores TIR y complejos de kinasas, que fosforilan varios factores de transcripción. Finalmente, la ruta de ambos receptores conduce a la transcripción de genes de citocinas proinflamatorias y antígenos de superficie.

tructurales: un extremo extracelular rico en leucinas, que cumple la función de unión al ligando; un pequeño dominio transmembrana, y un segmento citoplasmático homólogo de Toll y receptor de interleucina 1 (TLR), esencial para activar la cascada de señalización intracelular. Estos receptores son capaces de reconocer diversas estructuras conservadas de los microorganismos e incluso estructuras del huésped. Pueden localizarse en la membrana plasmática (TLR1, TLR2, TLR4, TLR5 y TLR6) o intracelularmente (TLR3, TLR7, TLR8 y TLR9), lo que permite optimizar la captura de los ligandos.

En la mucosa intestinal, su expresión puede ser constitutiva o inducible. En el epitelio, se expresan de forma constitutiva los receptores TLR2 y TLR4 en la superficie apical, TLR5 en la basolateral y TLR3, intracelularmente, lo que permite reconocer una amplia gama de productos derivados de patógenos e iniciar así una respuesta inmune a través de la secreción de péptidos antimicrobianos (β defensinas) y de citocinas proinflamatorias. Al activarse, vía TLR9, las células de Paneth liberan el contenido de sus gránulos en las criptas. Estos gránulos son ricos en péptidos antimicrobianos que, además de su función lítica, son quimiotácticos para células dendríticas, monocitos y células T.

Las células dendríticas expresan todos los receptores Toll; así, cuando son estimuladas, se produce en ellas un cambio morfofuncional que las transforma en células presentadoras de antígenos y con capacidad de modular la respuesta inmune hacia un patrón predominantemente Th1, Th2, linfocitos T reguladores o Th17.

Modelos murinos deficientes para los receptores Toll Like 2 y 4 o para un adaptador intracelular (MyD88) presentan una colitis más grave al ser inducida por agentes químicos y una mayor tasa de mortalidad, debido a una deficiente respuesta inflamatoria y homeostática de la mucosa intestinal.[8, 9]

3.1.2 *Receptores NOD*

Los receptores NOD1 o CARD4 y NOD2 o CARD15 pertenecen a la familia CATERPILLER (CARD, *transcription enhancer, R [purine] binding, pyrin, lots of leucine repeats*) y se caracterizan estructuralmente por presentar tres dominios: uno, aminoterminal efector, que activa distintos factores de transcripción nuclear (NF-κB, AP-1 y Elk 1) y modula la expresión de genes de la respuesta inflamatoria y apoptosis; otro, central (NOD) regulador, y el carboxiterminal, rico en leucinas (LRR) e implicado en el reconocimiento del ligando.

Ambos receptores son intracelulares: NOD1 tiene una distribución ubicua, mientras que NOD2 se expresa constitutivamente en las células mielomonocíticas, células dendríticas y células de Paneth y, de forma inducible, en el epitelio intestinal. Ambos reconocen pequeños fragmentos derivados del peptidoglicano, muramildipéptido en el caso de NOD2 y mesoácido diaminopimélico en el caso de NOD1. Su estimulación induce la secreción de múltiples mediadores inflamatorios que, en conjunto, modularán la respuesta inflamatoria, como citocinas, quemoquinas, factores hematopoyéticos y moléculas de adhesión. En las células de Paneth, el receptor NOD2 está implicado en la secreción de péptidos antibióticos (defensinas).[10]

Los polimorfismos del gen NOD2/CARD15 (R702W, G908R y el 1007fs) afectan preferentemente la región LRR encargada del reconocimiento del ligando y, en el caso de estos polimorfismos, se da un reconocimiento defectuoso del muramildipéptido y, por tanto, no se activa NF-κB.[11] Desde el punto de vista clínico, estos polimorfismos confieren a los individuos portadores de un alelo un riesgo relativo para desarrollar la enfermedad de Crohn entre dos y cuatro veces mayor que el de la población general y, cuando son homocigotos o heterocigotos compuestos, un riesgo relativo entre quince y cuarenta veces superior.[12]

Los pacientes portadores de los polimorfismos presentan una deficiente producción de interleucinas (TNF y IL-1ß) cuando sus células mononucleares de sangre periférica son estimuladas con agonistas para NOD2 o coestimuladas con agonistas para NOD2 y receptotes Toll Like (TLR1, TLR2, TLR4, TLR5, TLR6, TLR7 y TLR8). Además, en estos pacientes se observa una relación inversa entre el número de alelos polimórficos (*wild type,* heterocigotos y homocigotos para las variantes NOD2) y la producción de interleucinas proinflamatorias.[13] Esto impediría generar una respuesta inflamatoria adecuada para controlar localmente la flora bacteriana, perpetuándose así la inflamación. Además, presentan una alteración en la producción de las interleucinas tipo Th1 y Th2. En los pacientes homocigotos o heterocigotos compuestos para los polimorfismos de NOD2, cuando sus células monucleares de sangre periférica son coestimuladas con agonistas para TLR2 y muramildipéptido, producen menos IL-10, interleucina Th2.[14]

Los pacientes con afectación ileal tienen una expresión disminuida de las α defensinas (HD5 y HD6) en las células de Paneth en comparación con los controles sanos. Esta diferencia es más marcada en los pacientes portadores de alguno de los polimorfismos para el gen NOD2 y sobre todo para los homocigotos del polimorfismo 1007fs, lo que se asocia a una deficiente actividad antibacteriana frente a *E. Coli* y *S. Aureus.*[15] Como las defensinas son polipéptidos con una potente acción bactericida e inflamatoria, su disminución podría explicar una alteración en los mecanismos defensivos de la mucosa intestinal para controlar localmente la flora. Las células de Paneth se ubican preferentemente en el íleon, lo cual explicaría la alta afectación de dicha zona en la enfermedad de Crohn.

3.1.3 Células epiteliales

La barrera que nos separa de la luz intestinal está compuesta por una monocapa celular, mayoritariamente formada por enterocitos, que, mediante sus complejos de unión intercelular (uniones fuertes, uniones adherentes y desmosomas), generan un compartimiento luminal y otro basolateral, separando así el medio externo del interno. Los enterocitos, junto a otros tipos celulares (células troncales, células de Paneth, enterocromafines, células M, linfocitos intraepiteliales y células dendríticas), se encargan de desempeñar las diversas funciones de la mucosa gastrointestinal: barrera, regeneración, absorción, secreción, defensa e inmunotolerancia.

El modelo murino SAMP1/YitFc desarrolla ileitis de forma espontánea. En un modelo quimérico (trasplante de la médula ósea de ratones SAMP a ratones *wild type* y viceversa), se determinó que el defecto primario para desarrollar ileitis residía en el epitelio y no en los elementos hematopoyéticos trasplantados. El epitelio presentaba una permeabilidad aumentada que precedía a la aparición de la inflamación y que era independiente de la presencia de la flora; además, se acompañaba de una disminución de la expresión del ARN mensajero para la claudina-2 y la ocludina, proteínas implicadas en los complejos de unión intercelulares.[16] En pacientes afectos de EC y en sus familiares también se ha encontrado un aumento en la permeabilidad epitelial. Recientemente, se ha descrito una alteración en las uniones fuertes en los pacientes con EC inactiva, que podría permitir el paso de antígenos desde la luz intestinal a la mucosa, activando así el sistema inmune y perdiendo la tolerancia oral.[17]

Las células epiteliales también interactúan con las células del sistema inmune y, además, pueden actuar como células presentadoras de antígenos. En condiciones basales, éstas expresan en bajas cantidades los receptores Toll 2 y 4 en su superficie apical, el TLR5 en la región basolateral, NOD1 intracelular y NOD2 en forma inducible. En estas condiciones, los enterocitos expresan las moléculas HLA I clásicas y no clásicas (CD1d y GP 180) y HLA II en el compartimiento basolateral, pudiendo activar diferentes poblaciones de linfocitos CD4 y CD8, así como células NK.[18] Ante una lesión secretan péptidos bactericidas (BPI), citoquinas y quemoquinas como la IL-8 (neutrófilos), MCP-1 y MIP-1ß (macrófagos), MIP-3α o CCL20 (células dendríticas y linfocitos) y eicosanoides con funciones pro y antiinflamatorias.[19]

En los pacientes con EII, las células epiteliales de zonas afectas y sanas activan linfocitos CD4, a diferencia de los controles sanos, que normalmente activan linfocitos CD8 supresores. Estos linfocitos CD8, en condiciones normales, suprimen la producción de inmunoglobulinas.[20] Todo ello sugiere la existencia de un defecto generalizado del epitelio en la regulación de la homeostasis inmune.

Es importante mencionar que las citocinas juegan un rol modulador de la permeabilidad epitelial al regular distintos componentes de los complejos de unión. Es así como el IFNγ aumenta la permeabilidad intestinal al inducir la endocitosis de la ocludina, JAM-A y claudina 1 de las uniones fuertes. El TNFα también aumenta la permeabilidad intestinal al modular por vía NF-κB la disminución de la expresión de la proteína ZO1 y la redistribución de las proteínas de las uniones fuertes.[21] También las citocinas tienen un papel modulador en la expresión y la actividad de los receptores Toll en los enterocitos, de forma que las citocinas proinflamatorias (IFNγ, IL-12) aumentan su expresión, mientras que las antiinflamatorias (IL-4 e IL-13) la disminuyen.[22]

3.1.4 Células dendríticas

Las células dendríticas tienen un papel preponderante en el sistema inmune, dado que, en condiciones fisiológicas, son las encargadas de explorar el medio ambiente en el cual se encuentran y, dependiendo de su grado de activación, generar una respuesta inflamatoria o de tolerancia. En el sistema digestivo, se encuentran distribuidas en la lámina propia y en las placas de Peyer. Desde la lámina propia extienden prolongaciones hacia la luz intestinal, a través de los enterocitos, manteniendo los complejos de unión intercelulares.

Las células dendríticas gastrointestinales poseen un fenotipo no inflamatorio, determinado por factores solubles secretados por las células epiteliales. La linfopoyetina estromal tímica, secretada por los enterocitos, obliga a la célula dendrítica a producir IL-

10, IL-6 y TGF-β y a disminuir la producción de interleucinas proinflamatorias (IL-12) y la respuesta frente a agonistas de los receptores Toll 2 y 4, favoreciendo así funcionalmente una respuesta inmune Th2.[23] Esta tendencia Th2 se mantiene gracias a la linfopoyetina aun en presencia de patógenos típicamente inductores de respuesta Th1, como es la *Salmonella*. En los pacientes con EC, se encuentra disminuida o ausente la transcripción para dicha citoquina.[24]

La tolerancia oral es una característica fundamental de la mucosa gastrointestinal, dado que ésta se encuentra expuesta a una gran cantidad de microorganismos y antígenos alimentarios. Esta tolerancia depende de la integridad de la mucosa y de los órganos linfoides secundarios. Los antígenos y la flora son captados por las células dendríticas, principalmente a nivel del íleon, y llevados a través de los vasos linfáticos hasta los ganglios mesentéricos, impidiendo así su acceso al resto del organismo.[25] De esta manera, se genera una respuesta inmune protectora local, dependiente de IgA, y se evita la inmunización generalizada.[26] En los pacientes con EII, la tolerancia a los antígenos orales y la flora está comprometida; es así como en estos pacientes no puede inducirse tolerancia al administrar un antígeno por vía oral, a diferencia de los controles, y además presentan una respuesta inmune contra antígenos de la flora.[27, 28]

En la EII, las células dendríticas de la lámina propia se incrementan en número, tienen una mayor expresión de receptores Toll 2 y 4 y poseen un fenotipo mieloide maduro. En la EC producen más IL-12, TNFα e IL-6 que las de los pacientes con CU, con una producción de IL-10 igual o menor en ambas enfermedades respecto de los controles.[29] Todo lo anterior genera un desequilibrio a favor de un patrón inflamatorio.

3.1.5 Macrófagos

Los macrófagos son células del sistema inmune con un importante rol en la homeostasis de la mucosa gastrointestinal. A diferencia de los monocitos, poseen un fenotipo no inflamatorio (no producen interleucinas proinflamatorias) y tampoco actúan como células presentadoras de antígenos, pero mantienen su capacidad fagocítica y bactericida; controlan así localmente la invasión de microorganismos en la mucosa. Este fenotipo es determinado en parte por factores solubles, principalmente el TGF-β derivado de mastocitos y células epiteliales.[30] Además, tienen un rol importante en la regeneración del epitelio a nivel de las criptas.[31]

En modelos murinos, así como en patologías donde se encuentra afectado el sistema monocito-macrofágico, como la glicogenosis-1b, se desarrolla patología inflamatoria intestinal indistinguible de la EC o CU. En los pacientes con EII, los macrófagos de la lámina propia tienen un fenotipo inflamatorio, secretan interleucinas proinflamatorias y expresan moléculas de coestimulación como CD80 y CD86 en su superficie, lo que ayuda a perpetuar y aumentar la respuesta inflamatoria a nivel local.

3.1.6 Defecto sistémico

En un estudio reciente, se ha descrito una deficiente respuesta de la inmunidad innata sistémica (no sólo del tracto gastrointestinal), independiente de los polimorfismos para NOD2, en los pacientes con EC y no en los pacientes con CU u otras patologías inflamatorias como la artritis reumatoide. Así, los individuos afectos de EC presentan una deficiente infiltración de polimorfonucleares, de producción de interleucinas proinflamatorias como la IL-8 y IL-1ß y de la respuesta vasodilatadora en el antebrazo frente a la inoculación de *E. Coli.*[32]

En definitiva, los pacientes afectos de EC poseen un defecto sistémico de la inmunidad innata (incapacidad de iniciar una respuesta inflamatoria aguda frente a una lesión), aún no aclarado, que los predispone a desarrollar la enfermedad. Sobre este defecto, otros polimorfismos ejercerían un rol modulador, como el caso de los polimorfismos del gen NOD2, que favorecen la localización ileal y el fenotipo estenosante, así como una mayor necesidad de cirugía.[33]

4   Flora y factores ambientales

4.1 Flora gastrointestinal

Nuestro aparato gastrointestinal es un extraordinario, complejo y dinámico modelo de simbiosis o mutualismo con la flora. Ésta está compuesta por, al menos, 13.335 filotipos (subespecies) cuando se utilizan las técnicas de ARN ribosomal 16S; los *Bacteroides* y *Firmicutes* son las divisiones bacterianas dominantes. Además, existe evidencia de una importante contribución de los hongos.[34]

La flora, al interactuar con la mucosa, modula la expresión de genes implicados en diversas funciones, como la absorción de nutrientes (cotransportador Na^+/glucosa, colipasa, apolipoproteínas, transportador de cobre y otros), inmunológicas o barrera (aumento de células B productoras de IgA, receptor polimérico Ig, componentes del mucus), metabolismo de xenobióticos y angiogénesis (angiogenina-3).[35]

4.1.1 Funciones inmunes

La flora induce la producción de las angiogeninas, péptidos antimicrobianos, en las células de Paneth. Éstas ejercerían no sólo un efecto bactericida, sino también fungicida, local y sistémico. Además, son selectivas, ya que no destruyen a los microorganismos de la flora.[36] Ésta también contribuye a la regeneración del epitelio, mediante la activación de los macrófagos, por medio de los receptores Toll Like, induciendo así la expresión de genes de factores de crecimiento epitelial, proteínas encargadas de la remodelación de la matriz extracelular y de la membrana basal.[31]

La flora ejerce un importante papel en el desarrollo de los órganos linfoides intestinales y sistémicos. Es así como los animales libres de gérmenes tienen placas de Peyer hipoplásicas, escasas células plasmáticas productoras de IgA y linfocitos CD4 en la lámina propia; además, poseen un bazo y ganglios linfáticos pobremente estructurados e hipogammaglobulinemia.[37]

4.1.2 Flora gastrointestinal: rol etiopatogénico en la enfermedad inflamatoria intestinal

La flora del tracto digestivo desempeña un rol preponderante en el desarrollo de la EII. Es así como diversos modelos murinos criados en condiciones libres de gérmenes no desarrollan un proceso inflamatorio intestinal; sólo se produce cuando son repoblados con la microbiota intestinal. No está claro si la respuesta inmune está dirigida contra un grupo de bacterias determinado o contra algunos de sus componentes. Se ha determinado que un antígeno dominante es la flagelina. Al transferir linfocitos CD4 específicos a un ratón SCID (inmunodeprimido), éste desarrolla una colitis severa.[28]

En pacientes con EC, al infundir material fecal autólogo recogido desde una ostomía de descarga en el neoíleon, se produce una infiltración en la lámina propia y epitelio de mononucleares, eosinófilos y polimorfonucleares.[38] Las células mononucleares de la lámina propia de los pacientes con enfermedad inflamatoria proliferan, a diferencia de los controles sanos, al ser estimuladas con sonicados de la flora.[39]

Es interesante notar que la aparición en sangre de anticuerpos contra diferentes componentes bacterianos OmpC *(E. Coli outer-membrane porin C)*, I2 *(Pseudomona fluorescens CD related protein)* y CBir1 (flagelina) o de levadura (ASCA *[Saccharomyces cerevisiae]*), confiere a los pacientes con EC un inmunofenotipo particular. Es así como el hecho de poseer uno o más anticuerpos contra componentes de la flora confiere un riesgo relativo mayor de poseer o desarrollar una enfermedad con un fenotipo agresivo.[40] Probablemente, estos inmunofenotipos traducen distintos grados de pérdida de tolerancia a la flora y, por tanto, marcan un defecto de la interacción entre los genes del individuo y su microbiota.

4.2 Factores ambientales

4.2.1 Tabaco

La aparición de la EC se asocia al hábito tabáquico, de forma que los pacientes fumadores activos tienen un riesgo dos veces mayor que los no fumadores. Además, mantener el hábito tabáquico se asocia a un mayor riesgo de recurrencia, cirugía y necesidad de uso de corticoides e inmunosupresores, así como de progresión del fenotipo inflamatorio hacia un fenotipo fistulizante o estenosante. Por otro lado, se ha demostrado que el cese del hábito tabáquico tiene un efecto beneficioso sobre el curso de la enfermedad.[41] En cambio, en la CU se observa una asociación negativa entre el hábito tabáquico y la posibilidad de desarrollar la enfermedad (riesgo de 0,41 para los fumadores activos).[42] No se sabe qué componente del tabaco es el causante de dichos efectos, ni tampoco por qué el tabaco tiene un efecto opuesto en EC y CU. El tabaco y, en particular, la nicotina, tiene un efecto inmunosupresor, afecta entre otras la función de los linfocitos, macrófagos y células dendríticas. Los linfocitos tienen una menor capacidad de proliferación; los macrófagos presentan una capacidad fagocítica, lítica y de producción de interleucinas proinflamatorias disminuida, y las células dendríticas poseen una menor capacidad endocítica y una menor producción de IL-12.[43, 44]

4.2.2 Antiinflamatorios no esteroideos

Se ha sugerido que el consumo de antiinflamatorios no esteroideos puede desencadenar brotes de actividad en los pacientes afectos de EII. Los pacientes con EC y CU no activa que consumen antiinflamatorios no esteroideos no selectivos durante cuatro semanas tienen entre un 17 y un 28 % de posibilidades de presentar una recaída clínica. Los metabolitos del ácido araquidónico sintetizados por las ciclooxigenasas (COX) 1 y 2 controlan o modulan diversas funciones en el tracto digestivo. Es así como la COX-1 modula la producción de moco y la secreción de bicarbonato y la COX-2 modula la proliferación epitelial e inhibe la adherencia leucocitaria. La PGE2 es producida en forma constitutiva por las células estromales de la lámina propia, aumentando la producción de IL-10 de las células dendríticas, lo que modula la respuesta inmune hacia un tipo preferentemente Th2. Por tanto, la inhibición de una o ambas isoenzimas puede causar o retrasar la cicatrización de lesiones a lo largo del tracto digestivo y modular la respuesta inmune, más aún si actúa sobre un individuo genéticamente dispuesto al daño de la mucosa.[45, 46]

4.2.3 Infecciones gastrointestinales

Las infecciones del tracto digestivo se asocian con una mayor posibilidad de desarrollar EII. Es así como después de un episodio de gastroenteritis existe un riesgo relativo (RR) mayor de desarrollar EII (RR 2,4). Este riesgo es mayor para la EC (RR 4,1) y, especialmente, durante el año siguiente a la infección (RR 6,6).[47] Desde el punto de vista fisiopatológico, los microorganismos patógenos poseen diversos mecanismos de invasión de la mucosa intestinal y alteración de la inmunidad que, en un individuo genéticamente susceptible, pueden desencadenar un proceso inflamatorio crónico local.

4.2.4 Apendicectomía

La apendicectomía se asocia con una menor incidencia de CU. Los mecanismos por los cuales se produce son desconocidos. En el modelo murino deficiente de receptor Tα, que espontáneamente desarrolla inflamación intestinal tipo CU, se observa que el tejido linfoide del apéndice tiene una mayor proliferación celular, produce una mayor cantidad de inmunoglobulina A y G, así como autoanticuerpos contra una proteína del citoesqueleto. La apendicectomía previene la aparición de la inflamación intestinal.[48]

5   Inmunidad adquirida

5.1   Evolución: evidencia clínica y en modelos murinos

La EII es una entidad evolutiva. En los pacientes con EC, habitualmente, la localización se mantiene constante, pero el fenotipo tiende a cambiar o evolucionar durante la vida del individuo. Es así como, transcurrido un período de entre diez y veinte años de evolución de la enfermedad, una proporción importante de pacientes (45-60 %) ha cambiado su fenotipo, principalmente del fenotipo inflamatorio al estenosante (27 %) y perforante (29 %).[49] En la CU, un porcentaje de los pacientes presenta una extensión proximal de su enfermedad con el tiempo.

En modelos murinos ha podido estudiarse la evolución de la enfermedad. Se ha determinado que en la fase aguda de la enfermedad predominan las interleucinas Th1 como el IFN-γ y TNF y, en cambio, en la fase crónica, el patrón es mixto, Th1/Th2, con la elevación en la mucosa de la IL-5 e IL-13.[50, 51] También ha podido demostrarse que, manipulando el proceso inflamatorio, al bloquear la acción del NF-κB con oligonucleótidos antisentido, estos ratones desarrollan menos fibrosis.[52]

5.1.1 TGF- β: control de la inflamación

El TGF-β es una citocina con diversidad de funciones en los distintos tejidos de la economía. Modula múltiples aspectos del sistema inmune y destaca su rol en la tolerancia al regular la proliferación, diferenciación y supervivencia de los linfocitos. En el medio se encuentra inactivo al estar unido a la proteína asociada de latencia (LAP) o a la proteína de latencia unida a TGF-β (LTBP). Al ser liberado, se une al receptor tetramérico 2 (TGFβRI/TGFβRII), activa el TGFβRI que fosforila a Smad 2 y 3 y, posteriormente, se traslocan al núcleo junto con Smad 4, donde regulan la transcripción génica. La principal molécula reguladora, Smad 7, compite con Smad 2 y 3 por su unión con el TGFβRI.[53]

En la mucosa intestinal, el TGF-β1 tiene un rol importante en el control de la inflamación y, por este motivo, en diversos modelos murinos deficientes para el receptor del TGF-β o Smad 3 desarrollan patología inflamatoria intestinal. En el intestino, en condiciones fisiológicas, el TGF-β regula negativamente la actividad del NF-κB al inducir la expresión del IkBα, reduce la expresión en los linfocitos de T-bet un factor de transcripción Th1 y disminuye la producción de citocinas Th1.[54]

Los mononucleares de la mucosa intestinal humana expresan niveles basales de Smad 3 fosforilado que aumentan al tratarse con TGF-β; en cambio, en los pacientes con EII, éste se encuentra basalmente disminuido y no aumenta tras el estímulo con TGF-β. Dicho efecto se debe a un control postranscripcional del Smad 7, que en condiciones fisiológicas se degrada mediante la proteasoma y permite la acción de los Smad 2 y 3. En los pacientes con EC, el Smad 7 aumenta al no degradarse por medio de la proteasoma.[55] Esto imposibilita la acción inmunorreguladora a nivel de la mucosa y favorece así la perpetuación del proceso inflamatorio local.

5.1.2 *Linfocitos T reguladores*

El control de la respuesta inmune y la prevención de la aparición de patología autoinmune precisa un fino control de la función de los linfocitos T. Es así como en el timo se produce una delección de los linfocitos T autorreactivos a nivel central, pero además requiere de un control en la periferia, por la existencia de antígenos ocultos o de linfocitos con receptores con afinidad intermedia-baja. Para realizar el control periférico, el organismo cuenta con los linfocitos T reguladores (T reg). Éstos pueden ser centrales o naturales y periféricos o adquiridos. Los primeros son de origen tímico, expresan el factor de transcripción Foxp3 y en su superficie CD4$^+$CD25$^+$ y actúan en el tejido linfoide secundario. Los periféricos o adquiridos se caracterizan por derivar de los linfocitos CD4 *naive* periféricos en respuesta a un proceso inflamatorio. Existen dos tipos: los Tr1, que se producen en un medio donde las células dendríticas producen elevados niveles de IL-10 y carecen del factor de transcripción Foxp3; y otros, que se desarrollan bajo la influencia del TGF-β, que induce la expresión del factor de transcripción Foxp3 y en su superficie poseen los marcadores CD4$^+$CD25$^-$. La acción supresora la realizan por contacto directo y a través de citocinas como la IL-10 y el TGF-β. Ante un proceso inflamatorio, las células dendríticas activadas por los receptores Toll secretan IL-6 e IL-1, que revierten momentáneamente el efecto supresor de dichos linfocitos y permiten su expansión, permitiendo así al organismo, por un lado, controlar la *noxa* y, por otro, disminuir el daño colateral al suprimir localmente linfocitos efectores.[56]

En modelos murinos, se ha demostrado que la transferencia de linfocitos CD4$^+$CD25$^+$ previene la aparición de inflamación intestinal y, además, logra revertir la inflamación intestinal ya existente cuando aquéllos se transfieren en etapas más avanzadas.[57] En los pacientes con EII, los linfocitos CD4[+]CD25[+] periféricos se encuentran disminuidos durante los períodos de actividad de la enfermedad, a diferencia de los pacientes con una diverticulitis (control inflamatorio), en los que aumentan considerablemente. En la lámina propia, los linfocitos CD4[+]CD25[+] aumentan en comparación con la mucosa no inflamada y el control sano, pero en cantidad inferior al control inflamatorio.[58] Todo esto apunta a una generación inadecuada de linfocitos reguladores, tanto en la periferia como en la lámina propia, en los pacientes con enfermedad inflamatoria intestinal, probablemente, debido a un defecto en la acción del TGF-β, lo que impide controlar el proceso inflamatorio de manera local.

5.1.3 IL-17 e IL-23: eje de la cronicidad

Recientemente, se ha descrito Th17 como un nuevo linaje de linfocitos CD4 efectores, distinto de los Th1 y Th2, relevante en procesos inmunes crónicos como la artritis reumatoide, la encefalitis autoinmune experimental y la patología intestinal inflamatoria crónica. La IL-17 es una interleucina que actúa sobre células epiteliales, endoteliales y fibroblastos, estimulando la producción de quemoquinas (CXCL8, CXCL6, CXCL1), factores de crecimiento (G-CSF, GM-CSF, IL-6) y moléculas de adhesión (ICAM- 1) necesarias para el reclutamiento de neutrófilos, así como para la granulopoyesis.[59]

Los linfocitos Th17 se diferencian a partir de las células *naive,* en presencia de IL-6 y TGF-β, un proceso potenciado por la acción de la IL-1β y el TNF-α e inhibido por el IFNγ (Th1) y la IL4 (Th2). La IL-23, interleucina producida principalmente por las células presentadoras de antígenos (dendríticas y macrófagos), es necesaria para expandir y estabilizar el linaje Th17, especialmente en los linfocitos memoria, que expresan su receptor y que son la población mayoritaria de linfocitos en la lámina propia intestinal. El TGF-β, además, aumenta la expresión del receptor para la IL-23 en los linfocitos T *naive.* En un medio proinflamatorio, el TGF-β y la IL-6 inducen la producción de IL-17 y la IL-23 mantiene en el tiempo su producción, permitiendo así perpetuar el proceso inflamatorio.[56]

Como se comentó, el TGF-β tiene un rol en la inducción de linfocitos T reguladores; por tanto, la diferenciación hacia un linaje Th17 o T reg dependerá del microambiente donde se encuentre la célula T *naive.* Es así como ésta se diferenciará a Th17 si existe TGF-β e IL-6, o hacia linfocitos T reguladores si sólo existe TGF-β.[60]

Desde el punto de vista anatómico, la subunidad p40 (subunidad común para la IL-12 e IL-23) se expresa basalmente en las células dendríticas del intestino delgado y especialmente en el íleon. Esta expresión es dependiente de la flora y de NF-κB y se acompaña de una expresión de la IL-23 (p40/p19).[61] Esto podría explicar la marcada preferencia por la afectación ileal que presentan los pacientes con EC.

Los ratones IL10[-/-] desarrollan colitis de forma espontánea. Recientemente, se estableció que la cronicidad de la inflamación intestinal es dependiente de los linfocitos memoria de la lámina propia y de la indemnidad del eje IL-17/IL-23. Es así como los ratones p19[-/-] (deficientes de IL-23) no desarrollan inflamación crónica y el bloqueo de la IL-6 e IL-17 la disminuye.[62] Esto tiene importancia, desde un punto de vista clínico, porque el bloqueo de la IL-12 con anticuerpos anti p40 (subunidad común para la IL-12 y la IL-23) ha mostrado una inducción de la remisión clínica en un porcentaje significativo de pacientes con enfermedad de Crohn activa.[63]

En pacientes con enfermedad inflamatoria intestinal, se ha determinado mediante PCR que la transcripción para p19 (IL-23) aumenta en la mucosa inflamada, en mayor cuantía en los pacientes con EC que en los pacientes con CU, y de ambos más que en controles inflamatorios.[64] Por otro lado, se ha determinado que los niveles de IL-17 son elevados tanto en sangre como en la mucosa inflamada de los pacientes con EC y CU, no así en las colitis infecciosas o isquémicas.[65]

BIBLIOGRAFÍA

1. Targan SR, Karp LC. Defects in mucosal immunity leading to ulcerative colitis. Immunol Rev 2005;206:296-305.
2. Cobrin GM, Abreu MT. Defects in mucosal immunity leading to Crohn's disease. Immunol Rev 2005;206:277-95.
3. Bamias G, Nyce MR, De La Rue SA, Cominelli F. New concepts in the pathophysiology of inflammatory bowel disease. Ann Intern Med 2005;143: 895-904.
4. Backhed F, Ley RE, Sonnenburg JL, Peterson DA, Gordon JI. Host-bacterial mutualism in the human intestine. Science 2005;307:1915-20.
5. Cosnes J, Beaugerie L, Carbonnel F, Gendre JP. Smoking cessation and the course of Crohn's disease: an intervention study. Gastroenterology 2001;120:1093-99.
6. Gaya DR, Russell RK, Nimmo ER, Satsangi J. New genes in inflammatory bowel disease: lessons for complex diseases? Lancet 2006;367:1271-84.
7. Schreiber S, Rosenstiel P, Albrecht M, Hampe J, Krawczak M. Genetics of Crohn disease, an archetypal inflammatory barrier disease. Nat Rev Genet 2005;6:376-88.
8. Rakoff-Nahoum S, Paglino J, Eslami-Varzaneh F, Edberg S, Medzhitov R. Recognition of commensal microflora by toll-like receptors is required for intestinal homeostasis. Cell 2004;118:229-41.
9. Fukata M, Michelsen KS, Eri R, Thomas LS, Hu B, Lukasek K, Nast CC, Lechago J, Xu R, Naiki Y, Soliman A, Arditi M, Abreu MT. Toll-like receptor-4 is required for intestinal response to epithelial injury and limiting bacterial translocation in a murine model of acute colitis. Am J Physiol Gastrointest Liver Physiol 2005;288:G1055-65.
10. Ting JP, Davis BK. CATERPILLER: a novel gene family important in immunity, cell death, and diseases. Annu Rev Immunol 2005;23:387-414.
11. Bonen DK, Ogura Y, Nicolae DL, Inohara N, Saab L, Tanabe T, Chen FF, Foster SJ, Duerr RH, Brant SR, Cho JH, Nunez G. Crohn's disease-associated NOD2 variants share a signaling defect in response to lipopolysaccharide and peptidoglycan. Gastroenterology 2003;124:140-46.
12. Economou M, Trikalinos TA, Loizou KT, Tsianos EV, Ioannidis JP. Differential effects of NOD2 variants on Crohn's disease risk and phenotype in diverse populations: a metaanalysis. Am J Gastroenterol 2004;99:2393-2404.
13. van Heel DA, Ghosh S, Butler M, Hunt KA, Lundberg AM, Ahmad T, McGovern DP, Onnie C, Negoro K, Goldthorpe S, Foxwell BM, Mathew CG, Forbes A, Jewell DP, Playford RJ. Muramyl dipeptide and toll-like receptor sensitivity in NOD2-associated Crohn's disease. Lancet 2005; 365:1794-96.

14. Netea MG, Kullberg BJ, de Jong DJ, Franke B, Sprong T, Naber TH, Drenth JP, Van der Meer JW. NOD2 mediates anti-inflammatory signals induced by TLR2 ligands: implications for Crohn's disease. Eur J Immunol 2004;34:2052-59.

15. Wehkamp J, Salzman NH, Porter E, Nuding S, Weichenthal M, Petras RE, Shen B, Schaeffeler E, Schwab M, Linzmeier R, Feathers RW, Chu H, Lima H, Jr., Fellermann K, Ganz T, Stange EF, Bevins CL. Reduced Paneth cell alpha-defensins in ileal Crohn's disease. Proc Natl Acad Sci U S A 2005;102:18129-134.

16. Olson TS, Reuter BK, Scott KG, Morris MA, Wang XM, Hancock LN, Burcin TL, Cohn SM, Ernst PB, Cominelli F, Meddings JB, Ley K, Pizarro TT. The primary defect in experimental ileitis originates from a nonhematopoietic source. J Exp Med 2006;203:541-52.

17. Peeters M, Geypens B, Claus D, Nevens H, Ghoos Y, Verbeke G, Baert F, Vermeire S, Vlietinck R, Rutgeerts P. Clustering of increased small intestinal permeability in families with Crohn's disease. Gastroenterology 1997;113:802-07.

18. Hershberg RM, Mayer LF. Antigen processing and presentation by intestinal epithelial cells-polarity and complexity. Immunol Today 2000;21:123-28.

19. Mumy KL, McCormick BA. Events at the host-microbial interface of the gastrointestinal tract. II. Role of the intestinal epithelium in pathogen-induced inflammation. Am J Physiol Gastrointest Liver Physiol 2005;288:G854-G859.

20. Brimnes J, Allez M, Dotan I, Shao L, Nakazawa A, Mayer L. Defects in CD8+ regulatory T cells in the lamina propria of patients with inflammatory bowel disease. J Immunol 2005;174:5814-22.

21. Laukoetter MG, Bruewer M, Nusrat A. Regulation of the intestinal epithelial barrier by the apical junctional complex. Curr Opin Gastroenterol 2006;22:85-89.

22. Mueller T, Terada T, Rosenberg IM, Shibolet O, Podolsky DK. Th2 cytokines down-regulate TLR expression and function in human intestinal epithelial cells. J Immunol 2006;176:5805-14.

23. Butler M, Ng CY, van Heel DA, Lombardi G, Lechler R, Playford RJ, Ghosh S. Modulation of dendritic cell phenotype and function in an *in vitro* model of the intestinal epithelium. Eur J Immunol 2006;36:864-74.

24. Rimoldi M, Chieppa M, Salucci V, Avogadri F, Sonzogni A, Sampietro GM, Nespoli A, Viale G, Allavena P, Rescigno M. Intestinal immune homeostasis is regulated by the crosstalk between epithelial cells and dendritic cells. Nat Immunol 2005; 6:507-14.

25. Worbs T, Bode U, Yan S, Hoffmann MW, Hintzen G, Bernhardt G, Forster R, Pabst O. Oral tolerance originates in the intestinal immune system and relies on antigen carriage by dendritic cells. J Exp Med 2006;203:519-27.

26. MacPherson AJ, Uhr T. Induction of protective IgA by intestinal dendritic cells carrying commensal bacteria. Science 2004;303:1662-65.

27. Kraus TA, Toy L, Chan L, Childs J, Mayer L. Failure to induce oral tolerance to a soluble protein in patients with inflammatory bowel disease. Gastroenterology 2004;126:1771-78.

28. Lodes MJ, Cong Y, Elson CO, Mohamath R, Landers CJ, Targan SR, Fort M, Hershberg RM. Bacterial flagellin is a dominant antigen in Crohn's disease. J Clin Invest 2004;113:1296-1306.

29. Hart AL, Al-Hassi HO, Rigby RJ, Bell SJ, Emmanuel AV, Knight SC, Kamm MA, Stagg AJ. Characteristics of intestinal dendritic cells in inflammatory bowel diseases. Gastroenterology 2005;129:50-65.

30. Smythies LE, Sellers M, Clements RH, Mosteller-Barnum M, Meng G, Benjamin WH, Orenstein JM, Smith PD. Human intestinal macrophages display profound inflammatory anergy despite avid phagocytic and bacteriocidal activity. J Clin Invest 2005;115:66-75.

31. Pull SL, Doherty JM, Mills JC, Gordon JI, Stappenbeck TS. Activated macrophages are an adaptive element of the colonic epithelial progenitor niche necessary for regenerative responses to injury. Proc Natl Acad Sci U S A 2005;102:99-104.

32. Marks DJ, Harbord MW, MacAllister R, Rahman FZ, Young J, Al-Lazikani B, Lees W, Novelli M, Bloom S, Segal AW. Defective acute inflammation in Crohn's disease: a clinical investigation. Lancet 2006;367:668-78.

33. Álvarez-Lobos M, Arostegui JI, Sans M, Tassies D, Plaza S, Delgado S, Lacy AM, Piqué JM, Yague

J, Panés J. Crohn's disease patients carrying Nod2/CARD15 gene variants have an increased and early need for first surgery due to stricturing disease and higher rate of surgical recurrence. Ann Surg 2005;242:693-700.

34. Ley RE, Peterson DA, Gordon JI. Ecological and evolutionary forces shaping microbial diversity in the human intestine. Cell 2006;124:837-48.

35. Hooper LV, Wong MH, Thelin A, Hansson L, Falk PG, Gordon JI. Molecular analysis of commensal host-microbial relationships in the intestine. Science 2001;291:881-84.

36. Stappenbeck TS, Hooper LV, Gordon JI. Developmental regulation of intestinal angiogenesis by indigenous microbes via Paneth cells. Proc Natl Acad Sci U S A 2002;99:15451-455.

37. Mazmanian SK, Liu CH, Tzianabos AO, Kasper DL. An immunomodulatory molecule of symbiotic bacteria directs maturation of the host immune system. Cell 2005;122:107-18.

38. D'Haens GR, Geboes K, Peeters M, Baert F, Penninckx F, Rutgeerts P. Early lesions of recurrent Crohn's disease caused by infusion of intestinal contents in excluded ileum. Gastroenterology 1998; 114:262-67.

39. Duchmann R, Neurath MF, Meyer zum Buschenfelde KH. Responses to self and non-self intestinal microflora in health and inflammatory bowel disease. Res Immunol 1997;148:589-94.

40. Dubinsky MC, Taylor K, Targan SR, Rotter JI. Immunogenetic phenotypes in inflammatory bowel disease. World J Gastroenterol 2006;12:3645-50.

41. Cosnes J, Beaugerie L, Carbonnel F, Gendre JP. Smoking cessation and the course of Crohn's disease: an intervention study. Gastroenterology 2001;120:1093-99.

42. Birrenbach T, Bocker U. Inflammatory bowel disease and smoking: a review of epidemiology, pathophysiology, and therapeutic implications. Inflamm Bowel Dis 2004;10:848-59.

43. Sopori M. Effects of cigarette smoke on the immune system. Nat Rev Immunol 2002;2:372-77.

44. Floto RA, Smith KG. The vagus nerve, macrophages, and nicotine. Lancet 2003;361:1069-70.

45. Harizi H, Gualde N. The impact of eicosanoids on the crosstalk between innate and adaptive immunity: the key roles of dendritic cells. Tissue Antigens 2005;65:507-14.

46. Martín GR, Wallace JL. Gastrointestinal inflammation: a central component of mucosal defense and repair. Exp Biol Med (Maywood) 2006;231:130-37.

47. García Rodríguez LA, Ruigomez A, Panes J. Acute gastroenteritis is followed by an increased risk of inflammatory bowel disease 1. Gastroenterology 2006;130:1588-94.

48. Mizoguchi A, Mizoguchi E, Chiba C, Bhan AK. Role of appendix in the development of inflammatory bowel disease in TCR-alpha mutant mice 2. J Exp Med 1996;184:707-15.

49. Louis E, Collard A, Oger AF, Degroote E, Aboul Nasr El Yafi FA, Belaiche J. Behaviour of Crohn's disease according to the Vienna classification: changing pattern over the course of the disease 1. Gut 2001;49:777-82.

50. Spencer DM, Veldman GM, Banerjee S, Willis J, Levine AD. Distinct inflammatory mechanisms mediate early versus late colitis in mice. Gastroenterology 2002;122:94-105.

51. Bamias G, Martin C, Mishina M, Ross WG, Rivera-Nieves J, Marini M, Cominelli F. Proinflammatory effects of TH2 cytokines in a murine model of chronic small intestinal inflammation. Gastroenterology 2005;128:654-66.

52. Lawrance IC, Wu F, Leite AZ, Willis J, West GA, Fiocchi C, Chakravarti S. A murine model of chronic inflammation-induced intestinal fibrosis down-regulated by antisense NF-kappa B. Gastroenterology 2003;125:1750-61.

53. Li MO, Wan YY, Sanjabi S, Robertson AK, Flavell RA. Transforming growth factor-beta regulation of immune responses. Annu Rev Immunol 2006;24:99-146.

54. Monteleone G, Pallone F, MacDonald TT. Smad7 in TGF-beta-mediated negative regulation of gut inflammation. Trends Immunol 2004;25: 513-17.

Capítulo 2

Medidas higiénico-dietéticas y nutricionales en la enfermedad inflamatoria intestinal

E. Cabré

Hospital Universitari Germans Trias i Pujol
Servicio de Aparato Digestivo
Badalona

Dirección para correspondencia
Hospital Universitari Germans Trias i Pujol
Dr. E. Cabré
ecabre.germanstrias@gencat.net

1 Introducción

La colitis ulcerosa (CU) y la enfermedad de Crohn (EC) son trastornos inflamatorios del tracto gastrointestinal de incidencia creciente, a menudo englobados bajo el epígrafe de enfermedad inflamatoria intestinal (EII). Aunque, por desgracia, la etiología de estas enfermedades es aún desconocida, existen evidencias cada vez más firmes de que se desencadenan por la acción de determinados factores ambientales en individuos genéticamente predispuestos.

En la actualidad, el tratamiento médico de la EII se basa fundamentalmente en el control farmacológico de la inflamación mediante aminosalicilatos, corticosteroides, inmunosupresores convencionales o, más recientemente, agentes biológicos con acción inmunomoduladora. La gran variedad del arsenal terapéutico a nuestro alcance (y también del que dispondremos en el futuro inmediato) no debe restar importancia a las medidas dietético-nutricionales y a los cambios en el estilo de vida que pueden mejorar la calidad de vida de estos pacientes y, en ocasiones, incluso modificar la historia natural de su enfermedad.

Sin embargo, hay que reconocer que durante años hemos aconsejado a nuestros pacientes modificaciones en la dieta (por lo general, de carácter restrictivo) basadas esencialmente en el empirismo y en la hipótesis de que los antígenos alimentarios eran uno de los factores ambientales determinantes en el desencadenamiento de la enfermedad y sus manifestaciones. Hoy en día, sabemos que los antígenos alimentarios desempeñan, en el mejor de los casos, un papel marginal en la patogenia de la CU y la EC,[1] mientras que la flora comensal intestinal está ganando creciente protagonismo patogénico en estas enfermedades.[2] Bien al contrario, los trastornos nutricionales son parte importante de las manifestaciones clínicas de la EII.[3] Por otra parte, en los últimos años, factores ambientales a priori insospechados como el tabaco han demostrado ejercer influencia diversa sobre el desarrollo y el curso natural de la EII.[4, 5]

En la primera parte del presente capítulo se revisa brevemente el papel del tabaco en la historia natural de la CU y la EC. La segunda parte está dedicada a explicar las razones en que se fundamentan los consejos dietéticos que son pertinentes para estos pacientes (con especial énfasis en desmitificar algunos conceptos tradicionales con poca base científica).

2   Tabaco y EII

Una de las diferencias más llamativas entre la CU y la EC es su relación con el hábito tabáquico. Mientras que la EC se asocia al tabaquismo y su persistencia tiene un efecto negativo sobre el curso de la enfermedad, la CU es una enfermedad de no fumadores o exfumadores y el consumo de tabaco tiene incluso un efecto favorable sobre su curso clínico. En realidad, el tabaco es uno de los pocos factores ambientales cuya influencia sobre el desarrollo y la evolución de la EII ha podido ser demostrada.

2.1   Efecto del tabaco sobre la CU

Como se ha mencionado, la CU es una enfermedad de no fumadores o exfumadores. La frecuencia de tabaquismo entre los pacientes con CU oscila entre el 10 y el 23 %, frente al 25-40 % en la población control de igual edad y sexo.[4,5] Según un meta-análisis de nueve estudios, la *odds ratio* para desarrollar CU en fumadores activos respecto a aquellos individuos que nunca han fumado es de 0,42 (IC 95 %: 0,34-0,48).[6] Además, si un fumador activo desarrolla CU, su curso clínico suele ser más benigno que el de un no fumador. La frecuencia de brotes e ingresos hospitalarios, la necesidad de tratamiento esteroideo, la probabilidad de extensión proximal de la enfermedad y, lo que es más importante, la necesidad de ser colectomizado, son menos frecuentes en fumadores que en no fumadores. En un metaanálisis de seis series amplias, la *odds ratio* de colectomía en pacientes fumadores fue de 0,57 (IC 95 %: 0,38-0,85) respecto a los no fumadores.[5] Además, algunas manifestaciones extraintestinales de la CU, como la colangitis esclerosante primaria, son también mucho menos frecuentes en pacientes fumadores que en no fumadores.[7]

Es interesante destacar que el efecto protector del tabaquismo persiste más allá de la colectomía. En una serie de 101 pacientes colectomizados por CU, portadores de un reservorio íleo-anal durante más de un año y seguidos durante un período medio de tres años y medio, 18 de los 72 pacientes no fumadores sufrieron un total de 46 brotes de reservoritis y cuatro de los doce pacientes exfumadores padecieron 14 episodios de esta complicación; en cambio, sólo uno de los 17 fumadores activos desarrolló un único brote de reservoritis (p = 0,0005 *vs.* no fumadores; p = 0,05 *vs.* exfumadores).[8]

Abandonar el hábito tabáquico incrementa el riesgo de padecer CU incluso más que el hecho de no haber fumado nunca, con un riesgo relativo de 1,64 (IC 95 %: 1,36-1,98)[6] que parece persistir durante los siguientes dos o tres años. Además, dejar de fumar tiene un impacto negativo sobre el curso de la CU: en una serie de 32 pacientes con CU que dejaron de fumar, la proporción de tiempo con enfermedad activa, la necesidad de hospitalización y los requerimientos de esteroides e inmunosupresores aumentaron durante el año siguiente.[9]

2.2   Efecto del tabaco sobre la EC

Al contrario que la CU, la EC es una enfermedad de fumadores. Entre el 40 y el 70 % de los pacientes con EC son fumadores, con una *odds ratio* estimada para desarrollar EC en fumadores de 2,02 (IC 95 %: 1,65-2,47) en comparación con quien nunca ha fumado.[6] La asociación entre tabaquismo y desarrollo de EC es particularmente estrecha en las mujeres. Además, fumar parece determinar hasta cierto punto la localización de la enfermedad, puesto que en la mayoría de estudios la prevalencia de enfermedad ileal es mayor (y la de localización colónica menor) entre los pacientes fumadores.

- Aumento de la necesidad de tratamiento esteroideo e inmunosupresor.
- Menor respuesta a infliximab y de duración más limitada.
- Mayor riesgo de progresión desde formas inflamatorias puras a formas clínicas complicadas (estenosantes y penetrantes).
- Mayor riesgo de cirugía precoz.
- Mayor riesgo de recurrencia posoperatoria (endoscópica, clínica o quirúrgica) y mayor gravedad de la misma.
- Factor de riesgo de osteoporosis en mujeres.
- Peor calidad de vida en mujeres fumadoras.

Tabla 1. Efectos nocivos del tabaco en la enfermedad de Crohn.

Los efectos nocivos del tabaco en los pacientes con EC son numerosos (véase la tabla 1). Los pacientes fumadores progresan antes a fenotipos complicados de la enfermedad (estenosante o fistulizante). Picco y Bayless[10] registraron la prevalencia de los distintos fenotipos en una serie de 311 pacientes consecutivos con EC, e investigaron, mediante técnicas univariantes y multivariantes, la influencia de la localización de la enfermedad, la historia familiar de EII, la pertenencia a la etnia judí y el número de cajetillas de cigarrillos-año sobre la prevalencia del fenotipo inflamatorio puro. Las variables predictivas independientes de presentar un patrón inflamatorio puro fueron: *a)* la duración de la enfermedad < 8 años *(odds ratio* ajustada: 1,40 [IC 95 %: 1,01 - 2,01]), *b)* la localización ileal *(odds ratio* ajustada: 0,26 [IC 95 %: 0,09 - 0,78]) y *c)* fumar más de una cajetilla-año *(odds ratio* ajustada: 0,09 [IC 95 %: 0,02 - 0,60]). En definitiva, el tabaquismo se reveló como el predictor independiente más importante de progresión hacia fenotipos complicados (estenosante y penetrante) en estos enfermos.[10]

El tabaco también ha sido identificado como un importante predictor de la falta de respuesta a infliximab en la EC. Parsi *et al.*[11] estudiaron una cohorte de cien pacientes tratados con infliximab por EC inflamatoria o fistulizante, seguidos durante un mínimo de tres meses. El 73 % de los no fumadores con fenotipo inflamatorio respondieron a infliximab, frente a sólo el 22 % de los fumadores (p < 0,001). La respuesta sostenida (> 2 meses) se alcanzó en el 59 % de los no fumadores, pero tan sólo en el 6 % de fumadores (p < 0,001). El uso de inmunosupresores convencionales fue también predictor de respuesta. Ni el tabaquismo ni el uso de inmunosupresores influyeron sobre la respuesta a infliximab en pacientes con EC penetrante, pero entre los no fumadores ésta fue más duradera. Estos datos han sido corroborados en estudios más recientes.[12]

El hábito tabáquico también influye negativamente sobre los requerimientos de cirugía en la EC. En una cohorte retrospectiva de 345 pacientes –69 de los cuales (20 %) necesitaron tratamiento quirúrgico en los primeros tres años tras el diagnóstico–, el tabaquismo activo fue el único predictor independiente positivo de cirugía temprana (*odds ratio*: 3,42 [IC 95 %: 1,54-6,35]), mientras que la afectación exclusivamente colónica se asoció inversamente con la necesidad de tratamiento quirúrgico (*odds ratio*: 0,36 [IC 95 %: 0,22-0,57]).[13] Además, el consumo de tabaco es determinante en la recurrencia posoperatoria de la enfermedad. Cottone *et al.*[14] evaluaron los factores predictivos de recurrencia posoperatoria clínica y quirúrgica a seis años en una serie de 182 pacientes operados (110 fumadores, 19 exfumadores, 53 que nunca habían fumado). La recurrencia clínica se produjo en el 73 % de los fumadores, el 59 % de los exfumadores y el 40 % de los que nunca habían fumado (los porcentajes para la recurrencia quirúrgica fueron 24, 21 y 8 %, respectivamente). Tras el análisis multivariante, el tabaquismo activo se identificó como un predictor independiente de la frecuencia, tanto clínica (riesgo relativo: 1,4 [IC 95 %: 1,1-1,9]) como quirúrgica (riesgo relativo: 2,0 [IC 95 %: 1,2-3,3]).

Comparados con quienes nunca han fumado, los exfumadores todavía tienen un riesgo incrementado de padecer EC, por lo menos durante los cuatro años siguientes a dejar de fumar. El impacto de esta decisión sobre la evolución de la EC fue evaluado por Cosnes *et al.*[15] en una serie de 59 enfermos que dejaron de fumar durante al menos un año, como resultado de un programa de intervención para el abandono del tabaco. Tras un seguimiento medio de 29 meses (entre uno y 54 meses), el riesgo de recidiva en los que habían dejado de fumar fue similar al de los que nunca habían fumado, e inferior al de quienes siguieron fumando (p < 0,001). El efecto de dejar de fumar fue asimismo favorable en cuanto a la necesidad de iniciar o aumentar el tratamiento esteroideo e inmunosupresor.

2.3 *¿Qué debemos aconsejar a los pacientes con EII acerca del tabaco?*

En vista de los efectos deletéreos del tabaco sobre la EC, resulta obvio que debemos aconsejar a estos pacientes que no se inicien en este hábito y que dejen de fumar si son fumadores activos. Los pacientes con CU deben conocer los efectos beneficioso del tabaco sobre su enfermedad pero, a pesar de todo, se les debe aconsejar no fumar puesto que los efectos adversos del tabaco sobre el aparato respiratorio y cardiovascular (por mencionar sólo los más notorios) superan ampliamente sus potenciales «beneficios» sobre la CU.

Dejar de fumar no es una tarea fácil para los pacientes con EII. En una serie de 474 pacientes fumadores con EC, sólo 59 (12 %) fueron capaces de dejar de fumar durante un período mínimo de un año con la ayuda de un programa activo de deshabituación.[15] Los predictores independientes de éxito fueron haber requerido tratamiento quirúrgico con anterioridad, disfrutar de un alto estatus socioeconómico, tomar contraceptivos (en mujeres) y, muy importante, el médico responsable del paciente[15] (aparentemente algunos fueron más «convincentes» que otros). Estos datos ilustran hasta qué punto los médicos debemos implicarnos y no regatear esfuerzos para conseguir que nuestros pacientes con EII fumadores abandonen el tabaco.

3   Dieta en la EII: ¿Restringir o permitir?

Durante décadas, los médicos –y, en particular los gastroenterólogos– basaron sus consejos dietéticos en los pacientes con EII (y, de hecho, en la mayor parte de pacientes con enfermedades del tracto gastrointestinal) en un *criterio universal de restricción*. Este criterio se fundamentaba en el concepto de que el «reposo intestinal» era poco menos que una condición sine qua non para resolver el brote de EC o CU, y se veía favorecido por las frecuentes y variadas intolerancias alimentarias que estos afectados manifestaban. En el platillo opuesto de la balanza se sitúan los déficits nutricionales tan frecuentes en los pacientes con EII, de cuyas consecuencias no comenzamos a ser conscientes hasta los años ochenta. Este argumento ha ido ganando terreno en los últimos años, de modo que la tendencia actual consiste, como veremos, en recomendar una dieta lo más libre y variada posible.

3.1   Intolerancia a alimentos en la EII

Como se ha mencionado, la intolerancia es una queja frecuente de muchos pacientes con EII. En un estudio prospectivo en el que se evaluó la tolerancia alimentaria en la EII, el 65 % de los 130 afectados que completaron el cuestionario manifestaron intolerancia a algún tipo de alimento, circunstancia que se produjo en tan sólo el 14 % de un grupo de 70 controles sanos (p < 0,0001).[16] Los alimentos más comúnmente rechazados (entre el 23 y el 40 % de los casos) fueron las verduras y frutas, los lácteos, la carne y el pan. Además, alrededor de una tercera parte de los enfermos rechazaban más de dos alimentos, y cerca del 20 % más de seis.[16] Un estudio mucho más reciente[17] de 183 pacientes con CU corrobora estos hallazgos: casi el 50 % de los afectados evitaban tomar algún tipo de alimento (sobre todo, lácteos, frutas y verduras). No obstante, no es menos cierto que otro 22 % tomaban cantidades suplementarias de estos mismos alimentos porque tenían la percepción de que les sentaban particularmente bien, o mejoraban su colitis.[17]

A pesar de su aparentemente elevada frecuencia, la intolerancia alimentaria es un fenómeno relativamente inconstante en los pacientes con EII. Pearson *et al.*[18] reintrodujeron alimentos convencionales de manera escalonada en 28 pacientes con EC que habían entrado en remisión gracias a una dieta elemental. Durante este proceso, 20 pacientes manifestaron intolerancia a alguno de los alimentos, pero siete de ellos toleraron ese mismo alimento en una segunda exposición. Es más, alguno de los pacientes que también manifestaron intolerancia tras la segunda exposición fueron, no obstante, capaces de tolerarlo en una tercera exposición a ciegas, e incluso algún enfermo respondió de forma totalmente opuesta a dos reexposiciones a ciegas al mismo alimento. Estos datos ponen de manifiesto la dificultad de demostrar de forma consistente las intolerancias alimentarias en la EII.

Desde esta perspectiva, la supresión por parte del paciente de cualquier alimento que crea que «no le sienta bien» no parece ser una estrategia eficaz ni recomendable. De hecho, en una serie amplia de pacientes con CU mencionada anteriormente, los cambios que los pacientes introducían en su dieta, basados en sus propias percepciones, no modificaron en absoluto la tasa de recidiva de la colitis.[17]

La utilidad de eliminar de forma «reglada» aquellos alimentos que desencadenan síntomas –lo que se conoce como «dieta de exclusión»– en la EC ha sido defendida por diversos autores, sobre todo en el Reino Unido, tanto por su potencial capacidad de prevenir la recidiva de la enfermedad,[19,20] como por su efecto ahorrador de corticosteroides y de determinadas complicaciones ligadas a la terapia esteroidea.[21] Hasta la fecha sólo se ha publicado un estudio prospectivo, controlado y aleatorio que investigue el papel de la dieta de exclusión en la prevención de la recidiva en la EC,[22] el diseño del cual cabe calificar, como mínimo, de peculiar. Se incluyeron 78 pacientes que habían entrado en remisión con una dieta elemental, los cuales fueron aleatorizados para recibir una dieta de exclusión *(v. gr.* introducción paulatina de alimentos con supresión de aquellos que producían síntomas) o prednisolona (40 mg/día), cuya dosis se redujo progresivamente hasta su total supresión en 12 semanas (grupo control). El manejo del grupo control es difícilmente justificable cuando es bien conocido que los corticosteroides no son eficaces en el mantenimiento de la remisión de estos pacientes. Sea como fuere, la tasa acumulada de recidiva a los dos años fue significativamente inferior en el grupo tratado con dieta de exclusión que en el grupo control (62 % *vs.* 79 %; p = 0,048).[22] Sin embargo, un 62 % de recidiva es una tasa relativamente elevada, lo cual sugiere que las dietas de exclusión deben ser útiles tan sólo en un pequeño subgrupo de pacientes con EC, cuyas características están aún por determinar.

3.2 *«Reposo intestinal» y EII activa*

El «reposo intestinal» fue, durante años, parte esencial del tratamiento médico de los brotes de EII activa, de tal forma que los pacientes se mantenían durante días (y a veces semanas) en ayuno asociado a sueroterapia iv. o, en el mejor de los casos, nutrición parenteral total (NPT). Sin embargo, a partir de la segunda mitad de la década de los ochenta se publicaron algunos estudios que demostraban que la tasa de remisión tras el tratamiento esteroideo era similar con NPT, nutrición enteral total (NET) o dieta oral convencional, tanto en pacientes con EC[23] como CU activas.[24,25] Por tanto, el «reposo intestinal» se ha convertido en un concepto obsoleto, de modo que, hoy en día, mantener a un paciente con EII activa en ayuno total y sueroterapia iv. debe considerarse como mala práctica.

3.3 Déficits nutricionales en la EII y sus consecuencias

La frecuencia de malnutrición energético-proteica (MEP) en pacientes con EII oscila entre el 20 y el 85 %.[26-31] Esto es debido a que la mayoría de las series incluyen conjuntamente pacientes con CU y EC, tanto hospitalizados como ambulatorios, lo que produce una mezcla heterogénea de diferentes grados de actividad inflamatoria, extensión y localización de la enfermedad, etc. En un estudio prospectivo, realizado en pacientes adultos con EII moderada-grave, la frecuencia global de MEP fue del 85 %.[27] En los pacientes ambulatorios en remisión esta cifra es muy inferior, pero pueden persistir déficits nutricionales y funcionales múltiples, principalmente en la EC de larga evolución. La etiología de la MEP en la EII es multifactorial. Los principales mecanismos implicados son: *a)* el déficit de ingesta, *b)* el incremento de metabolismo, *c)* las pérdidas proteicas intestinales y *d)* la malabsorción, aunque no todos ellos son igualmente operativos en la CU y en la EC (véase la tabla 2).[32]

Los déficits de vitaminas y oligoelementos, y su posible papel en la patogenia de la EII, han sido escasamente documentados en la literatura. Es importante destacar que –con excepción de los déficits de hierro y ácido fólico– los déficits de micronutrientes en la EII raramente son clínicamente aparentes. Los pacientes tratados con sulfasalazina pueden desarrollar déficit de ácido fólico. Asimismo, los pacientes con EC ileal, resección quirúrgica de este segmento o sobrecrecimiento bacteriano intestinal ven comprometida la absorción de vitamina B_{12} y, si no reciben suplementos de la misma por vía parenteral, pueden desarrollar anemia megaloblástica u otros síntomas de déficit. El déficit de vitamina D no es infrecuente en la EII y se relaciona con el grado de osteopenia que presentan estos pacientes (ver más adelante).

Aunque existen numerosos artículos que describen casos de déficits vitamínicos aislados en la EII, pocos autores han estudiado el estado global de vitaminas en estos pacientes. En un estudio realizado en pacientes con CU y EC activas, los niveles sanguíneos de biotina, ácido fólico, β-caroteno y vitaminas A, C y tiamina fueron significativamente más bajos en pacientes con colitis extensa, ileitis e íleo-colitis que en los controles sanos.[33] Además, los pacientes con afectación ileal mostraron niveles bajos de

	CU	EC
Déficit de ingesta		
Anorexia relacionada con la inflamación.	+	+
Dietas restrictivas.	+	+
«Ayuno terapéutico».	+	+
Obstrucción intestinal.	-	+
Afectación del tracto digestivo superior.	-	+
Intolerancia digestiva a medicamentos (sulfasalazina, 5-ASA, metronidazol).	+	+
Incremento del metabolismo		
Inflamación.	+	+
Complicaciones infecciosas.	+	+
Tratamiento esteroideo.	+	+
Pérdidas proteicas intestinales		
Inflamación/ulceración de la mucosa.	+	+
Fístulas.	-	+
Compromiso del drenaje linfático mesentérico.	-	+
Malabsorción		
Diarrea.	-	+
Inflamación de la mucosa intestinal.	-	+
Resecciones intestinales.	-	+
Sobrecrecimiento bacteriano intestinal.	-	+
Compromiso del drenaje linfático mesentérico.	-	+
Malabsorción de sales biliares.	-	+

Tabla 2. Factores etiológicos que contribuyen al desarrollo de MEP en la EII.

vitamina B_{12} y en los pacientes con colitis se detectaron niveles subóptimos de ribo-flavina.[33] Aunque ningún paciente mostró signos clínicos de deficiencia vitamínica, más del 40 % se encontraba en riesgo de desarrollar hipovitaminosis (definida como niveles de vitamina por debajo del percentil 15 de su distribución en los controles sanos) para la vitamina A, β-caroteno, ácido fólico, biotina, vitamina C y tiamina.[33] Otros estudios han mostrado resultados similares incluso en pacientes con EII en remisión clínica.[30,31,34]

El déficit de hierro debido a pérdidas hemáticas por el intestino es probablemente el déficit mineral más común en la EII. También se ha descrito déficit de zinc, selenio y magnesio. El estatus de otros elementos traza como el cobre, manganeso, cromo y mo-libdeno ha sido mucho menos estudiado en estos enfermos.[30-31,35-37]

El interés por evaluar el déficit de zinc en la EC se relaciona con el papel de este oli-goelemento en el retraso de crecimiento asociado a la enfermedad, así como al hecho de que pueden producirse síntomas clínicos de déficit de zinc, sobre todo en pacientes con

NPT. Se han descrito niveles bajos de zinc en plasma, orina y cabellos en los pacientes con EC, en estrecha relación con los niveles séricos de albúmina y la actividad de la enfermedad. En la CU también se ha descrito disminución de la concentración plasmática de zinc, aunque no se ha podido relacionar con la actividad de la enfermedad ni con los niveles de proteína visceral. El déficit bioquímico de zinc se suele asociar a niveles disminuidos de vitamina A, probablemente en relación al efecto negativo que el déficit de zinc tiene sobre la síntesis de proteína transportadora del retinol. En la EII existe un aumento de los requerimientos de zinc, en la medida en que éste es un cofactor de enzimas antioxidantes como la superóxido dismutasa, y está también implicado en la respuesta inmune celular de la mucosa intestinal inflamada.[38]

Los niveles séricos de selenio también se han hallado disminuidos en pacientes con EII activa grave, en relación a la presencia de MEP y a la duración de la enfermedad.[38,39] Los niveles de glutation-peroxidasa, un enzima dependiente de selenio con actividad antioxidante, también se han hallado disminuidos en la EII.[39] No obstante, los signos clínicos de déficit manifiesto de selenio (como la miopatía y la cardiomiopatía) son raros.

Todavía sin datos objetivos que lo demuestren, suele considerarse que la MEP tiene una amplia gama de consecuencias de carácter general, y es capaz de modificar el curso clínico y la respuesta al tratamiento de la EII (véase la tabla 3).

En niños y adolescentes con EII, la MEP se considera un factor primordial en la patogenia del retraso de crecimiento y desarrollo que se puede observar entre el 20 y el 30 % de pacientes, sobre todo en los afectos de EC.[40-44] De hecho, el retraso de crecimiento se considera la complicación extraintestinal más frecuente de la EC en la edad pediátrica. La tercera parte de una serie de 38 adultos con EII diagnosticada en la in-

• Inmunosupresión.
• Dificultades en los procesos de reparación tisular.
• Hipoplasia vellositaria intestinal (autoperpetuación de la malnutrición).
• Disrupción de la barrera mucosa intestinal (incremento de la traslocación bacteriana intestinal).
• Retraso de crecimiento y de maduración sexual (niños y adolescentes).
• Enfermedad metabólica ósea.
• Déficit del transporte plasmático de fármacos.
• Incremento del riesgo quirúrgico.
• Disminución de la defensa antioxidante.
• Hiperhomocisteinemia y aumento del riesgo trombótico (complejo B).
• Hipogonadismo, alopecia, *rash* cutáneo (déficit de zinc).
• Anemia.
• Incremento de la morbimortalidad.

Tabla 3. Consecuencias de los déficits nutricionales en la EII.

fancia mostraban un déficit pondero-estatural irreversible.[42] Otro estudio retrospectivo en cien niños con EC demostró que la mitad de los niños con retraso de crecimiento en el momento del diagnóstico permanecían con una estatura inferior a la normal en la edad adulta.[40] A la vista de estos datos, es lógico concluir que la recuperación de la velocidad de crecimiento debe ser un objetivo fundamental del tratamiento de la EII en la infancia y adolescencia. El retraso de crecimiento en la EII se ha atribuido a factores relacionados con la propia enfermedad y trastornos hormonales, además de a la MEP.[42,45] Sin embargo, el hecho de que el crecimiento se acelera cuando estos niños se incluyen en un plan de rehabilitación nutricional,[46-49] apoya el concepto de que la MEP es un factor etiológico de primer orden en esta complicación.

La disminución de la densidad mineral ósea es una grave complicación de la EII. Su prevalencia global alcanza el 45 %,[50-52] siendo más frecuente en la EC que en la CU.[53] La disminución de la densidad mineral ósea es particularmente importante en niños y adolescentes, en la medida en que el riesgo de fracturas en la edad adulta se relaciona estrechamente con el pico de masa ósea que se alcance al final de la pubertad. La actividad inflamatoria de la propia EII, el uso de esteroides y el sexo femenino son factores de riesgo conocidos de osteopenia en estos enfermos. Sin embargo, el bajo peso corporal, la hipoalbuminemia, el déficit de vitamina D y la necesidad de recibir nutrición artificial (como variable subsidiaria de la presencia de MEP) se han identificado también como predictores de enfermedad metabólica ósea, lo que pone de manifiesto que ésta es también una complicación nutricional de la EII.[54, 55]

3.4 *Consejo dietético en los pacientes con EII*

Es obvio que el objetivo principal de la dieta en la CU y la EC es prevenir y corregir la MEP asociada a estas enfermedades, mediante la prescripción de una dieta lo más libre y variada posible, sin empeorar (y, si es posible, mejorando) los síntomas de la enfermedad (dolor abdominal, diarrea, etc.). En la actualidad, no se dispone de evidencias suficientemente convincentes que achaquen a ningún alimento el desencadenamiento, perpetuación o empeoramiento de la actividad inflamatoria en la EII. En consecuencia, y teniendo en cuenta la necesidad de prevenir los déficits nutricionales, los pacientes con CU o EC en brote deberían evitar sólo aquellos alimentos que *de forma reiterada y sistemática* aumenten sus síntomas. De hecho, y como se ha comentado anteriormente, la aparición o empeoramiento de un síntoma tras la ingestión de un alimento concreto es, en la mayor parte de ocasiones, absolutamente fortuita. Por consiguiente, si se atribuye todo síntoma al alimento previamente ingerido se corre el riesgo de incurrir en una dieta excesivamente monótona y, por tanto, restrictiva. En este contexto, existen dos tipos de alimentos cuyo consumo suscita con frecuencia dudas tanto entre los médicos como entre los pacientes: los lácteos y la fibra.

3.4.1 *¿Hay que restringir el consumo de lácteos en la EII activa?*

No existe ningún fundamento científico para prohibir el consumo de productos lácteos a los pacientes con CU y EC por el mero hecho de padecer estas enfermedades. Que se sepa, ningún componente de la leche es capaz de favorecer la inflamación intestinal, desencadenar un brote y, mucho menos, causar la enfermedad. Es bien sabido que la leche y sus derivados son la más importante fuente de calcio, necesario para prevenir la osteopenia en estos pacientes.

Sin embargo, también es cierto que un determinado porcentaje de individuos de la población en general (sobre todo en países de la cuenca mediterránea) presentan déficit de lactosa. Cuando la lactosa no absorbida en el intestino delgado llega al colon puede provocar diarrea o flatulencia de manera dosis-dependiente. Este fenómeno, que es absolutamente independiente del hecho de padecer EII, puede ocurrir en pacientes con estas enfermedades y, en estos casos, la ingesta de leche puede aumentar sus síntomas (sobre todo la diarrea).

No obstante, estudios realizados por nuestro grupo sugieren que la prevalencia de malabsorción de lactosa (evaluada mediante la excreción de hidrógeno en el aliento) no es superior en los pacientes con EII que en la población en general.[56] Por tanto, los pacientes con EC y CU *sólo deben limitar el consumo de leche durante los brotes si éste clara y reiteradamente aumenta su diarrea.* Además, la mayoría de pacientes que rechazan la leche pueden tolerar, sin embargo, otros derivados lácteos como el yogur y los quesos curados, cuyo contenido en lactosa es mucho menor. Por otra parte, hay que hacer hincapié en que la intolerancia a los lácteos depende de la lactosa, y no de la grasa que contienen, por lo que no hay razón alguna para sustituir los productos lácteos enteros por otros desnatados o semidesnatados.

3.4.2 *¿Hay que restringir el consumo de fibra en la EII activa?*

Durante los brotes de EII es aconsejable seguir una dieta pobre en residuos, particularmente en aquellos pacientes con formas estenosantes de EC, o en brotes de CU grave o extensa. Esto implica eliminar de la dieta la denominada fibra insoluble (lignina, celulosa). Este tipo de fibra produce un residuo fecal abundante que puede facilitar la obstrucción intestinal cuando hay estenosis, o dañar la mucosa frágil y ulcerosa del colon en un brote grave de colitis. Los alimentos ricos en fibra insoluble son los alimentos integrales, los preparados que contienen salvado de cereales y algunos vegetales particularmente «leñosos» (espárragos, alcachofas, etc.).

A diferencia de la fibra insoluble, la fibra soluble (pectinas, mucílagos, goma de guar, etc.), contenida sobre todo en frutas y legumbres, produce menos residuos y, además, es fermentada por la flora colónica. La fermentación de la fibra soluble produce diversas sustancias, algunas de las cuales, como los ácidos grasos de cadena corta (AGCC) –particularmente el butirato– pueden ser beneficiosas para la EII. Se ha demostrado que el butirato es el sustrato energético preferido del colonocito, y se ha sugerido que una disminución de la β-oxidación del butirato luminal, que ocasionaría un déficit energético epitelial, puede estar implicada en la patogénesis de la CU.[57-59] En los pacientes con CU se ha observado disminución de los niveles fecales de AGCC en relación con la gravedad de la enfermedad.[59] La disminución de la β-oxidación del butirato se ha podido demostrar recientemente en la CU humana, incluso inactiva.[60,61] Asimismo, estudios experimentales recientes han sugerido que el butirato inhibe la producción de algunas citoquinas y la activación del factor de transcripción NFκB, siendo éstas las primeras evidencias de un efecto antiinflamatorio real del butirato.[62,63]

Como contrapartida, la fermentación de la fibra soluble produce gas (hidrógeno, metano, anhídrido carbónico), que puede aumentar el dolor abdominal y la sensación de flatulencia durante los brotes. Por tanto, el consumo de alimentos ricos en fibra soluble sólo deberá limitarse si produce estas molestias y dependiendo de su intensidad. Es más, teóricamente, la ingesta de un tipo de fibra dietética fermentable, que se degrade lentamente a lo largo de todo el colon para asegurar suficiente producción de butirato en el colon distal, podría ser beneficiosa en el tratamiento de la CU. Sin embargo, en las fases de actividad de la CU existe sangre en la luz del colon y, por tanto, oxígeno, que favorece el crecimiento de bacterias anaerobias facultativas, tales como *Lactobacilli* y *Streptococci*, que son productoras de ácido láctico. Asimismo, el pH ácido en la luz del colon, que se observa en las fases de agudización de la enfermedad, comporta un freno de la fermentación bacteriana y que se produzca más lactato que butirato. De hecho, se ha observado que los niveles de lactato en las heces se hallan aumentados en los pacientes con CU activa.[64] Dado que se ha mostrado que en el animal de experimentación el lactato puede lesionar la mucosa intestinal por un mecanismo directo, se ha sugerido que el aumento en la producción de este compuesto podría ser perjudicial en la CU humana.[64] Por otro lado, el déficit de fermentación puede comportar una disminución de la proliferación, un aumento de la apoptosis epitelial y la aparición de abscesos de criptas en el animal de experimentación, probablemente por una disminución en la producción de butirato luminal.[65]

En cambio, la fibra fermentable podría ser útil en la CU inactiva. Un ensayo clínico multicéntrico español evaluó el efecto de una fibra dietética fermentable (semillas de *Plantago ovata*) en el mantenimiento de la remisión en la CU inactiva.[66] No se apreciaron diferencias significativas entre este tipo de fibra y el tratamiento habitual con mesalazina (porcentaje de recidiva a los doce meses: 40 % *vs.* 35 %, respectivamente). Además, es de destacar que se observó un aumento en la concentración fecal de butirato en los pacientes tratados con fibra, lo que sugiere una fermentación lenta a lo largo de todo el colon. Cabe remarcar, no obstante, que no está claro si otros tipos de fibras fermentables pueden inducir cambios cuantitativos y cualitativos en la producción de AGCC similares a las semillas de *Plantago ovata*. Por ejemplo, la fermentación de la cáscara del *Plantago ovata* produce niveles totales de AGCC más bajos y, en proporción, niveles de butirato menores que las semillas de *Plantago ovata*.[67] Por ello, antes de recomendar el uso de un determinado tipo de fibra dietética en la CU, será necesario realizar estudios *in vitro* para examinar la capacidad de producir butirato de la misma, y posteriormente análisis *in vivo* para evaluar la llegada del butirato producido al colon distal.

BIBLIOGRAFÍA

1. Cabré E. Antígenos alimentarios en la Enfermedad Inflamatoria Intestinal. Enf Inflam Intest al día 2004; 3:71-6.
2. Farrell RJ, Lamont JT. Microbial factors in inflammatory bowel disease. Gastroenterol Clin North Am 2002; 31:41-62.
3. Cabré E, Gassull MA. Nutrición en la Enfermedad Inflamatoria Intestinal. In: Gil A, Álvarez J, García de Lorenzo A, Montejo JC, Planas M, editors. Tratado de Nutrición (vol.4-Nutrición Clínica). Madrid: Grupo Acción Médica, 2005: 881-906.
4. Birrenbach T, Böcker U. Inflammatory bowel disease and smoking. A review of epidemiology, pathophysiology, and therapeutic Implications. Inflamm Bowel Dis 2004; 10:848-59.
5. Cosnes J. Tobacco and IBD: relevance in the understanding of disease mechanisms and clinical practice. Best Pract Res Clin Gastroenterol 2004; 18:481-96.
6. Calkins BM. A meta-analysis of the role of smoking in inflammatory bowel disease. Dig Dis Sci 1989; 34:1841-54.
7. Loftus EV, Sandborn WJ, Tremaine WJ, Mahoney DW, Zinsmeister AR, Offord KP *et al.* Primary sclerosing cholangitis is associated with nonsmoking: a case-control study. Gastroenterology 1996; 110:1496-502.
8. Merrett MN, Mortensen N, Kettlewell M, Jewell DP. Smoking may prevent pouchitis in patients with restorative proctocolectomy for ulcerative colitis. Gut 1996; 38:362-64.
9. Beaugerie L, Massot N, Carbonnel F, Cattan S, Gendre JP, Cosnes J. Impact of cessation of smoking on the course of ulcerative colitis. Am J Gastroenterol 2001; 96:2113-16.

10. Picco MF, Bayless TM. Tobacco consumption and disease duration are associated with fistulizing and stricturing behaviors in the first 8 years of Crohn's disease. Am J Gastroenterol 2003; 98:363-68.
11. Parsi MA, Achkar JP, Richardson S, Katz J, Hammel JP, Lashner BA *et al.* Predictors of response to infliximab in patients with Crohn's disease. Gastroenterology 2002; 123:707-13.
12. Arnott IDR, McNeill G, Satsangi J. An analysis of factors influencing short-term and sustained response to infliximab treatment for Crohn's disease. Aliment Pharmacol Ther 2003; 17:1451-57.
13. Sands BE, Arsenault JE, Rosen MJ, Alsahli M, Bailen L, Banks P *et al.* Risk of early surgery for Crohn's disease: Implications for early treatment strategies. Am J Gastroenterol 2003; 98:2712-18.
14. Cottone M, Rosselli M, Orlando A, Oliva L, Puleo A, Cappello M *et al.* Smoking habits and recurrence in Crohn's disease. Gastroenterology 1994; 106:643-48.
15. Cosnes J, Beaugerie L, Carbonnel F, Gendre JP. Smoking cessation and the course of Crohn's disease: an intervention study. Gastroenterology 2001; 120:1093-99.
16. Ballegaard M, Bjerstrom A, Brondum E, Hylander E, Jensen L, Ladefoged K. Self-reported food intolerance in chronic inflammatory bowel disease. Scand J Gastroenterol 1997; 37:569-71.
17. Jowett SL, Seal CJ, Phillips E, Gregory W, Barton JR, Welfare MR. Dietary beliefs of people with ulcerative colitis and their effect on relapse and nutrient intake. Clin Nutr 2004; 23:161-70.
18. Pearson M, Teahon K, Levi AJ, Bjarnason I. Food intolerance and Crohn's disease. Gut 1993; 34:783-87.

19. Workmann EM, Alun Jones V, Wilson AJ, Hunter JO. Diet in the management of Crohn's disease. Hum Nutr :Appl Nutr 1984; 38A:469-73.

20. Alun Jones V, Workmann EM, Dickinson RJ, Wilson AJ, Hunter JO. Crohn's disease: maintenance of remission by diet. Lancet 1985; 2:177-80.

21. Dear KL, Compston JE, Hunter JO. Treatments for Crohn's disease that minimise steroid doses are associated with a reduced risk of osteoporosis. Clin Nutr 2001; 20:541-46.

22. Riordan AM, Hunter JO, Cowan RE, Crampton JR, Davidson AR, Dickinson RJ *et al*. Treatment of active Crohn's disease by exclusion diet: East Anglian multicentre controlled trial. Lancet 1993; 342:1131-34.

23. Greenberg GR, Fleming CR, Jeejeebhoy KN, Rosenberg IH, Sales D, Tremaine WJ. Controlled trial of bowel rest and nutritional support in the management of Crohn's disease. Gut 1988; 29: 1309-15.

24. McIntyre PB, Powell-Tuck J, Wood SR, Lennard-Jones JE, Lerebours E, Hecketsweiler P *et al*. Controlled trial of bowel rest in the treatment of severe acute colitis. Gut 1986; 27:481-85.

25. González-Huix F, Fernández Bañares F, Esteve Comas M, Abad Lacruz A, Cabré E, Acero D *et al*. Enteral versus parenteral nutrition as adjunct therapy in acute ulcerative colitis. Am J Gastroenterol 1993; 88:227-32.

26. Harries AD, Rhodes J. Undernutrition in Crohn's disease: An anthropometric assessment. Clin Nutr 1985; 4:87-9.

27. Gassull MA, Abad A, Cabré E, González-Huix F, Giné JJ, Dolz C. Enteral nutrition in inflammatory bowel disease. Gut 1986; 27(Suppl 1):76-80.

28. Seidman E, Leleiko N, Ament M, Berman W, Caplan D, Evans J *et al*. Nutritional issues in pediatric inflammatory bowel disease. J Ped Gastroenterol Nutr 1991; 12:424-38.

29. Kelly DG, Fleming CR. Nutritional considerations in inflammatory bowel diseases. Gastroenterol Clin North Am 1995; 24:597-611.

30. Geerling BJ, Badart-Smook A, Stockbruegger RW, Brummer RJM. Comprehensive nutritional status in patients with long-standing Crohn's disease currently in remission. Am J Clin Nutr 1998; 67:919-26.

31. Geerling BJ, Badart-Smook A, Stockbruegger RW, Brummer RJM. Comprehensive nutritional status in recently diagnosed patients with inflammatory bowel disease compared with population controls. Eur J Clin Nutr 2000; 54:514-21.

32. Gassull MA, Fernández Bañares F. Nutrition in inflammatory bowel disease. In: Payne-James J, Grimble G, Silk DBA, editors. Artificial Nutrition Support in Clinical Practice (2nd ed). London: Greenwich Medical Media, 2001: 553-73.

33. Fernández Bañares F, Abad Lacruz A, Xiol X, Giné JJ, Dolz C, Cabré E *et al*. Vitamin status in patients with inflammatory bowel disease. Am J Gastroenterol 1989; 84:744-46.

34. Kuroki F, Iida M, Tominaga M, Matsumoto T, Hirakawa K, Sugiyama S *et al*. Multiple vitamin status in Crohn's disease. Correlation with disease activity. Dig Dis Sci 1993; 38:1614-18.

35. Fernández Bañares F, Mingorance MD, Esteve M, Cabré E, Lachica M, Abad Lacruz A *et al*. Serum zinc, copper, and selenium levels in inflammatory bowel disease: Effect of total enteral nutrition on trace element status. Am J Gastroenterol 1990; 85:1584-89.

36. Ringstad J, Kildebo S, Tomassen Y. Serum selenium, copper, and zinc concentrations in Crohn's disease and ulcerative colitis. Scand J Gastroenterol 1993; 28:605-08.

37. Sturniolo GC, Mestriner C, Lecis PE, D'Odorico A, Venturi C, Irato P *et al*. Altered plasma and mucosal concentrations of trace-elements and antioxidants in active ulcerative colitis. Scand J Gastroenterol 1998; 33:1520-24.

38. Mulder TPJ, Verspaget HW, Janssens AR, De Bruin PAF, Peña AS, Lamers CBHW. Decrease in two intestinal copper/zinc containing proteins with antioxidant function in inflammatory bowel disease. Gut 1991; 32:1146-50.

39. Reimund JM, Hirth C, Koehl C, Baumann R, Duclos B. Antioxidant and immune status in active Crohn's disease. A possible relationship. Clin Nutr 2000; 19:43-48.

40. Griffiths AM, Nguyen P, Smith C, Macmillan JH, Sherman PM. Growth and clinical course of children with Crohn's disease. Gut 1993; 34:939-43.

41. Motil KJ, Grand RJ, Daviskraft L, Ferlic LL, Smith EO. Growth failure in children with inflam-

matory bowel disease: A prospective study. Gastroenterology 1993; 105:681-91.

42. Markowitz J, Daum F. Growth impairment in pediatric inflammatory bowel disease. Am J Gastroenterol 1994; 89:319-26.

43. Sentongo TA, Stettler N, Christian A, Han PD, Stallings VA, Baldassano RN. Growth after intestinal resection for Crohn's disease in children, adolescents and young adults. Inflammat Bowel Dis 2000; 6:265-69.

44. Sentongo TA, Semeao EJ, Piccoli DA, Stallings VA, Zemel BS. Growth, body composition, and nutritional status in children and adolescents with Crohn's disease. J Ped Gastroenterol Nutr 2000; 31:33-40.

45. Ballinger AB. Fundamental mechanisms of growth failure in inflammatory bowel disease. Horm Res 2002; 58(Suppl 1):7-10.

46. Belli DC, Seidman E, Bouthillier L, Weber AM, Roy CC, Pletincx M *et al*. Chronic intermittent elemental diet improves growth failure in children with Crohn's disease. Gastroenterology 1988; 94:603-10.

47. Aiges H, Markowitz J, Rosa J, Daum F. Home nocturnal supplemental nasogastric feedings in growth-retarded adolescents with Crohn's disease. Gastroenterology 1989; 97:905-10.

48. Polk DB, Hattner JAT, Kerner JA. Improved growth and disease activity after intermittent administration of a defined formula diet in children with Crohn's disease. JPEN 1992; 16:499-504.

49. Herzog D, Deslandres C, Martin S, Rasquin A, Álvarez F, Bouthillier L *et al*. Cyclical exclusive semi-elemental diet therapy normalizes growth and decreases relapse rate in pediatric Crohn's disease. Gastroenterology 1997;112:A995 (abstract).

50. Abitbol V, Roux C, Chaussade S, Guillemant S, Kolta S, Dougados M *et al*. Metabolic bone assessment in patients with inflammatory bowel disease. Gastroenterology 1995; 108:417-22.

51. Silvennoinen JA, Karttunen TJ, Niemelae SE, Manelius JJ, Lehtola JK. A controlled study of bone mineral density in patients with inflammatory bowel disease. Gut 1995; 37:71-6.

52. Bjarnason I, MacPherson A, Mackintosh C, Buxton-Thomas M, Forgacs I, Moniz C. Reduced bone density in patients with inflammatory bowel disease. Gut 1997; 40:228-33.

53. Jahnsen J, Falch JA, Aadland E, Mowinckel P. Bone mineral density is reduced in patients with Crohn's disease but not in patients with ulcerative colitis: A population based study. Gut 1997; 40: 313-19.

54. Semeao EJ, Jawad AF, Stouffer NO, Zemel BS, Piccoli DA, Stallings VA. Risk factors for low bone mineral density in children and young adults with Crohn's disease. J Pediatr 1999; 135:593-600.

55. Ardizzone S, Bollani S, Bettica P, Bevilacqua M, Molteni P, Bianchi Porro G. Altered bone metabolism in inflammatory bowel disease: There is a difference between Crohn's disease and ulcerative colitis. J Intern Med 2000; 247:63-70.

56. Rosinach M, Maurer A, Domènech E, Deselaers A, García-Planella E, Bernal I *et al*. ¿Es necesario suprimir los lácteos de la dieta en los brotes de actividad de enfermedad inflamatoria intestinal? Gastroenterol Hepatol 2002; 25:198-99 (abstract).

57. Roediger WEW. The colonic epithelium in ulcerative colitis: An energy-deficient disease? Lancet 1980; 2:712-15.

58. Chapman MAS, Grahn MF, Boyle MA, Hutton M, Rogers J, Williams NS. Butyrate oxidation is impaired in the colonic mucosa of sufferers of quiescent ulcerative colitis. Gut 1994; 35:73-6.

59. Kim Y. Short-chain fatty acids in ulcerative colitis. Nutrition Rev 1998; 56:17-24.

60. Den Hond E, Hiele M, Evenpoel P, Peeters M, Ghoos Y, Rutgeerts P. In vivo butyrate metabolism and colonic permeability in extensive ulcerative colitis. Gastroenterology 1998; 115:548-90.

61. Simpson EJ, Chapman MAS, Dawson J, Berry D, MacDonald IA, Colen A. In vivo measurement of colonic butyrate metabolism in patients with quiescent ulcerative colitis. Gut 2000; 46:73-7.

62. Inan MS, Rasoulpour EJ, Yin L, Hubbard AK, Rosenberg DW, Giardina C. The luminal short-chain fatty acid butyrate modulates NF-κB activity in a human colonic epithelial cell line. Gastroenterology 2000; 118:724-34.

63. Segain JP, Raingeard de la Blétière D, Bourreille A, Leray V, Gervois N, Rosales C *et al*. Butyrate inhibits inflammatory responses through NFκB inhibition: Implications for Crohn's disease. Gut 2000; 47:397-403.

64. Vernia P, Caprilli R, Latella G, Barbetti F, Magliocca FM, Cittadini M. Fecal lactate and ulcerative colitis. Gastroenterology 1988; 95:1564-68.

65. Kien CL, Murray RD, Qualman SJ, Marcon M. Lactulose feeding in piglets: A model for persistent diarrhea and colitis induced by severe sugar malabsorption. Dig Dis Sci 1999; 44:1476-84.

66. Fernández Bañares F, Hinojosa J, Gomollón F, Sánchez-Lombraña JL, Rodríguez-Abascal J, Gassull MA *et al.* Randomized clinical trial of *Plantago ovata* (dietary fibre) as compared to mesalamine in maintaining remission in ulcerative colitis. Am J Gastroenterol 1999; 94:427-33.

67. Fernández Bañares F, Fluvià L, Hernández JM, Navarro E, Gassull MA. *In vitro* fermentation of different types of dietary fiber in ulcerative colitis: Production of butyrate. Gastroenterology 2000; 118:A853 (abstract).

Chapter 3

Genetics of inflammatory bowel disease

S. VERMEIRE

University Hospital Gasthuisberg
Department of Gastroenterology
Leuven, Belgium

Dirección para correspondencia
University Hospital Gasthuisberg
Dr. S. Vermeire
severine_vermeire@uz.kuleuven.ac.be

ABSTRACT

The volume of research undertaken on the genetic susceptibility of inflammatory bowel disease (IBD) has been tremendous. Genome-wide scanning has identified more than 10 chromosomal regions. Fine-mapping of these regions together with candidate-gene studies have already led to the identification of a number of genes, including CARD15 (NOD2), DLG5, OCTN1 and 2, TLR4 and CARD4 (NOD1). Among these, the CARD15 gene is the most understood at present, and explains around 20% of the genetic predisposition to CD. Although the clinical implications of genetic testing are limited at present, genetic research has advanced our understanding of the clinical heterogeneity, and the complex interactions between genetic and environmental risk factors in IBD. Genes also interfere with the metabolism of drugs and most likely influence the clinical response and drug-related toxicity. Azathioprine (TPMT [thiopurine methyltransferase] polymorphisms) is the only drug to date where pharmacogenetics is applied in clinical practice. In the future, it is anticipated that genetic markers will be implemented in an integrated molecular-diagnostic and prognostic-approach to managing our patients.

1   Introduction

Inflammatory bowel disease (IBD) is a chronic relapsing inflammatory disease of the gut. The cause of the disease is unknown but accepted to be multifactorial. An interplay of environmental risk factors and immunologic changes will trigger onset of the disease in a genetically susceptible host. Crohn's disease (CD) and ulcerative colitis (UC) are the two major phenotypes of IBD.

CD and UC are complex polygenic disorders. This means that several genes, together with environmental factors, contribute to the final clinical phenotype, which will inevitably be heterogeneous. How many susceptibility genes underlie IBD and how they interact with each other and with environmental factors is not precisely known, but the list of genes and environmental factors is growing on an almost monthly basis. Since both forms of IBD can co-exist in single families (and even in the same individual) with a frequency greater than expected by chance alone, CD and UC are likely to share some susceptibility genes. However, disease-specific genes will also exist since CD and UC are very distinct in terms of clinical features.

2   Methods to study susceptibility genes in complex diseases

There are two main approaches to identifying genes in complex diseases: the positional cloning approach, based on linkage analysis, and the candidate-gene approach, based on association studies. Linkage analysis studies the co-segregation of the disease with a marker within families. Linkage analysis allows scanning of the whole genome. Eleven total genome scans have been undertaken in IBD, and have identified a number of susceptibility regions on chromosomes 1, 3, 4, 5, 6, 7, 10, 12, 14, 16, 19 and X (see figure 1).[1-11] According to their initial date of reporting, and independent confirmations, the

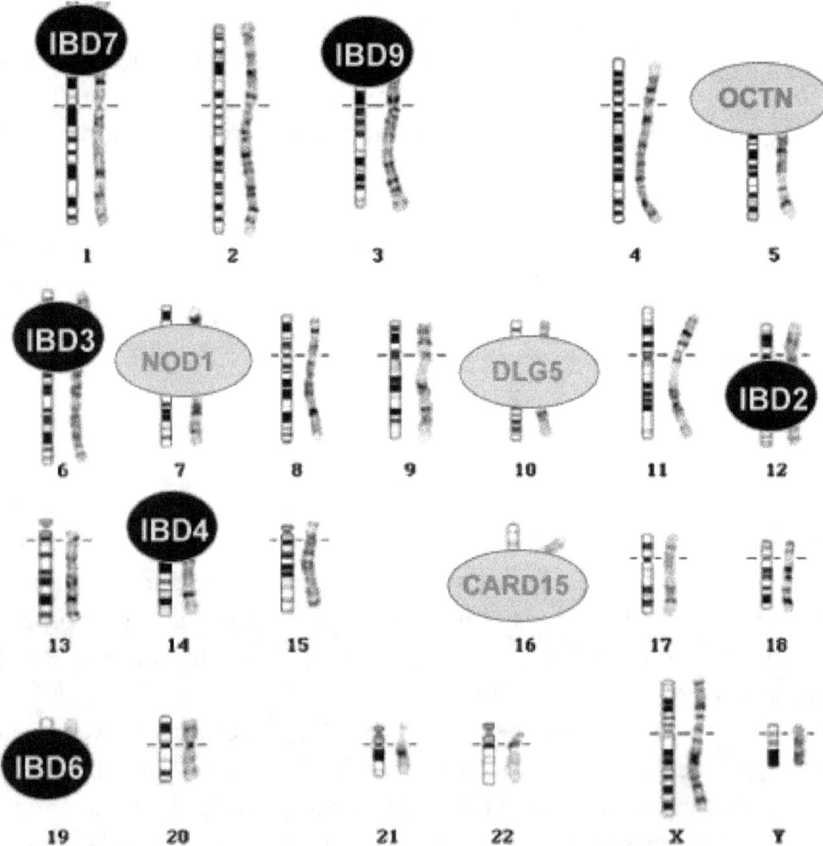

Figure 1. Replicated linkage regions for IBD (IBD1 to IBD9), as well as the regions containing the identified genes CARD15, DLG5, OCTN, and NOD1.

regions on chromosomes 16, 12, 6, 14, 5, 19 and 1 have been renamed IBD1 to IBD7, respectively.

Candidate gene analysis uses case-control cohorts or trios of offspring affected by both parents. Here, a specific gene with a known or potential interest for the disease is studied. The allelic frequencies (in the case of case-control study) or the transmission of a single nucleotide polymorphism (SNP) towards affected offspring (in the case of trios) are analyzed, and differences between patients and controls, or distortion of transmission towards affected children, points towards implication of the gene in the pathogenesis of the disease under investigation.

3 Identification of susceptibility genes in IBD

In 1996 Hugot *et al.* was the first to report linkage to 16q and only five years later, it identified the underlying gene by a fine mapping and positional cloning approach as the CARD15 (originally reported NOD2) gene.[12] Around the same time, Ogura *et al.* and Hampe *et al.* also identified CARD15, but they used the candidate gene approach.[13-14] Thirty non-conservative polymorphisms have been identified within the gene and all of them seem to be associated with CD, but only three (Arg702Trp, Gly908Arg and Leu1007insC) are common (see figure 2). The three common variants account for approximately 82% of the mutated alleles.[15] CARD15 is only associated with CD, and not with UC. CARD15 codes for the NOD2 protein are expressed in monocytes, macrophages, dendritic cells, epithelial cells and Paneth cells.[16-18] NOD2 is a pattern recognition receptor (PRR) and senses bacterial peptidoglycan-derived muramyl dipeptide (MDP) through its Leucine-Rich-Repeat (LRR) domain.[19] In turn, but through unknown mechanisms that are still unknown, sensing of MDP stimulates secretion of antimicrobial peptides including alpha-defensins (also called cryptdins) and in this way it protects the host from invasion.[20] In CD, a reduced expression of alpha-defensins has been demonstrated, and it is even more reduced in patients carrying CARD15 mutations.[21] The frameshift mutation 1007fsinsC leads to a truncated protein lacking the 33 distal amino acids and in vitro data showed impaired activation of NF-kappa B (NF-κB) after stimulation.[13] These data cannot be reconciled easily with the increased NF-κB activity observed in CD patients. Also *in vivo* studies using CARD15 -/- KO animals have shown conflicting results whereas Watanabe *et al.* claimed a negative signaling of intact CARD15 on toll-like receptor 2-driven activation of NF-κB, and hence increased activity in the presence of a CARD15 mutation, the study by Maeda *et al.* showed that CARD15 mutant mice had increased NF-κB activation directly in response to MDP.[22-23]

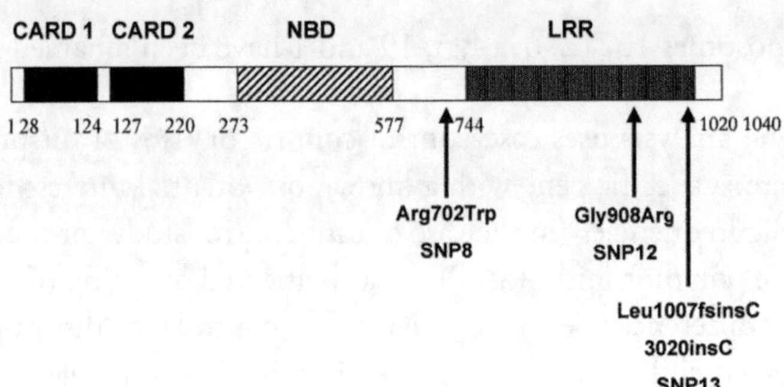

Figure 2. Structure of the CARD15 gene indicating the three main variants associated with Crohn's disease.

4   Other susceptibility genes

The linkage region reported on chromosome 10 by Hampe *et al.,*[4] was also refined by positional cloning and identified as containing DLG5 (because of its homology with Drosophila Discs Large Homolog 5) as the causal gene for IBD.[24] One haplotype in this gene, characterized by the haplotype-tagging SNP G113A (leading to a change from arginine to glutamine at amino acid position 30 [R30Q]), was overtransmitted to affected offspring with CD and UC. In an independent case-control sample, 25% of IBD patients carried at least one 113A risk allele, compared with 17% of healthy controls (p = 0.001). The overall risk for IBD associated with the 113A variant in their original study was moderate however (odds ratio [OR] = 1.6). DLG5 is a widely-expressed protein found in the placenta, small bowel, colon, heart, skeletal muscle, liver, and pancreas. It is a member of the membrane-associated guanylate kinase (MAGUK) family of scaffolding proteins, which are important in signal transduction and epithelial cell integrity. Meanwhile, replication studies have emerged, but results are conflicting and point towards an even lower RR of 1.25.[25-28]

A 2004 study by Peltekova *et al.* identified the genes underlying the IBD5 locus as the SCL22A4 and SLC22A5 genes, coding for the OCTN1 and 2 (novel organic cation transporter) proteins, respectively.[29] Rioux *et al.* first reported linkage for CD on 5q31 in the Canadian population.[7] IBD5 is a very attractive candidate region for IBD, since it harbours the cytokine gene cluster. Fine mapping of this locus refined the region to a 250 kb risk haplotype (surrounding the OCTNs) but precise identification of the underlying causal genetic variants was impossible due to strong linkage disequilibrium (LD) across the region.[30] By re-sequencing the known genes in the IBD5 region, 10 new single nucleotide polymorphisms (SNPs) were identified. Two of these were predicted to have functional effects: a missense substitution in OCTN1 (L503F) and a G–>C transversion in the promoter of OCTN2. In the study by Peltekova *et al.,* these SNPs were associated with susceptibility to CD. The OCTNs are a family of transporter proteins for organic cations and carnitine, an essential co-factor of the metabolism of lipids.[31-32] Carnitine is involved in the transport of long-chain fatty acids into the mitochondria where fatty acids undergo β-oxidation. There is evidence that inhibition of fatty acid oxidation in the epithelium of the colonic mucosa is associated with the development of UC. Inhibition of β-oxidation by rectal administration of sodium 2-bromo-octanoate, induces weight loss and bloody diarrhea in rats with histological signs of ulcers, mucus cell depletion, vessel dilatation and an increase in acute inflammatory cells.[33]

Another region of linkage which was further pursued using a candidate gene approach was 7p14, identified in the original genome scan from Oxford, UK.[2] An association between a complex functional NOD1 (CARD4) insertion/deletion polymorphism (ND(1) + 32656*1) and IBD was found by the same investigators.[34] NOD1 shows homology with CARD15.[2] However, so far, this association has not been confirmed.[35]

The MHC region is probably the region of most interest for a candidate gene approach. HLA class II molecules present partially-digested antigen to the T-cell receptor and play a central role in the immune response. In contrast with other immune-mediated complex diseases such as rheumatoid arthritis, multiple sclerosis, and insulin-dependent diabetes, studies on the role of the MHC complex in IBD have yielded inconsistent, heterogeneous, and often very weak results.[36-39] HLA DR2 (DRB1*1502) has been implicated in Japanese patients with UC, whereas HLA DR3 (HLA DRB1*0103) has been implicated in European studies. In CD, HLA associations are less convincing. HLA DR1 has been associated with the CD phenotype.

Following the identification of CARD15, there has been major interest in other pattern recognition receptors (PRRs) such as the membrane-expressed toll-like receptors (TLRs). A Belgian collaborative study described an association between the TLR4 Asp299Gly polymorphism and IBD in two independent cohorts of patients.[40] This polymorphism is associated with impaired LPS signalling an increased susceptibility to Gram-negative infections. The allele frequency of the TLR4 Asp299Gly polymorphism was significantly higher in CD (11% *vs.* 5%; OR = 2,31; 95% confidence interval (CI) = 1.28 – 4.17); p = 0.004) and UC patients (10% *vs.* 5%; OR = 2.05; 95% CI = 1.07– 3.93; p = 0.027) compared with the control population. A transmission disequilibrium test on 318 IBD trios demonstrated preferential transmission of the TLR4 Asp299Gly polymorphism from heterozygous parents to affected children (T/U: 68/34; p = 0.01). These associations have been replicated in a number of studies.[40-44]

5   Translation of IBD-genetic research into the clinic

An increased prevalence of CARD15 variants is found in most Caucasian patients with CD. Although prevalence varies from study to study, approximately 35-45% of CD patients will carry at least one CARD15 variant compared to 15-20% in healthy controls.[45-51] A much lower prevalence of CARD15 variants is observed in Scandinavian,[52] Irish[53] and Scottish[54] CD patients while these variants are absent among the Japanese,[55] Chinese,[56] and African-American population.[57] The relative risk of developing CD in the presence of one mutation is 2-4, but increases to 20-40 in the case of two mutations (compound heterozygous or homozygous).

The phenotypic expression of CARD15 variants is widely-replicated and has shown consistent associations with small bowel disease and less-importantly with a stricturing behaviour (53% *vs.* 28%; OR = 2.92; p = 0.00003).[15,45]

CARD15 also seems to be implicated in graft-versus-host disease (GvHD) and complications following allogeneic stem cell transplantation.[58] In patients receiving stem cell transplantation, the transplant-related mortality in donor/recipient pairs with mutations was much higher (49%) in contrast to the mortality in donor/recipient pairs without mutated CARD15 (20%). The mortality was even higher (83%) in pairs with mutated alleles in both donors and recipients (p < 0.001).

For the other reported genes DLG5, OTCN, NOD1 or TLR4, phenotypic associations have been less consistent. For IBD5 and OCTN1 and 2, the associations with perianal disease[28,59-60] and with ileal disease[61] have been reported. The association with perianal fistulising disease is probably the most replicated. The reason for the discrepancy in phenotypic associations for these genes is not clear, but the modest RR associated with each of them probably needs larger sample sizes.

Genetic markers in the MHC region, especially the class II HLA DRB1*0103 allele, have been associated with severe cortico-dependent and refractory UC as well as severe UC necessitating colectomy.[62] It is highly likely that the HLA genes play a disease-modifying role, rather than act as an important gene in the susceptibility for developing IBD: a UK study found that certain HLA alleles are associated with different disease behaviour and extra-intestinal manifestations such as IBD-arthropathy, as well as eye and skin manifestations.[63-64] In this study, HLA-B27 and B35 were associated with the large joint type of IBD-arthropathy, whereas HLA B44 increased in the small joint type of IBD-arthropathy.

6   Pharmacogenetics in IBD

Genes interfere with the metabolising pathways of drugs and they may influence the clinical response and the drug-related toxicity. With increasing knowledge of the variations within the human genome sequence, researchers and clinicians aim at personalizing medicine and at optimizing a patient's treatment based on his/her genotype.

Azathioprine (AZA) is the only drug where pharmacogenetics has shown clinical relevance so far. AZA is one of the best examples of genetically-influenced heterogeneity in drug response. The pathway of AZA metabolism is illustrated in figure 3. In the first step, AZA is converted by a non-enzymatic reaction into 6-mercaptopurine (6-MP). Subsequently, 6-MP is metabolized by competing catabolic and anabolic enzymatic pathways: xanthine oxidase converts 6-MP into the inactive 6-thiouric acid (6-TU). Alternatively, 6-MP may be methylated to 6-methyl MP (6-MMP) by the enzyme thiopurine methyl transferase (TPMT). A third pathway is metabolization towards active 6-thioguanine (6-TG) nucleotides (6-TG triphosphate [6-Thio-GTP] and diphosphate (6-Thio-GDP), which are incorporated as false bases into the DNA, and may explain the cytotoxicity of the drug.

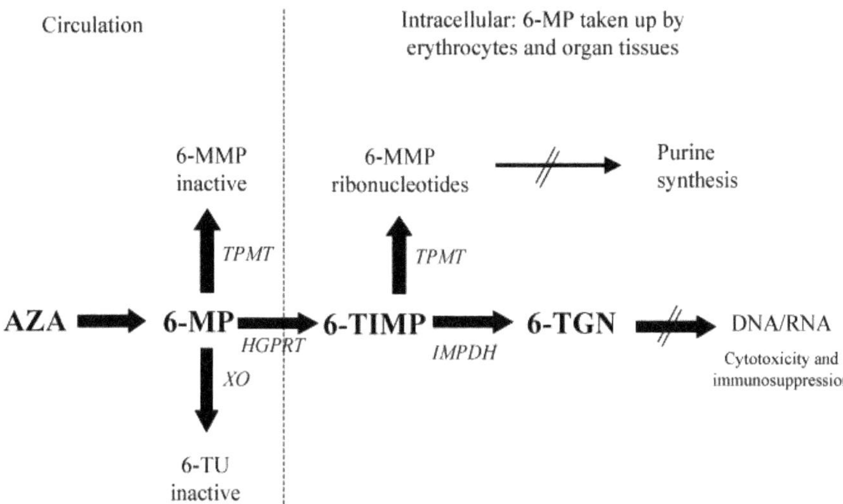

Figure 3. Azathioprine metabolism. In a first step, azathioprine is rapidly converted by a non-enzymatic reaction into 6-mercaptopurin (6-MP). Subsequently, 6-MP is metabolised by competing catabolic and anabolic enzymatic pathways: xanthine oxidase (XO) converts 6-MP into the inactive 6-thiouric acid (6-TU). Alternatively, 6-MP may be methylated to 6-methyl MP (6-MMP) by the enzyme thiopurine methyl transferase (TPMT). The active 6 thioguanine nucleotides (6-TGNs) are generated in a multi-step pathway which is initiated by hypoxanthine guanine phosphoribosyl transferase (HGPRT).

TPMT activity is genetically regulated, and TPMT*3A (G460A/A719G) and TPMT*3C (A719G) are the most common variants among the Caucasian population (see figure 4). Approximately 11% of the population is heterozygous for the common TPMT polymorphisms, and 1/300 is homozygous mutant. Heterozygous patients show decreased TPMT activity , and TPMT activity is almost absent in homozygous patients. A deficiency of TPMT results in a preferential production of 6-TG nucleotides, which explains the risk of bone marrow suppression and leukopenia. However, TPMT mutations will not explain everything as shown by the study by Colombel *et al.* In this study, 41 patients who previously developed bone marrow toxicity (leukopenia or thrombocytopenia) on AZA treatment were genotyped for TPMT mutations. Only 65.8 % (27/41) of these patients carried mutations: 10 were homozygous and 17 were heterozygous.[65] The duration of onset of the bone marrow suppression was significantly shorter in the homozygous patients (< 1.5 months), compared with the wild type patients (0.5-87 months) and the heterozygous patients had an onset in between that of wild type and homozygous patients (1-18 months). These results suggest that other factors are also responsible for bone marrow suppression.

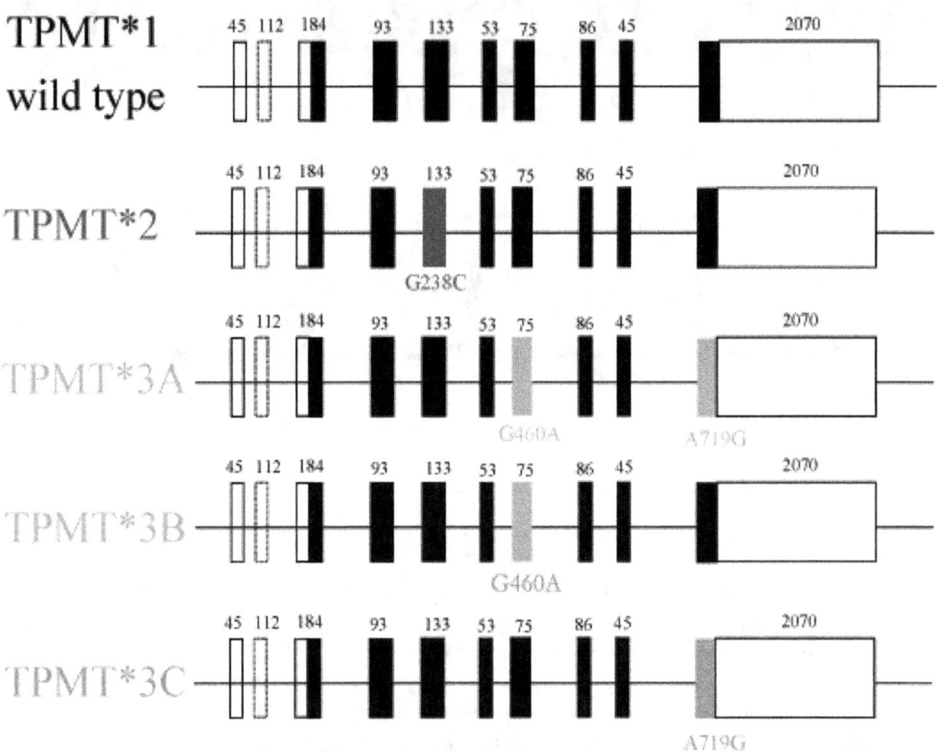

Figure 4. Most common variants in the TPMT gene in the Caucasian population.

The introduction of biological therapies in IBD has revolutionized the treatment of this disease. The first approved biological infliximab is a chimeric monoclonal antibody to TNF-α and is approved for the treatment of active luminal and fistulizing CD, and for the treatment of moderate-to-severe UC. However, although it is very efficacious in around 70% of patients, a primary non-response is observed in 25-30% of patients. Polymorphisms in the TNF-α and -β genes and their receptors failed to explain the differences in response.[66-70] Following the discovery of NOD2/CARD15, it was postulated that mutations in NOD2/CARD15 might predict therapy-outcome based on changes in NF-κB activation and subsequent TNF production. However, three independent cohorts of patients treated with infliximab (one Belgian, n = 245; one German, n = 90 and the ACCENT I cohort, n = 444) failed to show an association.[71-72] A Belgian collaborative study described an association with FCGR3A-158.[73] The FcG receptor IIIa is expressed on macrophages and NK cells and is involved in antibody-dependent cell-mediated cytotoxicity (ADCC). A non-synonymous polymorphism in exon 6, leading to a change in amino acid from Phenylalanine (F) to Valine (V), has been shown to affect ADCC. The Valine allotype has more potent binding of the immunoglobulin to the FcG receptor and more potent ADCC. In a study of 200 patients treated with infliximab by Louis *et al.,* all patients with the V/V genotype showed a biological response compared with 69.8% of patients carrying the F allele (relative risk = 1.43; 95% CI = 1.27 – 1.61; p = 0.0002). Interestingly, this same polymorphism has also been associated with a positive response to rituximab, a recombinant anti-CD20 IgG1 antibody used in non-Hodgkin's lymphoma.[74-75]

A second important mechanism of action of infliximab is induction of apoptosis. In a cohort of 204 consecutive patients treated with infliximab for refractory luminal CD, Hlavaty *et al.* found a significant association between the Fas ligand C-843T polymorphism and the Caspase 9-C93T polymorphism.[76] Of those patients carrying the Fas ligand -843 CC/CT genotype (n =135), 74.7% responded compared to 38% of patients carrying the TT genotype (n = 21) (OR = 0.11; 95 % CI = 0.08 – 0.56; p = 0.002). All patients with the Caspase-9 93 TT (n = 9) genotype responded, in contrast to 66.7% (n = 147) with the CC and CT genotype (OR = 1.50; 95% CI = 1.34 – 1.68; p = 0.04). Interestingly, concomitant 6-MP/AZA therapy was able to overcome the low response observed with these genotypes. The same observation was made in a smaller cohort of patients treated for fistulising disease.

7   Conclusion

Recent advances in the genetics of IBD have been tremendous. Total genome scans have generated several regions of linkage, and fine mapping strategies have already led to the identification of a number of susceptibility genes (CARD15, DLG5, OCTN1 and 2, NOD1), of which the CARD15 gene is undoubtedly the most understood at present. However, even for the CARD15 gene, a number of questions remain, especially those concerning the signalling mechanisms. Answers to these questions will further improve our knowledge of the pathogenesis of the disease in the years to come. Genetic research in IBD has advanced our understanding of the clinical heterogeneity of the disease. It is anticipated that in the future, these discoveries will be translated into clinical practice, where genetic markers will find their place in an integrated molecular diagnostic and prognostic approach to our patients.

REFERENCE

1. Hugot JP, Laurent-Puig P, Gower-Rousseau C *et al.* Mapping of a susceptibility locus for Crohn's disease on chromosome 16. Nature 1996; 379: 821-23.
2. Satsangi J, Parkes M, Louis E *et al.* Two-stage genome-wide search in inflammatory bowel disease provides evidence for susceptibility loci on chromosomes 3, 7 and 12. Nat Genet 1996; 14: 199-202.
3. Cho JH, Nicolae DL, Gold LH *et al.* Identification of novel susceptibility loci for inflammatory bowel disease on chromosomes 1p, 3q, and 4q: evidence for epistasis between 1p and IBD1. Proc Natl Acad Sci USA 1998; 95: 7502-07.
4. Hampe J, Schreiber S, Shaw SH *et al.* A genome wide analysis provides evidence for novel linkages in inflammatory bowel disease in a large European cohort. Am J Hum Genet 1999; 64: 808-16.
5. Ma Y, Ohmen JD, Li Z *et al.* A genome wide search identifies potential new susceptibility loci for Crohn's disease. Inflammatory Bowel Diseases 1999; 5: 271-78.
6. Duerr RH, Barmada MM, Zhang L *et al.* High-density genome scan in Crohn's disease shows confirmed linkage to chromosome 14q11-12. Am J Hum Genet 2000; 66: 1857-62.
7. Rioux JD, Silverberg MS, Daly MS *et al.* Genome wide search in Canadian families with inflammatory bowel disease reveals two novel susceptibility loci. Am J Hum Genet 2000; 66: 1863-70.
8. Williams CN, Kocher K, Lander ES, Daly MJ, Rioux JD. Using a genome-wide scan and meta-analysis to identify a novel IBD locus and confirm previously identified IBD loci. Inflamm Bowel Dis 2002; 8: 375-81.
9. Paavola-Sakki P, Ollikainen V, Helio T *et al.* Genome-wide search in Finnish families with inflammatory bowel disease provides evidence for novel susceptibility loci. Eur J Hum Genet 2003; 11: 112-20.
10. Vermeire S, Rutgeerts P, Van Steen K *et al.* Genome wide scan in a Flemish inflammatory bowel disease population: support for the IBD4 locus, population heterogeneity, and epistasis. Gut 2004; 53: 980-6.
11. Barmada MM, Brant SR, Nicolae DL *et al.* A genome scan in 260 inflammatory bowel disease-affected relative pairs. Inflamm Bowel Dis 2004; 10: 15-22.
12. Hugot JP, Chamaillard M, Zouali H *et al.* Association of CARD15 leucine-rich repeat variants with susceptibility to Crohn's disease. Nature 2001; 411: 599-603.
13. Ogura Y, Bonen DK, Inohara N *et al.* A frameshift mutation in NOD2 associated with susceptibility to Crohn's disease. Nature 2001; 411: 603-6.
14. Hampe J, Cuthbert A, Croucher PJ *et al.* Association between insertion mutation in NOD2 gene and Crohn's disease in German and British populations. Lancet 2001; 357: 1925-28.
15. Lesage S, Zouali H, Cezard JP *et al.* CARD15/NOD2 mutational analysis and genotype-phenotype correlation in 612 patients with inflammatory bowel disease. Am J Hum Genet 2002; 70: 845-57.
16. Lala S, Ogura Y, Osborne C *et al.* Crohn's disease and the NOD2 gene: a role for paneth cells. Gastroenterology 2003; 125: 47-57.
17. Hisamatsu T, Suzuki M, Reinecker HC, Nadeau WJ, McCormick BA, Podolsky DK. CARD15/NOD2 functions as an antibacterial factor in human intestinal epithelial cells. Gastroenterology 2003; 124: 993-1000.
18. Ogura Y, Inohara N, Benito A, Chen FF, Yamaoka S, Nunez G. Nod2, a Nod1/Apaf-1 family member that is restricted to monocytes and activates NF-kappaB. J Biol Chem 2001; 276: 4812-8.
19. Inohara N, Ogura Y, Fontalba A *et al.* Host recognition of bacterial muramyl dipeptide mediated through NOD2. Implications for Crohn's disease. J Biol Chem 2003; 278: 5509-12.
20. Kobayashi KS, Chamaillard M, Ogura Y *et al.* Nod2-dependent regulation of innate and adaptive immunity in the intestinal tract. Science. 2005; 307: 731-4.
21. Wehkamp J, Harder J, Weichenthal M *et al.* NOD2 (CARD15) mutations in Crohn's disease are associated with diminished mucosal alpha-defensin expression. Gut 2004; 53: 1658-64.
22. Watanabe T, Kitani A, Murray PJ, Strober W. NOD2 is a negative regulator of Toll-like receptor 2-mediated T helper type 1 responses. Nat Immunol. 2004; 5: 800-8.
23. Maeda S, Hsu LC, Liu H *et al.* Nod2 mutation in Crohn's disease potentiates NF-kappaB activity and IL-1beta processing. Science 2005; 307: 734-8.
24. Stoll M, Corneliussen B, Costello CM, *et al.* Genetic variation in DLG5 is associated with inflammatory bowel disease. Nat Genet 2004; 36: 476-80.
25. Daly MJ, Pearce AV, Farwell L *et al.* Association of DLG5 R30Q variant with inflammatory bowel disease. Eur J Hum Genet 2005 Apr 20; [Epub ahead of print].
26. Noble CL, Nimmo ER, Drummond H *et al.* DLG5 variants do not influence susceptibility to inflammatory bowel disease in the Scottish population. Gut 2005; 54: 1416-20.

27. Torok HP, Glas J, Tonenchi L *et al*. Polymorphisms in the DLG5 and OCTN cation transporter genes in Crohn's disease. Gut. 2005; 54: 1421-7.

28. Vermeire S, Pierik M, Henckaerts L *et al*. Association of organic cation transporter risk haplotype with perianal penetrating Crohn's disease but not with susceptibility to IBD. Gastroenterol 2005; 129: 1845-53.

29. Peltekova VD, Wintle RF, Rubin LA *et al*. Functional variants of OCTN cation transporter genes are associated with Crohn disease. Nat Genet 2004; 36: 471-75.

30. Rioux JD, Daly MJ, Silverberg MS *et al*. Genetic variation in the 5q31 cytokine gene cluster confers susceptibility to Crohn disease. Nat Genet 2001; 29: 223-8.

31. Gründemann D, Gorboulev V, Gambaryan S *et al*. Drug excretion mediated by a new prototype of polyspecific transporter. Nature 1994; 372: 549-52.

32. Lahjouji K, Mitchell GA, Qureshi IA. Carnitine transport by organic cation transporters and systemic carnitine deficiency. Molecular Genetics and Metabolism 2001; 73: 287-97.

33. Roediger WE, Nance S. Metabolic induction of experimental ulcerative colitis by inhibition of fatty acid oxidation. Br J Exp 1986; 67: 773-82.

34. McGovern DP, Hysi P, Ahmad T *et al*. Association between a complex insertion/deletion polymorphism in NOD1 (CARD4) and susceptibility to inflammatory bowel disease. Hum Mol Genet. 2005; 14: 1245-50.

35. Zouali H, Lesage S, Merlin F *et al*. CARD4/NOD1 is not involved in inflammatory bowel disease. Gut. 2003; 52: 71-4.

36. Toyoda H, Wang SJ, Yang HY *et al*. Distinct associations of HLA class II genes with inflammatory bowel disease. Gastroenterology 1993; 104: 741-48.

37. Danze PM, Colombel JF, Jacquot S, *et al*. Association of HLA class II genes with susceptibility to Crohn's disease. Gut 1996; 39: 69-72.

38. Satsangi J, Welsh KI, Bunce M *et al*. Contribution of genes of the major histocompatibility complex to susceptibility and disease phenotype in inflammatory bowel disease. Lancet 1996; 347: 1212-7.

39. Stokkers PC, Reitsma PH, Tytgat GN *et al*. HLA-DR and -DQ phenotypes in inflammatory bowel disease: a meta-analysis. Gut 1999; 45: 395-401.

40. Franchimont D, Vermeire S, El Housni H *et al*. Deficient host-bacteria interactions in inflammatory bowel disease? The toll-like receptor (TLR)-4 Asp299gly polymorphism is associated with Crohn's disease and ulcerative colitis. Gut 2004; 53: 987-92.

41. Lakatos PL, Lakatos L, Szalay F *et al*. Toll-like receptor 4 and NOD2/CARD15 mutations in Hungarian patients with Crohn's disease: phenotype-genotype correlations. World J Gastroenterol 2005; 11: 1489-95.

42. Gazouli M, Mantzaris G, Kotsinas A *et al*. Association between polymorphisms in the Toll-like receptor 4, CD14, and CARD15/NOD2 and inflammatory bowel disease in the Greek population. World J Gastroenterol 2005; 11: 681-5.

43. Torok HP, Glas J, Tonenchi L *et al*. Polymorphisms of the lipopolysaccharide-signaling complex in inflammatory bowel disease: association of a mutation in the Toll-like receptor 4 gene with ulcerative colitis. Clin Immunol 2004; 112: 85-91.

44. Oostenbrug LE, Drenth JP, de Jong DJ *et al*. Association between toll-like receptor 4 and inflammatory bowel disease. Inflamm Bowel Dis 2005; 11: 567-75.

45. Abreu MT, Taylor KD, Lin YC *et al*. Mutations in NOD2 are associated with fibrostenosing disease in patients with Crohn's disease. Gastroenterology 2002; 123: 679-88.

46. Ahmad T, Armuzzi A, Bunce M *et al*. The molecular classification of the clinical manifestations of Crohn's disease. Gastroenterology 2002; 122: 854-66.

47. Cuthbert AP, Fisher SA, Mirza MM *et al*. The contribution of NOD2 gene mutations to the risk and site of disease in inflammatory bowel disease. Gastroenterology. 2002; 122: 867-74.

48. Esters N, Pierik M, van Steen K *et al*. Transmission of CARD15 (NOD2) variants within families of patients with inflammatory bowel disease. Am J Gastroenterol 2004; 99: 299-305.

49. Mendoza JL, Murillo LS, Fernandez L *et al*. Prevalence of mutations of the NOD2/CARD15 gene and relation to phenotype in Spanish patients with Crohn disease. Scand J Gastroenterol. 2003; 38: 1235-40.

50. Roussomoustakaki M, Koutroubakis I, Vardas EM *et al*. NOD2 insertion mutation in a Cretan Crohn's disease population. Gastroenterology. 2003;124: 272-73.

51. Vermeire S, Wild G, Kocher K *et al*. CARD15 genetic variation in a Quebec population: prevalence, genotype-phenotype relationship, and haplotype structure. Am J Hum Genet. 2002; 71: 74-83.

52. Helio T, Halme L, Lappalainen M *et al*. CARD15/NOD2 gene variants are associated with familially occurring and complicated forms of Crohn's disease. Gut 2003; 52: 558-62.

53. Bairead E, Harmon DL, Curtis AM *et al*. Association of NOD2 with Crohn's Disease in a homogenous Irish population. Eur J Hum Genet. 2003; 11: 237-44.

54. Arnott ID, Nimmo ER, Drummond HE *et al.* NOD2/CARD15, TLR4 and CD14 mutations in Scottish and Irish Crohn's disease patients: evidence for genetic heterogeneity within Europe? Genes Immun 2004 Jun 10 [Epub ahead of print].

55. Inoue N, Tamura K, Kinouchi Y *et al.* Lack of common NOD2 variants in Japanese patients with Crohn's disease. Gastroenterology 2002; 123: 86-91.

56. Leong RWL, Armuzzi A, Ahmad T *et al.* NOD2/CARD15 gene polymorphisms and Crohn's disease in the Chinese population. Aliment Pharmacol Ther 2003;17:1465-70.

57. Bonen DK, Niclolae DL, Moran T *et al.* Racial differences in NOD2 variation: characterization of NOD2 in African-Americans with Crohn's disease. Gastroenterology 2002; 122(Suppl): A-29.

58. Holler E, Rogler G, Herfarth H *et al.* Both donor and recipient NOD2/CARD15 mutations associate with transplant-related mortality and GvHD following allogeneic stem cell transplantation. Blood 2004; 104: 889-94.

59. Armuzzi A, Ahmad T, Ling KL *et al.* Genotype-phenotype analysis of the Crohn's disease susceptibility haplotype on chromosome 5q31. Gut 2003; 52: 1133-9.

60. Libioulle C, Thys J, Farnir F *et al.* Functional variants of OCTN cation transporter gene are associated with perianal Crohn's disease. Gastroenterol Suppl 2005; 128: A445.

61. Newman B, Gu X, Wintle R *et al.* A risk haplotype in the Solute Carrier Family 22A4/22A5 gene cluster influences phenotypic expression of Crohn's disease. Gastroenterology 2005; 128: 260-9.

62. Roussomoustakaki M, Satsangi J, Welsh K *et al.* Genetic markers may predict disease behavior in patients with ulcerative colitis. Gastroenterology 1997; 112: 1845-53.

63. Orchard TR, Thiyagaraja S, Welsh KI *et al.* Clinical phenotype is related to HLA genotype in the peripheral arthropathies of inflammatory bowel disease. Gastroenterology. 2000; 118: 274-8.

64. Orchard TR, Chua CN, Ahmad T *et al.* Uveitis and erythema nodosum in inflammatory bowel disease: clinical features and the role of HLA genes. Gastroenterology 2002; 123:714-8.

65. Colombel JF, Ferrari N, Debuysere H *et al.* Genotypic analysis of thiopurine S-methyltransferase in patients with Crohn's disease and severe myelosuppression during azathioprine therapy. Gastroenterology 2000; 118: 1025-30.

66. Louis E, Vermeire S, Rutgeerts P *et al.* A positive response to infliximab in Crohn disease: Association with a higher systemic inflammation before treatment but not with -308 TNF gene polymorphism. Scand J Gastroenterol 2002; 37: 818–24.

67. Mascheretti S, Hampe J, Kuhbacher T *et al.* Pharmacogenetic investigation of the TNF/TNF-receptor system in patients with chronic active Crohn's disease treated with infliximab. Pharmacogenomics J 2002; 2: 127-36.

68. Pierik M, Vermeire S, Van Steen K *et al.* TNF-alpha receptor 1 and 2 (TNFR1 and TNFR2) polymorphisms in IBD and their association with response to infliximab. Aliment Pharmacol & Ther, 2004.

69. Taylor KD, Plevy SE, Yang H, Landers CJ, Barry MJ, Rotter JI, Targan SR. ANCA pattern and LTA haplotype relationship to clinical responses to anti-TNF antibody treatment in Crohn's disease. Gastroenterology. 2001;120:1347-55.

70. Dideberg V, Louis E, Farnir F, Bertoli S, Vermeire S, Rutgeerts P, De Vos M, Van Gossum A, Belaiche J, Bours V.Lymphotoxin alpha gene in Crohn's disease patients: absence of implication in the response to infliximab in a large cohort study. Pharmacogenet Genomics. 2006; 16:369-73.

71. Vermeire S, Louis E, Rutgeerts P *et al.* Belgian Group of Infliximab Expanded Access Program and Fondation Jean Dausset CEPH, Paris, France.NOD2/CARD15 does not influence response to infliximab in Crohn's disease. Gastroenterology 2002; 123: 106–11.

72. Mascheretti S, Hampe J, Croucher PJ *et al.* Response to infliximab treatment in Crohn's disease is not associated with mutations in the CARD15 (NOD2) gene: an analysis in 534 patients from two multicenter, prospective GCP-level trials. Pharmacogenetics. 2002; 12: 509-15.

73. Louis E, El Ghoul Z, Vermeire S *et al.* Association between polymorphism in IgG Fc receptor IIIa coding gene and biological response to infliximab in Crohn's disease. Aliment Pharmacol & Ther 2004; 19: 511-9.

74. Weng WK, Levy R. Two immunoglobulin G fragment C receptor polymorphisms independently predict response to rituximab in patients with follicular lymphoma. J Clin Oncol 2003; 21: 3940-7. Epub 2003 Sep 15.

75. Cartron G, Dacheux L, Salles G *et al.* Therapeutic activity of humanized anti-CD20 monoclonal antibody and polymorphism in IgG Fc receptor FcgRIIIa gene. Blood 2002; 99: 754-58.

76. Hlavaty T, Pierik M, Henckaerts L *et al.* Polymorphisms in apoptosis genes predict response to infliximab therapy in luminal and fistulizing Crohn's disease. Aliment Pharmacol Ther. 2005; 22: 613-26.

Chapter 4

Optimizing medical therapy in inflammatory bowel disease

A. STURM

Universitatsklinikum Charité, Campus Virchow-Klinikum
Universitätsmedizin Berlin
Department of Hepatology and Gastroenterology
Berlin, Germany

Address for correspondence
Universitatsklinikum Charité, Campus Virchow-Klinikum
Dr. A. Sturm
andreas.sturm@charite.de

1   Introduction

Despite the many efforts made since its first description in 1932, the pathogenesis of Crohn's disease (CD) is often described as elusive, unclear or still under investigation. However, our current understanding of the molecular mechanism which initiates and perpetuates mucosal damage in CD and ulcerative colitis (UC) has made great advances by identifying some specific features of the disease which are of special importance. It is now a well established fact that no single agent or distinct mechanism can be considered the *sine qua non* motive to explain all aspects of inflammatory bowel disease (IBD), and several distinguishing factors are likely to be necessary for either CD or UC to take place.[1]

Conventional therapy in IBD consists of sulfasalazine, mesalazine, corticosteroids, and immunosuppressive drugs such as azathioprine, 6-mercaptopurine, methotrexate or cyclosporine.[2] Although sulfasalazine and steroids were for long the only available therapy for the treatment of both CD and UC, these drugs have major limitations. Even though sulfasalazine, and later mesalazine, are safe to use, their efficiency in CD remains controversial. However, in UC, mesalazine can induce remission in 40-80% of patients.[3] Steroids reduce active inflammation in CD and UC, but unfortunately more than 40% of patients are either steroid-resistant or steroid-refractory, and this limits the use of this drug. Furthermore, steroids are ineffective to maintain remission and have severe side effects, especially with long term use. Immunomodulators, such as azathioprine, 6-mercaptopurine, or methotrexate are effective to maintain remission in CD and, to a lesser extent, in UC.[4] Unfortunately, the use of azathioprine and methotrexate is limited by the slow onset of action and the potential serious adverse events and toxicity.

Accordingly, the limitations in both efficiency and safety that were encountered up to the mid nineties meant that the search for better therapeutics continued. The better understanding of the pathogenesis of inflammatory processes that we have today has led to the identification of key molecules that are critically involved in the process of tissue destruction.[5] One such key player is the tumor-necrosis factor-α (TNF-α), whose selective blockade by neutralizing antibodies is highly efficient in the treatment of IBD as well as rheumatoid arthritis.[6,7] This new biological targeted treatment opened a new era in the management of IBD with the development of new biological therapies that selectively block the inflammatory cascade.

When discussing the optimal therapy in the treatment of IBD, the ultimate goal of course is to become inflammation-free. This aim is ambiguous in the light of the complex pathophysiology of IBD which numerous researchers have tried to uncover for decades but which can not be outlined in detail in this study. However, an understanding of the pathogenesis and the relevant pathways involved in the initiation and perpetuation of IBD identified thus far is crucial if we are to optimize current medication or find better drugs for the treatment of IBD.

2   Pathogenetic background

Recent advances in basic research have provided new insights into the pathogenesis and the role of specific immune cells and their mediators in intestinal inflammation. IBD is now thought to represent chronic diseases characterised by diffuse inflammation of the intestinal mucosa associated with dysregulation of the mucosal immune system, and an inappropriate response of the intestinal mucosal immune system to otherwise innocuous luminal antigens in a genetically susceptible host.[8] CD and UC are, in part, the result of a genetic predisposition, with multiple susceptibility genes, some common to both diseases and some linked separately to one disease or the other.[9] The gastrointestinal gene therapy has been investigated in several animal models of IBD, *e.g.* adenovirus-expressing IL-18 antisense RNA anti-sense oligonucleotides and adenovirus 5 vector expressing-murine IL-4.[10] Although this approach might be promising, since the repair of the genomic mutations leading to IBD is not possible at this time, a causal treatment of CD and UC is still uncertain.

Among the many puzzling aspects concerning the pathogenesis of IBD, one of the least understood is the role of environmental factors in the appearance and progression of CD and UC. However, smoking cessation is an easy and effective approach in the treatment of CD.[11] It is generally accepted that microbial factors are intimately involved in the pathogenesis of IBD. In IBD, the greatest incidence of inflammation is in the area with the highest concentration of luminal bacteria and a high number of pathological adherent bacteria can be found in IBD.[12,13] Furthermore, immune reactivity against enteric bacteria can be seen in patients with Crohn's disease[14] and colonisation with normal enteric bacterial flora is required for expression of disease in animals with Crohn's disease.[15,16] In addition, the alteration of the flora with probiotic and antibiotic strategies has beneficial effects in human beings with IBD.[17] However, the efficiency of this approach is limited,[18,19] and will probably not be effective in the treatment of severe flare-ups in UC or CD.

Immuno-inflammatory factors play a crucial role in the pathogenesis of IBD and their manipulation is one of the most promising approaches in IBD therapy. Without the ability to argue all the already identified pathways in the innate and adaptive immune system which are enabled in IBD, it can be simply stated that in IBD the function of CD4+ and T-helper subsets, including activation, apoptosis, and cytokine secretion is disturbed.[20] However, these disturbances are distinct in CD and UC. For example, CD seems to be associated with a T-helper (Th)-1 type of immune response with an upregulation of TNF-α, IFN-γ and IL-2 whereas UC seems to be more Th-2 driven.[21] However, in UC the picture is less clear and the inhibition of TNF-α in UC is also efficient to ameliorate intestinal inflammation.[21] Next to TNF-α, IFN-γ, IL-1, -2, -6, -12, -18, -23 are also critically involved in the perpetuation of CD and UC.[22] In addition to immune activation, an immune response within the intestinal and colonic mucosa involves the selective migration of cells from the peripheral blood to the side of the inflammation. Leukocyte homing and trafficking is mediated by the interaction of adhesion molecules expressed on the surface of lymphocytes and endothelial cells. Aberrant expression of cell adhesion molecules in areas of inflammation is demonstrated by several reports. In active IBD, mucosal mononuclear phagocytes show a dramatic increase in expression of the intercellular adhesion molecule (ICAM-1).[23] Moreover, a marked increase of ICAM-1 and leukocyte function antigen 1 expression by mononuclear cells and E-selectin by venules is also found.[24] Surprisingly, the expression of vascular cell adhesion molecule 1 by immune and endothelial cells is not increased in IBD when compared with control mucosa. A logical assumption originating from these findings is that the blocking adhesion molecule expression may stop recruitment of inflammatory cells in the gut, thereby inhibiting or eliminating the intense cell-cell communication that contributes to chronic immune activation. Several animal models of IBD have been used to assess the effect of cell adhesion molecule antibodies and the results have been encouraging. Administration of α4 monoclonal antibody attenuates colitis in the cotton top tamarin,[25] and antibodies against CD11b/CD18 or ICAM-1 improve colitis induced by various exogenous agents.[26] Similarly, antibodies against molecules that are critical to lymphocyte homing are effective in down-regulating inflammation. Antibodies to the gut homing integrin α4 β7 led to a rapid resolution of chronic colitis in the cotton top tamarin.[27] The ultimate goal of these novel approaches is to achieve beneficial effects by manipulating adhesion molecule expression in patients with IBD. Growth factors are a class of soluble mediators of mucosal healing and injury. From *in vitro* animal and human studies, there is strong indication of a crucial function of growth factors in the prevention of mucosal injury, and healing after injury has occurred. Within the armada of growth factors, transforming growth factor (TGF)-β is a dominant mediator of intestinal epithelial restitution and defence.[28] Thus, enhanced TGF-β synthesis may represent an effort to promote wound healing. although augmented TGF-α production may cause epithelial hyperproliferation and increase the risk of malignancy in IBD.

Members of the TNF-superfamily play multiple roles in the cellular differentiation, survival and death pathways that orchestrate lymphoid organogenesis, activation, and homeostasis of immune cells. Most TNF/TNF receptor members are expressed in the immune system, where their rapid and potent signaling capabilities are crucial in coordinating the proliferation and protective functions of pathogen-reactive cells. Furthermore, many members of this superfamily have assumed prominent roles in the generation of lymphoid tissues and the induction of local microenvironments during inflammation.[29,30] It is well established fact that among inflammatory cytokines, TNF family members are potent inducers of intestinal inflammation.[30] The production of TNF is dramatically upregulated in IBD patients, and TNF blockade achieves 60% effectiveness in CD patients.[31] An experimental model of mucosal inflammation has been produced by creating mice that overexpress TNF (TNFΔARE mice).[32] The intestinal inflammation in this model resembles the pathology observed in CD patients; in particular, granuloma formation is identified. CD40L is another TNF family member implicated in the pathogenesis of IBD. Overexpression of CD40L under the control of the lck promoter leads to severe intestinal inflammation.[33] CD40 and CD40L upregulation was observed in IBD patients[34] and anti-CD40L administration ameliorated the severity of chronic murine colitis.[35]

3 Current therapy in IBD

After our discussion of the different aspects initiating and perpetuating IBD, it is evident that therapeutic manipulation of all the described inflammatory systems by blocking one single factor can not be achieved now or in the near future. Instead, it will be necessary to find a therapeutic approach that not only blocks one or more components of specific pro-inflammatory pathways, but which can also restore naturally occurring anti-inflammatory systems which may be defective either at expression level or function in IBD. Furthermore, as it is still difficult to define which are the initiating effects and which are the secondary effects in IBD, it is not clear which are the most promising therapeutic developments in the armada of drugs which are now being investigated in clinical studies. It is beyond the scope of this study to review current therapeutical strategies and studies tested for the treatment of IBD or to judge which are the most promising approaches to take the burden off IBD patients.

The ultimate goal in the treatment of IBD is to get the patient into long-term remission with minimum side effects from the therapy. Furthermore, it is essential to prevent complications such as strictures, abscesses or extraintestinal manifestations and to avoid surgery. The available therapy should therefore be judged by its efficiency in reaching these aims. Undoubtedly, in many patients with mild CD or UC, medical therapy including 5-ASA, systemic or locally applied mesalazine or budenoside can induce remission without severe side effects. However, these drugs have only been demonstrated to maintain remission in UC[3,36] whereas in CD mesalazine and budenoside are ineffective to maintain remission.[37-40] When a remission can not be conceived by 5-ASA or mesalazine, azathioprine or 6-mercaptopurine are the first choice as immunosuppressants. Both these drugs prove efficient at maintaining remission in about 60% of patients although side effects resulting from prolonged immunosuppression can occur. Although other medical strategies, such as methotrexate, are available, their side effects are even more aggravated with the additional disadvantage of inferior remission rates.[41] Corticosteroids are widely used in the treatment of active CD and UC. Favorably initial symptomatic responses are observed in 70-90% of patients. Fever, pain and diarrhea subside while appetite and well-being improve and elevated inflammatory markers return to normal. However, despite their efficiency for most patients in the first-line therapy of an acute flare-up, the toxicity of corticosteroids is appreciable. Furthermore, steroids are unable to maintain remission in CD or UC and are not capable of closing fistulas. Therefore, an alternative therapy is needed for patients with steroid-refractory or dependent IBD or patients with penetrating CD.

The introduction of infliximab, a mouse/human chimeric monoclonal antibody to TNF, was an important advance in the treatment of CD. Infliximab is effective for induction and maintenance of remission in patients with inflammatory luminal and fistulizing disease.[42,43] However, the development of human antichimeric antibodies (HACAs) has led to infusion reactions and loss of efficacy in patients treated with infliximab.[44] Strategies to reduce the frequency of HACA formation include induction of immunologic tolerance with a three-dose regimen at 0, 2, and 6 weeks followed by systematic maintenance dosing every 8 weeks; concomitant immunosuppressive therapy with azathioprine, 6-mercaptopurine, or methotrexate; and premedication with intravenous corticosteroids.[45] Next to CD, infliximab has also been shown to be effective in UC. In the ACT1 and ACT2 trials, patients with moderate-to-severe active ulcerative colitis treated with infliximab at weeks 0, 2, and 6 and every 8 weeks thereafter were more likely to have a clinical response at weeks 8, 30, and 54 than were those receiving placebo.[46] Humanized or fully human anti-TNF biotechnologic agents, including CDP571, CDP870, etanercept, adalimumab, and onercept, are theoretically less immunogenic than the chimeric antibody infliximab. Etanercept is not effective for Crohn's disease. CDP571 is not effective in unselected patients with active Crohn's disease, but it may be effective in patients with elevated C-reactive protein. In contrast, the efficiency of Certolizumab pegol (CDP870) and adalimumab in the treatment of CD has been well demonstrated.[47-51]

Certolizumab pegol (CDP870) is a humanised TNF-α Fab monoclonal antibody fragment linked to polyethylene glycol that is administered subcutaneously. In a placebo-controlled phase II study with 292 patients, certolizumab showed significant clinical benefit over placebo at week 2 (placebo, 15.1%; certolizumab 100 mg, 297% [P = 0.033]; 200 mg, 30.6% [P = 0.026]; 400 mg, 33.3 % [P = 0.010]). At all time points, the clinical response rates were highest for certolizumab 400 mg, greatest at week 10 (certolizumab 400 mg, 52.8%; placebo, 30.1%; P = 0.006) but not significant at week 12 (certolizumab 400 mg, 44.4%; placebo, 35.6%; P = 0.278). Patients with baseline C-reactive protein levels of 10 mg/l or greater (n = 119) showed a clearer separation between active treatment and placebo (week 12 clinical response: certolizumab 400 mg, 53.1%; placebo, 17.9%; P = 0,005; post hoc analysis) owing to a lower placebo response rate than patients with C-reactive protein levels of less than 10 mg/l.[47] Adalimumab is a recombinant human immunoglobulin G1 (IgG_1) monoclonal antibody that binds with high affinity and specificity to human soluble TNF-α. The clinical trials in patients with rheumatoid arthritis have shown that adalimumab is effective when administered at a dosage of 40 mg every other week, with or without a concomitant disease-modifying antirheumatic drug such as methotrexate, and that dose escalation to 40 mg weekly is effective in patients not receiving concomitant methotrexate who have had an incomplete response or who failed to respond.[52,53] With regard to CD, in a recently published 4-week, randomized, double-blind, placebo-controlled trial, the rates of remission at week 4 in the adalimumab 40 mg/20 mg, 80 mg/40 mg, and 160 mg/80 mg groups were 18% (P = 036), 24% (P = 006), and 36% (P = 0.001), respectively, and 12% in the placebo group.[49]

The different mechanisms of action of these anti-TNF-α agents may account for their variable efficacy. The presence of murine elements in infliximab is associated with a risk of immunogenicity associated with infusion reactions and a loss of response to the drug due to antibody production. These limitations have now been eliminated with the launch of the new humanized or human anti-TNF-α agents, which also have the benefit of a subcutaneous application.

4   Optimizing medical therapy in IBD

Without doubt, next to corticosteroids, neutralizing anti-TNF-α antibodies seems to be the most powerful therapy to induce remission in CD and UC. Nevertheless, both approaches have major limitations, either because of their inability to maintain remission and their severe side effects, or in the case of anti-TNF-α therapies, because of the high costs and a significant proportion of patients not responding.[54,55]

However, neutralizing TNF-α and elimination of the inflammatory cells by induction of apoptosis, one of the major mechanism by which anti-TNF-α therapy acts, is at this time the most promising approach to treat IBD and lift the burden from the suffering patients. This approach not only leads to a lower secretion of pro-inflammatory cytokines by the then decreased population of activated inflammatory cells, but it also restores apoptosis as naturally occurring anti-inflammatory systems, which is defective in IBD. In addition, preliminary data from «top-down» approaches have demonstrated, that the early use of anti-TNF therapies is effective for patients who are refractory to other medical treatments. In addition, the potential to produce mucosal healing with anti-TNF treatments without the well-recognized systemic complications of glucocorticoid therapy has created a debate as to whether earlier and more aggressive therapies should be advocated. This controversy arises at a time when the concept of sequential therapy to induce and maintain remissions for CD has begun to be accepted and it precedes our ability to define the concept of disease modification or predict the natural history of CD based upon clinical, pathological, molecular or genetic criteria. However, randomized studies are currently under way to substantiate the benefits of a «top-down» approach in the treatment of CD, beginning with biologic therapy, versus the current «step-up» algorithms, which initiate treatment with conventional agents and defer biologic therapy until patients declare themselves refractory to aminosalicylates, corticosteroids or immunosuppressants.

We might speculate as to whether the initial therapy used as «top-down» approach for CD or UC should be limited to one biological drug or whether several drugs can be combined. The scenario, in which adhesion molecule inhibitors, inhibiting the recruitment of leukocytes from the blood, manipulation of immuno-inflammatory factory by anti-CD4 or CD-3 antibodies, and TNF antagonists are used in parallel to block several components of specific pro-inflammatory pathways and restore anti-inflammatory systems seems, hypothetically, to be the most promising approach to treat CD or UC. Ideally, this approach would only target cells which have been activated in the course of the inflammation and, being of human origin, should avoid anaphylactic reactions.

5   Conclusions

The ultimate goal in terms of understanding IBD is to provide patients with relief by controlling those factors that have gone awry. We have no means of altering the genes or the environment, but we have learned a great deal about inflammatory mechanisms in the gut. As a consequence, a biological revolution of IBD therapy combined with a sensible management of gut ecology is now under way. Targeting potent pro-inflammatory mediators has been demonstrated to be efficient in the treatment of both CD and UC although the beneficial effect is often short-lived, thus requiring a maintenance therapy with the subsequent disadvantages of a prolonged immune suppression. Furthermore, not all patient subgroups benefit from the new drugs and this means that it is probably necessary to combine different strategies, such as inducing apoptosis by TNF-α, inhibiting T cell activation by blockade of the T cell receptor together with a inhibition of the recruitment of inflammatory cells in the mucosa by inhibiting adhesion molecules and integrins. However, we should realize that it is quite possible that most of the abnormalities we detect in the laboratory are secondary events of which IBD is independent and that we often treat IBD too late when irreversible changes have already occurred.

REFERENCE

1. Fiocchi C. Inflammatory bowel disease: etiology and pathogenesis. Gastroenterology 1998;115:182-205.
2. Ardizzone S, Bianchi PG. Biologic therapy for inflammatory bowel disease. Drugs 2005;65:2253-86.
3. Rachmilewitz D. Coated Mesalazine (5-Aminosalicylic Acid) Versus Sulphasalazine in the Treatment of Active Ulcerative-Colitis. A Randomized Trial. British Medical Journal 1989; 298:82-86.
4. Shanahan F, Targan S. Medical treatment of inflammatory bowel disease. Annu Rev Med 1992;43:125-33.
5. Fiocchi C. Inflammatory bowel disease: new insights into mechanisms of inflammation and increasingly customized approaches to diagnosis and therapy. Curr Opin Gastroenterol 2004;20:309-10.
6. Shankar S, Handa R. Biological agents in rheumatoid arthritis. J Postgrad Med 2004;50:293-99.
7. Akobeng AK, Zachos M. Tumor necrosis factor-alpha antibody for induction of remission in Crohn's disease. Cochrane Database Syst Rev 2004;CD003574.
8. Laroux FS, Pavlick KP, Wolf RE, Grisham MB. Dysregulation of intestinal mucosal immunity: implications in inflammatory bowel disease. News Physiol Sci 2001;16:272-77.
9. Lawrance IC, Fiocchi C, Chakravarti S. Ulcerative colitis and Crohn's disease: distinctive gene expression profiles and novel susceptibility candidate genes. Hum Mol Genet 2001;10:445-56.
10. Lochner M, Forster I. Anti-interleukin-18 therapy in murine models of inflammatory bowel disease. Pathobiology 2002;70:164-69.
11. Danese S, Sans M, Fiocchi C. Inflammatory bowel disease: the role of environmental factors. Autoimmun Rev 2004;3:394-400.
12. Darfeuille-Michaud A, Neut C, Barnich N, Lederman E, Di Martino P, Desreumaux P, Gambiez L, Joly B, Cortot A, Colombel JF. Presence of adherent Escherichia coli strains in ileal mucosa of patients with Crohn's disease. Gastroenterology 1998;115:1405-13.
13. Swidsinski A, Ladhoff A, Pernthaler A, Swidsinski S, Loening-Baucke V, Ortner M, Weber J, Hoffmann U, Schreiber S, Dietel M, Lochs H. Mucosal flora in inflammatory bowel disease. Gastroenterology 2002;122:44-54.
14. Duchmann R, Kaiser I, Hermann E, Mayet W, Ewe K, Meyer zum Buschenfelde KH. Tolerance exists towards resident intestinal flora but is broken in active inflammatory bowel disease (IBD). Clin Exp Immunol 1995;102:448-55.
15. Blumberg RS, Saubermann LJ, Strober W. Animal models of mucosal inflammation and their relation to human inflammatory bowel disease. Curr Opin Immunol 1999;11:648-56.
16. Hoffmann JC, Pawlowski NN, Kuhl AA, Hohne W, Zeitz M. Animal models of inflammatory bowel disease: an overview. Pathobiology 2002;70:121-30.
17. Shanahan F. Probiotics in inflamatory bowel disease. Gut 2001;48:609.
18. Kruis W, Fric P, Pokrotnieks J, Lukas M, Fixa B, Kascak M, Kamm MA, Weismueller J, Beglinger C, Stolte M, Wolff C, Schulze J. Maintaining remission of ulcerative colitis with the probiotic Escherichia coli Nissle 1917 is as effective as with standard mesalazine. Gut 2004;53:1617-23.
19. Rembacken BJ, Snelling AM, Hawkey PM, Chalmers DM, Axon AT. Non-pathogenic Escherichia coli versus mesalazine for the treatment of ulcerative colitis: a randomised trial. Lancet 1999; 354:635-39.
20. Hanauer SB. Inflammatory bowel disease: epidemiology, pathogenesis, and therapeutic opportunities. Inflamm Bowel Dis 2006;12 Suppl 1: S3-9.
21. Fuss IJ, Neurath M, Boirivant M, Klein JS, de La MC, Strong SA, Fiocchi C, Strober W. Disparate CD4+ lamina propria (LP) lymphokine secretion profiles in inflammatory bowel disease. Crohn's disease LP cells manifest increased secretion of IFN-gamma, whereas ulcerative colitis LP cells manifest increased secretion of IL-5. J Immunol 1996;157: 1261-70.
22. Shanahan F. Crohn's disease. Lancet 2002; 359:62-69.
23. Malizia G, Calabrese A, Cottone M, Raimondo M, Trejdosiewicz LK, Smart CJ, Oliva L, Pagliaro

L. Expression of leukocyte adhesion molecules by mucosal mononuclear phagocytes in inflammatory bowel disease. Gastroenterology 1991;100:150-59.

24. Koizumi M, King N, Lobb R, Benjamin C, Podolsky DK. Expression of vascular adhesion molecules in inflammatory bowel disease. Gastroenterology 1992;103:840-47.

25. Podolsky DK, Lobb R, King N, Benjamin CD, Pepinsky B, Sehgal P, deBeaumont M. Attenuation of colitis in the cotton-top tamarin by anti-alpha 4 integrin monoclonal antibody. J Clin Invest 1993;92:372-80.

26. Palmen MJ, Dijkstra CD, van der Ende MB, Pena AS, Van Rees EP. Anti-CD11b/CD18 antibodies reduce inflammation in acute colitis in rats. Clin Exp Immunol 1995;101:351-56.

27. Hesterberg PE, Winsor-Hines D, Briskin MJ, Soler-Ferran D, Merrill C, Mackay CR, Newman W, Ringler DJ. Rapid resolution of chronic colitis in the cotton-top tamarin with an antibody to a gut-homing integrin alpha 4 beta 7. Gastroenterology 1996;111:1373-80.

28. Dignass AU, Podolsky DK. Cytokine modulation of intestinal epithelial cell restitution: central role of transforming growth factor beta. Gastroenterology 1993;105:1323-32.

29. Gravestein LA, Borst J. Tumor necrosis factor receptor family members in the immune system. Semin Immunol 1998;10:423-34.

30. Wang J, Fu YX. Tumor necrosis factor family members and inflammatory bowel disease. Immunol Rev 2005;204:144-55.

31. Bouma G, Strober W. The immunological and genetic basis of inflammatory bowel disease. Nat Rev Immunol 2003;3:521-33.

32. Kontoyiannis D, Pasparakis M, Pizarro TT, Cominelli F, Kollias G. Impaired on/off regulation of TNF biosynthesis in mice lacking TNF AU-rich elements: implications for joint and gut-associated immunopathologies. Immunity 1999;10:387-98.

33. Clegg CH, Rulffes JT, Haugen HS, Hoggatt IH, Aruffo A, Durham SK, Farr AG, Hollenbaugh D. Thymus dysfunction and chronic inflammatory disease in gp39 transgenic mice. Int Immunol 1997;9:1111-22.

34. Liu Z, Colpaert S, D'Haens GR, Kasran A, de Boer M, Rutgeerts P, Geboes K, Ceuppens JL. Hyperexpression of CD40 ligand (CD154) in inflammatory bowel disease and its contribution to pathogenic cytokine production. J Immunol 1999;163:4049-57.

35. de Jong YP, Comiskey M, Kalled SL, Mizoguchi E, Flavell RA, Bhan AK, Terhorst C. Chronic murine colitis is dependent on the CD154/CD40 pathway and can be attenuated by anti-CD154 administration. Gastroenterology 2000;119:715-23.

36. Sutherland L, Macdonald JK. Oral 5-aminosalicylic acid for maintenance of remission in ulcerative colitis. Cochrane Database Syst Rev 2006; CD000544.

37. Caprilli R, Gassull MA, Escher JC, Moser G, Munkholm P, Forbes A, Hommes DW, Lochs H, Angelucci E, Cocco A, Vucelic B, Hildebrand H, Kolacek S, Riis L, Lukas M, De Franchis R, Hamilton M, Jantschek G, Michetti P, O'Morain C, Anwar MM, Freitas JL, Mouzas IA, Baert F, Mitchell R, Hawkey CJ. European evidence based consensus on the diagnosis and management of Crohn's disease: special situations. Gut 2006;55 Suppl 1:i36-i58.

38. Kamm MA. Debate: should mesalamine be used in Crohn's disease?: comments and conclusions. Inflamm Bowel Dis 2005;11:616-17.

39. Otley A, Steinhart AH. Budesonide for induction of remission in Crohn's disease. Cochrane Database Syst Rev 2005;CD000296.

40. Sandborn WJ, Lofberg R, Feagan BG, Hanauer SB, Campieri M, Greenberg GR. Budesonide for maintenance of remission in patients with Crohn's disease in medically induced remission: a predetermined pooled analysis of four randomized, double-blind, placebo-controlled trials. Am J Gastroenterol 2005;100:1780-87.

41. Alfadhli AA, McDonald JW, Feagan BG. Methotrexate for induction of remission in refractory Crohn's disease. Cochrane Database Syst Rev 2005;CD003459.

42. Rutgeerts P, D'Haens G, Targan S, Vasiliauskas E, Hanauer SB, Present DH, Mayer L, Van Hogezand RA, Braakman T, DeWoody KL, Schaible TF, van Deventer SJ. Efficacy and safety of retreatment with anti-tumor necrosis factor antibody (infliximab) to maintain remission in Crohn's disease. Gastroenterology 1999;117:761-69.

43. Hanauer SB, Feagan BG, Lichtenstein GR, Mayer LF, Schreiber S, Colombel JF, Rachmilewitz D, Wolf DC, Olson A, Bao WH, Rutgeerts P. Maintenance infliximab for Crohn's disease: the ACCENT I randomised trial. Lancet 2002;359: 1541-49.

44. Sandborn WJ, Hanauer SB. Antitumor necrosis factor therapy for inflammatory bowel disease: a review of agents, pharmacology, clinical results, and safety. Inflamm Bowel Dis 1999;5:119-33.

45. Sandborn WJ. Preventing antibodies to infliximab in patients with Crohn's disease: optimize not immunize. Gastroenterology 2003;124:1140-45.

46. Rutgeerts P, Sandborn WJ, Feagan BG, Reinisch W, Olson A, Johanns J, Travers S, Rachmilewitz D, Hanauer SB, Lichtenstein GR, de Villiers WJ, Present D, Sands BE, Colombel JF. Infliximab for induction and maintenance therapy for ulcerative colitis. N Engl J Med 2005;353:2462-76.

47. Schreiber S, Rutgeerts P, Fedorak RN, Khaliq-Kareemi M, Kamm MA, Boivin M, Bernstein CN, Staun M, Thomsen OO, Innes A. A randomized, placebo-controlled trial of certolizumab pegol (CDP870) for treatment of Crohn's disease. Gastroenterology 2005;129:807-18.

48. Winter TA, Wright J, Ghosh S, Jahnsen J, Innes A, Round P. Intravenous CDP870, a PEGylated Fab' fragment of a humanized antitumour necrosis factor antibody, in patients with moderate to severe Crohn's disease: an exploratory study. Aliment Pharmacol Ther 2004;20:1337-46.

49. Hanauer SB, Sandborn WJ, Rutgeerts P, Fedorak RN, Lukas M, MacIntosh D, Panaccione R, Wolf D, Pollack P. Human anti-tumor necrosis factor monoclonal antibody (adalimumab) in Crohn's disease: the CLASSIC-I trial. Gastroenterology 2006;130:323-33.

50. Papadakis KA, Shaye OA, Vasiliauskas EA, Ippoliti A, Dubinsky MC, Birt J, Paavola J, Lee SK, Price J, Targan SR, Abreu MT. Safety and efficacy of adalimumab (D2E7) in Crohn's disease patients with an attenuated response to infliximab. Am J Gastroenterol 2005;100:75-79.

51. Sandborn WJ, Hanauer S, Loftus EV, Jr., Tremaine WJ, Kane S, Cohen R, Hanson K, Johnson T, Schmitt D, Jeche R. An open-label study of the human anti-TNF monoclonal antibody adalimumab in subjects with prior loss of response or intolerance to infliximab for Crohn's disease. Am J Gastroenterol 2004;99:1984-89.

52. van de Putte LB, Rau R, Breedveld FC, Kalden JR, Malaise MG, van Riel PL, Schattenkirchner M, Emery P, Burmester GR, Zeidler H, Moutsopoulos HM, Beck K, Kupper H. Efficacy and safety of the fully human anti-tumour necrosis factor alpha monoclonal antibody adalimumab (D2E7) in DMARD refractory patients with rheumatoid arthritis: a 12 week, phase II study. Ann Rheum Dis 2003;62:1168-77.

53. Den Broeder A, Van de PL, Rau R, Schattenkirchner M, Van Riel P, Sander O, Binder C, Fenner H, Bankmann Y, Velagapudi R, Kempeni J, Kupper H. A single dose, placebo controlled study of the fully human anti-tumor necrosis factor-alpha antibody adalimumab (D2E7) in patients with rheumatoid arthritis. J Rheumatol 2002;29:2288-98.

54. Travis SP, Stange EF, Lemann M, Oresland T, Chowers Y, Forbes A, D'Haens G, Kitis G, Cortot A, Prantera C, Marteau P, Colombel JF, Gionchetti P, Bouhnik Y, Tiret E, Kroesen J, Starlinger M, Mortensen NJ. European evidence based consensus on the diagnosis and management of Crohn's disease: current management. Gut 2006;55 Suppl 1:16-35.

55. Rutgeerts P, van Assche G, Vermeire S. Optimizing anti-TNF treatment in inflammatory bowel disease. Gastroenterology 2004;126:1593-1610.

Capítulo 5

Colitis ulcerosa: diagnóstico, clasificación e índices de actividad

M. Barreiro de Acosta, J. E. Domínguez-Muñoz

Hospital Clínico Universitario de Santiago
Servicio de Aparato Digestivo
Santiago de Compostela

Dirección para correspondencia
Hospital Clínico Universitario de Santiago
Dr. M. Barreiro de Acosta
manubarreiro@hotmail.com

1 Introducción

La colitis ulcerosa (CU) es una enfermedad inflamatoria crónica que afecta a la mucosa del colon. La afectación se inicia en el recto y, de forma continua, puede alcanzar una extensión variable en sentido proximal hasta el ciego. De forma excepcional, el recto puede quedar indemne. Otra de las características de esta enfermedad es que no sobrepasa demasiado la capa mucosa del colon.

La CU es una entidad que no cursa de igual manera en todos los pacientes, aunque su forma de presentación y, sobre todo, su evolución, suele ser más regular que la de la enfermedad de Crohn. De cualquier modo, el pronóstico y el tratamiento de la enfermedad variarán notablemente según la extensión de la misma, por lo que será de vital importancia, una vez diagnosticada, que se conozca su extensión real. La extensión es el principal pilar sobre el que se basan las diferentes clasificaciones de la CU.

Esta enfermedad suele diagnosticarse durante los períodos de brotes de actividad, durante los cuales el grado de inflamación aumenta y se agudiza. Estos períodos son seguidos, normalmente tras un tratamiento adecuado, de períodos de remisión, también llamados de inactividad o quiescencia. Estas características de la enfermedad son las que han comportado la creación de índices de actividad, que resultan de gran ayuda en la valoración clínica de los pacientes.

2 Diagnóstico

No existe ningún síntoma ni hallazgo de prueba diagnóstica que sea patognomónico o exclusivo de la CU. De esta forma, para llegar al diagnóstico definitivo de la CU, suele ser necesaria la combinación de hallazgos clínicos, biológicos, endoscópicos, radiológicos e histológicos sugestivos de la entidad.[1]

Ante tal cantidad de datos a la hora de establecer el diagnóstico, los criterios más comúnmente utilizados son los de Lennard-Jones, que incluyen criterios clínicos, endoscópicos, radiológicos y anatomopatológicos.[2]

2.1 Criterios clínicos

El cuadro clínico depende de la extensión de la enfermedad y del grado de actividad; la severidad de los síntomas suele relacionarse con la gravedad de la enfermedad. El síntoma más característico es la diarrea con sangre. Por lo general, el paciente consulta al médico después de presentar síntomas durante semanas; la extensión lenta e insidiosa es característica de la CU, aunque también puede presentarse con un cuadro más agudo y simulando una colitis infecciosa.

El número de deposiciones se incrementa y su volumen disminuye en la mayoría de los pacientes debido a la inflamación del recto. Cuando la afectación rectal es intensa, se produce la emisión frecuente de pequeñas cantidades de sangre y moco, aisladas o junto a una escasa cantidad de heces líquidas. Asimismo, estos pacientes pueden presentar el denominado «síndrome rectal», término que incluye la urgencia, la incontinencia y el tenesmo rectal.

Otros síntomas, tales como dolor abdominal, fiebre o pérdida de peso, se producen de forma prácticamente exclusiva en las formas extensas de la CU; sin embargo, el dolor abdominal no suele ser el síntoma predominante en la mayoría de los pacientes.

En algunas raras ocasiones, el inicio puede ser primero a través del diagnóstico de las manifestaciones extraintestinales asociadas a la enfermedad, fundamentalmente articulares o cutáneas.

2.2 Criterios biológicos

La falta de especificidad de las muchas alteraciones analíticas que pueden presentarse en la CU hace que los estudios de laboratorio no sean herramientas muy útiles a la hora de establecer el diagnóstico de esta enfermedad. Como veremos posteriormente, su utilidad será mayor a la hora de valorar la actividad clínica de la misma. En los pacientes que comienzan con enfermedad leve no suelen detectarse alteraciones en los hallazgos normales de laboratorio; sin embargo, una discreta anemia y un déficit de hierro, así como hipoalbuminemia, suelen aparecer en los casos moderados o graves.

Los parámetros analíticos comúnmente denominados reactantes de fase aguda, principalmente la velocidad de sedimentación glomerular (VSG), la proteína C reactiva (PCR), el fibrinógeno y el orosomucoide, que se han mostrado útiles en la valoración de la actividad de la enfermedad, fundamentalmente a la hora de valorar la respuesta a los tratamientos, ofrecen, en algunas ocasiones, ayuda a la hora de establecer el diagnóstico de la enfermedad.[3] Sin embargo, la utilidad de estos parámetros es mínima en las formas distales de CU.

Una variante de los anticuerpos anticitoplasma de los neutrófilos (ANCA), útiles en el diagnóstico de vasculitis como la granulomatosis de Wegener, en concreto los pANCA, se han descrito como marcadores específicos para la CU. Su principal indicación es el diagnóstico diferencial con la enfermedad de Crohn.[4,5] Sin embargo, hoy en día, su uso en la práctica clínica no se ha generalizado.

2.3 Criterios endoscópicos

La colonoscopia completa o, en su defecto, la rectosigmoidoscopia, es la exploración complementaria que permite confirmar el diagnóstico de la colitis ulcerosa. La afectación macroscópica de la mucosa es difusa y continua (sin áreas interlesionales aparentemente sanas) y afecta siempre desde el recto en sentido proximal. Las lesiones que podemos hallar en los pacientes con colitis ulcerosa activa varían en función de la gravedad del brote. En los casos más leves podemos encontrar disminución o desaparición del patrón vascular, edema y eritema. Éste se hace más intenso en las formas más graves, con la aparición de úlceras de diversos tamaños y sangrado espontáneo al roce.[6] Esta prueba permite la toma de biopsias, para completar el diagnóstico a través de los estudios anatomopatológicos.

2.4 Criterios radiológicos

Las técnicas radiológicas, en los últimos años, han sido relevadas por la colonoscopia a la hora de establecer el diagnóstico de CU, no sólo por su más fácil accesibilidad por parte de los gastroenterólogos, sino también por la capacidad de tomar muestras anatomopatológicas. Las técnicas de radiología baritada como el enema opaco de contraste o el enema de doble contraste permiten identificar lesiones mucosas características de la CU. Sin embargo, en la actualidad, su principal indicación es la de completar el estudio de extensión en los pacientes con colonoscopias incompletas, bien por intolerancia, o bien por la presencia de estenosis infranqueables por parte del colonoscopio.[7]

2.5 Criterios anatomopatológicos

El examen anatomopatológico permite obtener datos de gran valor para el diagnóstico de CU. No obstante, debe tenerse en cuenta que estos hallazgos no son exclusivos de esta entidad y que están en estrecha relación con el grado de actividad inflamatoria. En los brotes agudos, la mucosa, única capa afecta, presenta un importante infiltrado inflamatorio compuesto por linfocitos y células plasmáticas, junto a neutrófilos que aparecen predominantemente en las criptas, formando abscesos crípticos muy característicos, pero no patognomónicos. Durante las fases de remisión, desaparece el infiltrado inflamatorio y los abscesos crípticos; sin embargo, las criptas permanecen distorsionadas.

3   Clasificación de la colitis ulcerosa

Aunque en menor grado que la enfermedad de Crohn, la CU también es una enfermedad bastante heterogénea. Sin embargo, resulta llamativo el hecho de que durante años apenas han existido clasificaciones específicas para esta enfermedad. Las principales diferenciaciones siempre se han realizado basándose en criterios de extensión y, en menor medida, en el curso clínico o patrón evolutivo y la gravedad de la enfermedad.

3.1   Clasificación de la CU según la extensión anatómica

a) Proctitis ulcerosa. Pacientes con enfermedad circunscrita al recto. Se ha sugerido que el proceso inflamatorio no debe superar los 15 cm desde el esfínter anal. Representa entre el 25-30 % del global de la CU.

b) Rectosigmoiditis. La inflamación mucosa se extiende hasta la sigma.

c) Colitis ulcerosa distal o colitis izquierda. Se incluyen los pacientes con afectación de recto, sigma y colon descendente hasta el ángulo esplénico. En ocasiones, la rectosigmoiditis se agrupa en esta denominación, y puede llegar a representar así el 40-45 % de las colitis ulcerosas.

d) Colitis extensa. Cuando la inflamación rebasa el ángulo esplénico, extendiéndose desde el recto hasta el ángulo hepático, incluyendo el colon transverso.

e) Pancolitis. Es la colitis que afecta a todo el colon. Este grupo representa el 10-15 % del total.[8]

3.2   Clasificación de la CU según el patrón evolutivo

a) Forma recidivante-remitente o crónica intermitente. Aparecen períodos de actividad (brote) que se alternan con períodos de quiescencia (remisión) más o menos prolongados.

b) Forma crónica-continua. Presencia de actividad inflamatoria, pese al tratamiento, durante un período mayor de seis meses.

c) Forma aguda-fulminante. Puede aparecer como inicio o como recidiva en cualquiera de las otras formas. Es la más grave y representa el 5 % de los pacientes con CU.

d) Pacientes con un primer y único episodio de actividad sin recidivas posteriores, siempre asintomáticos. Esta forma es cuanto menos discutida, y en la mayoría de las ocasiones se pone en duda el diagnóstico inicial.

3.3   Clasificación de Montreal de la CU

En 1998 se estableció la clasificación de Viena para la enfermedad de Crohn y,[9] desde entonces, ha llamado la atención la ausencia de una clasificación de consenso para la

CU. En el reciente Congreso Mundial de Gastroenterología celebrado en Montreal se ha presentado la primera clasificación oficial para esta enfermedad; se ha presentado de manera paralela aunque independiente a la enfermedad de Crohn, bajo la denominación de clasificación de Montreal (véase la tabla 1).[10]

Extensión (E)	
E 1	**Proctitis ulcerosa:** afección limitada al recto (el límite superior de la inflamación no supera la unión rectosigmoidea).
E 2	**Colitis izquierda** (o colitis distal): afección limitada al colon izquierdo (el límite superior de la inflamación no supera el ángulo esplénico).
E 3	**Colitis extensa** (pancolitis): afección que se extiende más allá del ángulo esplénico.
Gravedad (S)	
S 0	**Colitis en remisión** (colitis silente): no hay síntomas de la enfermedad.
S 1	**Colitis leve:** presencia de cuatro o menos deposiciones al día con sangre, sin fiebre, leucocitosis, taquicardia, anemia ni aumento de la VSG.
S 2	**Colitis moderada:** criterios intermedios entre leve y grave, siempre con signos de afección sistémica leve.
S 3	**Colitis grave:** presencia de seis o más deposiciones diarias con sangre, fiebre, leucocitosis, taquicardia, anemia y aumento de la VSG, a menudo con signos de afección («toxicidad») sistémica grave.

Tabla 1. Clasificación de Montreal de la colitis ulcerosa.

Esta clasificación se ha elaborado con la intención de que tenga la mayor aplicabilidad clínica posible. Teóricamente, una clasificación clínica para la CU debería ser útil si tuviera implicaciones en la patogénesis (relacionada bien con marcadores subclínicos o genéticos), la terapéutica (medicación sistémica o tópica) o la pronóstica (severidad de la enfermedad, riesgo de cáncer colorrectal o mortalidad).

En el caso de la colitis ulcerosa se escogen dos criterios para la clasificación: extensión y gravedad. La extensión será la máxima descrita en colonoscopia durante el seguimiento. En la extensión (denominada E) se distinguen tres grupos: proctitis, colitis distal o izquierda y colitis extensa. Se sugiere abandonar términos confusos como proctosigmoiditis (¿dónde tiene el límite?) o pancolitis. Se mantienen los otros tres conceptos, que no son fijos en un paciente a lo largo del tiempo, porque la posibilidad de tratamiento tópico es muy diferente y tanto el riesgo de colectomía como el riesgo de neoplasia son también muy diferentes. Existen evidencias en la literatura de que en las formas extensas existe un mayor riesgo de colectomía, cáncer colorrectal y, en consecuencia, una mayor mortalidad.[11-14]

En el caso de la gravedad (S) se distinguen cuatro grandes grupos: 0 o en remisión, 1 o leve, 2 o moderado y 3 o grave. Se escoge la clasificación de Truelove para definir la gravedad, una clasificación sólo semicuantitativa y nunca validada, pero sancionada por la experiencia y el tiempo. No existe ninguna clasificación previa, al igual que en la enfermedad de Crohn, que valore la severidad a lo largo del tiempo. Se sugiere abandonar conceptos como fulminante (de muy difícil definición) y se reconoce el escaso valor predictivo a largo plazo de una clasificación que resulta muy útil para las decisiones clínicas a corto plazo.[15]

Durante la realización de la clasificación de Montreal surgieron varias dudas sobre la probable incorporación de la edad de diagnóstico de la CU. Uno de los mayores puntos de debate fue la existencia o no de una distribución bimodal en la edad de diagnóstico de la misma.[16] Aunque se ha observado, en algunos estudios, que el diagnóstico en edad adolescente puede asociarse a un curso clínico más severo, a una mayor mortalidad y a un mayor riesgo de cáncer colorrectal, no todos los trabajos posteriores han confirmado estos resultados.[14,17] Durante mucho tiempo, en la práctica clínica se pensó que la CU diagnosticada en edades avanzadas tenía un curso más leve; sin embargo, esta suposición clínica no ha podido ser corroborada en todos los estudios.[16-18] Todas estas controversias aún no resueltas son las que han influido a la hora de no incluir la edad de diagnóstico en la nueva clasificación clínica de la CU.

Una de las grandes dudas consiste en que en un alto número de pacientes con colitis izquierda (20-50 %) se ha observado alguna mínima inflamación en colon derecho o a nivel periapendicular. Sin embargo, no ha podido establecerse ninguna correlación de estos hallazgos con la clínica de la enfermedad, por lo que se rechazó la posibilidad de introducir este parámetro en la clasificación.[19-20]

La clasificación de Montreal, en su pretensión de ser lo más clínica posible, ha descrito a los pacientes con colangitis esclerosante primaria (CEP) como un subgrupo de pacientes, tanto si está asociada a colitis como a enfermedad de Crohn (mucho menos común), ya que los pacientes con CEP tienen un peor pronóstico, debido fundamentalmente a un mayor riesgo de cáncer colorrectal.[21]

4   Índices de actividad en la colitis ulcerosa

La gran dificultad para evaluar la gravedad y la actividad de la CU, debida principalmente a su gran heterogeneidad y al hecho de ser un proceso inflamatorio que cursa con períodos de actividad o brote y con períodos de remisión, ha llevado a que se hayan desarrollado diferentes sistemas de medida que, basándose en variables concretas y objetivas, permiten valorar la gravedad de la enfermedad y establecer la eficacia de los tratamientos.

Uno de los problemas principales de los índices de actividad en esta enfermedad es que tienen una gran dificultad a la hora de presentar una visión global de la misma. Se debe a que la mayoría de ellos están dedicados exclusivamente a aspectos parciales de la enfermedad, como son la sintomatología, los marcadores de laboratorio, los hallazgos endoscópicos o la calidad de vida.[22]

Otro problema es la aplicabilidad de estos índices: por un lado, la difícil reproducibilidad de estos resultados en la práctica clínica diaria y, por otro, la capacidad de los mismos de poder establecer un valor pronóstico futuro. En la enfermedad inflamatoria intestinal no existe ningún índice de actividad «perfecto», capaz de contentar a todos los que se dediquen al tratamiento e investigación de estas enfermedades.

En los últimos años, tras el auge de la medicina basada en la evidencia y con la introducción de nuevas armas terapéuticas para esta enfermedad, los índices de actividad se han convertido en unas herramientas necesarias y fundamentales para validar las respuestas terapéuticas de los nuevos fármacos que intentan introducirse en el mercado. Estos índices, fácilmente reproducibles en poblaciones diferentes y con capacidad de repetirse en distintos momentos evolutivos de la enfermedad, se han convertido en la capacidad de valoración más «objetiva» de la actividad de la enfermedad en un momento determinado. Los índices tienen todos una naturaleza numérica (o cuantitativa) por la necesidad de la evaluación estadística en los ensayos clínicos.

4.1 Índice de Truelove-Witts

El primer intento de establecer criterios clínicos que valorasen la actividad de la CU fue realizado en la década 1950 por Truelove y Witts en el primer ensayo clínico controlado en enfermedad inflamatoria intestinal, que consistía en valorar el tratamiento esteroideo de la CU.[23] Este índice dividía la enfermedad en leve, moderada o grave siguiendo seis variables clínicas y analíticas de fácil disponibilidad (frecuencia de las deposiciones, sangre en las heces, temperatura, pulso, hemoglobina y velocidad de sedimentación glomerular).

Este índice sigue siendo hoy en día el más utilizado en la práctica clínica diaria y en ensayos clínicos e investigación (véase la tabla 2). Con los años, este índice ha sufrido varias modificaciones, entre las que se incluyen otros parámetros de laboratorio y también hallazgos endoscópicos.

A pesar de que la mayoría de los índices desarrollados posteriormente no han logrado desplazar al de Truelove y Witts, éste presenta una serie de problemas o deficiencias:

- En ocasiones, no es capaz de reflejar con exactitud la gravedad y, de modo erróneo, pacientes con gran repercusión clínica son clasificados como moderados.
- Tendencia a sobrevalorar algunos brotes distales que, sin tener una grave repercusión general, suelen presentar un elevado número de deposiciones, la mayoría, con sangre.
- No puede clasificarse a aquellos pacientes en los que, por alguna razón, falte alguno de los parámetros de laboratorio.

Clínica	Grave (3)	Moderado (2)	Leve (1)
Número deposiciones.	> 6	4-6	< 4
Sangre en heces.	+++	+	-
Hemoglobina V.	< 10	10-14	> 14
(g/l) H.	< 10	10-12	> 12
Albúmina (g/l).	< 3	3-3,2	> 3,2
Fiebre (ºC).	> 38	37-38	< 37
Taquicardia.	> 100	80-100	< 80
VSG.	> 30	15-30	< 15
Leucocitos (x 1.000).	> 13	10-13	< 10
Potasio.	< 3	3-3,8	> 3,8
Inactiva 9-10 Leve 11-15 Moderada 16-21 Severa 22-27.			

Tabla 2. Índice de Truelove y Witts.

4.2   Índice de actividad de la Clínica Mayo

Es otro de los índices de actividad más utilizados en la práctica clínica. En los últimos años, se ha convertido en el índice de elección de los grandes ensayos clínicos en la CU; de hecho, es el índice que se ha utilizado en el reciente ensayo clínico publicado en la valoración de infliximab en la CU.[24] Este índice, en otras ocasiones denominado UC-DAI, acrónimo del inglés *Ulcerative Colitis Disease Activity Index*, fue adaptado por Sutherland *et al.* en 1987.[25]

El UC-DAI, que solamente mide cuatro variables (véase la tabla 3), tiene su principal ventaja, a la hora de valorar la respuesta a fármacos, en que incorpora los hallazgos endoscópicos en la valoración. Suele considerarse como una respuesta positiva al tratamiento una disminución de más de dos puntos del UCDAI y se considera que un paciente se encuentra en remisión clínica al presentar menos de tres puntos.

Puntuación				
	0	1	2	3
Frecuencia de deposiciones.	Normal.	1-2 deposiciones/día más de lo normal.	3-4 deposiciones/día más de lo normal.	> 5 deposiciones/día más de lo normal.
Hemorragia rectal.	Nunca.	Deposición con restos de sangre.	La mayoría de las deposiciones con sangre.	Sólo sangre.
Aspecto de la mucosa.	Normal.	Friable.	Eritema, pérdida del patrón vascular.	Exudativa, sangrado espontáneo.
Valoración global del médico.	Normal.	Leve.	Moderada.	Severa.
Máximo 12 puntos.				

Tabla 3. Índice de la Clínica Mayo (UCDAI).

4.3 Otros índices de actividad

Posteriormente, se han elaborado otros índices de actividad clínica. La mayoría incluyen parámetros endoscópicos pero, en definitiva, ninguno ha llegado a aplicarse con regularidad como los dos antes descritos.

En Japón se propuso el índice de Seo, que incluyó un análisis por regresión múltiple con una variable independiente (la gravedad clínica) y dieciocho variables dependientes clínicas, biológicas y endoscópicas.[26] Evidentemente, la gran dificultad en los cálculos no permitió la aplicabilidad clínica del mismo.

La escala de Lichtiger se propuso para valorar la eficacia de fármacos en las formas más severas de la enfermedad (véase la tabla 4). Las principales diferencias son que incorpora la sensación subjetiva de dolor del paciente e incluye la necesidad de tratamiento con antidiarreicos como una variable de valoración.[27] La máxima puntuación en esta escala es de veintiuno y se define como respuesta clínica la presencia de una puntuación inferior a diez puntos en dos días consecutivos.

	Puntuación					
	0	1	2	3	4	5
Diarrea (n° de deposiciones diarias).	0-2	3 o 4	5 o 6	7-9	10	–
Diarrea nocturna.	No.	Sí.	–	–	–	–
Sangre visible en heces.	0	< 50	≥ 50	100	–	–
Incontinencia fecal.	No.	Sí.	–	–	–	–
Dolor abdominal o calambres.	Nunca.	Leve.	Moderado.	Severo.	–	–
Estado general.	Perfecto.	Muy bueno.	Bueno.	Medio.	Pobre.	Terrible.
Defensa abdominal.	No.	Leve y localizada.	–	–	–	–
Necesidad de antidiarreicos.	No.	Sí.	–	–	–	–

Tabla 4. Índice de Lichtiger.

Por el hecho de que la CU es una enfermedad crónica de gente joven, uno de los aspectos más en boga es la mejora en la calidad de vida. La práctica totalidad de los grandes ensayos clínicos en esta enfermedad incluyen la mejora en la calidad de vida entre los *endpoints,* si bien normalmente es un valor secundario. Para valorar la calidad de vida pueden utilizarse índices globales o generales para cualquier enfermedad o índices específicos y validados en las enfermedades inflamatorias intestinales. En este último grupo está el IBDQ (*Inflammatory Bowel Disease Questionnaire*), que incluye manifestaciones intestinales y sistémicas, así como factores emocionales y sociales; ha sido ampliamente utilizado en investigación y recientemente validado en castellano.[28-29]

Al ser una enfermedad tan heterogénea y con diferentes métodos diagnósticos, existen varios índices específicos para distintos aspectos independientes de la CU: índices endoscópicos como el índice de Baron o la escala de Gomes, índices histológicos como el de Geboes, índices gammagráficos, etc.[30-32]

Existe una situación especial, afortunadamente no muy habitual, en la CU que es la reservoritis. Tras una anastomosis ileoanal con reservorio, los índices de actividad habituales no son aplicables, ya que los pacientes con reservorio tienen un número medio elevado de deposiciones. Se han desarrollado índices específicos que valoran la actividad en estos pacientes; el más generalizado es el de la Clínica Mayo (véase la tabla 5), también denominado PDAI (*Pouchitis Disease Activity Index*), que incluye parámetros clínicos, endoscópicos e histológicos.[33]

		Puntuación
Frecuencia de defecación.	Normal.	0
	1-2 más de lo habitual.	1
	3 o más de lo habitual.	2
Hemorragia rectal.	No.	0
	Sí.	1
Tenesmo rectal.	Nunca.	0
	Ocasional.	1
	Frecuente.	2
Fiebre (> 37,8 ºC).	Ausente.	0
	Presente.	1
Inflamación endoscópica.	Ausente.	0
	Presente.	1
Inflamación histológica.	Ausente.	0
	Presente.	1
< 7 no actividad, > 7 actividad.		

Tabla 5. Índice de actividad de la reservaritis de la Clínica Mayo.

BIBLIOGRAFÍA

1. Sans M, Panés J. Criterios diagnósticos y clínica de la colitis ulcerosa. En: Gassull MA, Gomollón F, Obrador A, Hinojosa J. Enfermedad inflamatoria intestinal. II edición. Madrid: ERGON, SA, 2002.

2. Lennard-Jones JE. Classification of inflammatory bowel disease. Scand J Gastroenterol Suppl. 1989;170:2-6.

3. Vermeire S, Van Assche G, Rutgeerts P. Laboratory markers in IBD: Useful, magic or unnecesary toys? Gut 2006;55:426-31.

4. Seibold F, Slametschka D, Gregor M, Weber P. Neutrophil autoantibodies: a genetic marker in primary sclerosing cholangitis and ulcerative colitis. Gastroenterology 1994;107:532-36.

5. Bossuyt X. Serologic markers in inflammatory bowel disease. Clinical Chemistry 2006;52:171-81.

6. Lee SD, Cohen RD. Endoscopy in inflammatory bowel disease. Gastroenterol Clin North Am. 2002;31:119-32.

7. Carucci LR, Levine MS. Radiographic imaging of inflammatory bowel disease. Gastroenterol Clin North Am. 2002;31:93-117.

8. Riera J. Definiciones conceptuales de la enfermedad inflamatoria intestinal. Concepto de cronicidad. En: Gassull MA, Gomollón F, Obrador A, Hinojosa J. Enfermedad inflamatoria intestinal. II edición. Madrid: ERGON S.A. 2002.

9. Gasche C, Scholmerich J, Brynskov J, D'Haens G, Hanauer SB, Irvine EJ, *et al.* A simple classification of Crohn's disease: report of the Working Party for the World Congresses of Gastroenterology, Vienna 1998. Inflamm Bowel Dis. 2000; 6:8-15.

10. Silverberg MS, Satsangi J, Ahmad T, Arnott ID, Bernstein CN, Brant SR, *et al.* Toward an integrated clinical, molecular and serological classification of inflammatory bowel disease: Report of a Working Party of the 2005 Montreal World Congress of Gastroenterology. Can J Gastroenterol. 2005;19 Suppl A: 5-36.

11. Cohen RD, Woseth DM, Thisted RA, Hanauer SB. A meta-analysis and overview of the literature on treatment options for left-sided ulcerative colitis and ulcerative proctitis. Am J Gastroenterol. 2000;95:1263-76.

12. Lennard-Jones JE. The clinical outcome of ulcerative colitis depends on how much of the colonic mucosa is involved. Scand J Gastroenterol Suppl. 1983;88:48-53.

13. Langholz E, Munkholm P, Davidsen M, Binder V. Colorectal cancer risk and mortality in patients with ulcerative colitis. Gastroenterology. 1992;103: 1444-51.

14. Ekbom A, Helmick CG, Zack M, Adami HO. Ulcerative colitis and colorectal cancer. A population-based study. N Engl J Med. 1990;323:1228-33.

15. Caprilli R, Latella G, Vernia P, Frieri G. Multiple organ dysfunction in ulcerative colitis. Am J Gastroenterol. 2000;95:1258-62.

16. Brandt LJ, Boley SJ, Mitsudo S. Clinical characteristics and natural history of colitis in the elderly. Am J Gastroenterol. 1982;77:382-6.

17. Moum B, Ekbom A. Ulcerative colitis, colorectal cancer and colonoscopic surveillance. Scand J Gastroenterol. 2005;40:881-5.

18. Robbertson DJ, Grimm IS. Inflammatory bowel disease in the elderly. Gastroenterol Clin North Am. 2001;30:409-26.

19. D'Haens G, Geboes K, Peeters M, Baert F, Ectors N, Rutgeerts P. Patchy cecal inflammation associated with distal ulcerative colitis: a prospective endoscopic study. Am J Gastroenterol. 1997;92: 1275-9.

20. Matsumoto T, Nakamura S, Shimizu M, Iida M. Significance of appendiceal involvement in patients with ulcerative colitis. Gastrointest Endosc. 2002;55:180-5.

21. Loftus EV Jr, Harewood GC, Loftus CG, Tremaine WJ, Harmsen WS, Zinsmeister AR, *et al.* PSC-IBD: a unique form of inflammatory bowel disease associated with primary sclerosing cholangitis. Gut. 2005;54:91-6.

22. Fernandez Blanco JI, Gomollón F. Índices de actividad en la colitis ulcerosa. En: Gassull MA, Gomollón F, Obrador A, Hinojosa J. Enfermedad inflamatoria intestinal. 2ª edición. Madrid: ERGON S.A. 2002.

23. Truelove SC, Witts LJ. Cortisone in ulcerative colitis; final report on a therapeutic trial. Br Med J. 1955;2:1041-8.

24. Rutgeerts P, Sandborn WJ, Feagan BG, Reinisch W, Olson A, Johanns J, *et al.* Infliximab for induction and maintenance therapy for ulcerative colitis. N Engl J Med. 2005;353:2462-76.

25. Sutherland LR, Martin F, Greer S, Robinson M, Greenberger N, Saibil F, *et al.* 5-Aminosalicylic acid enema in the treatment of distal ulcerative colitis, proctosigmoiditis, and proctitis. Gastroenterology. 1987;92:1894-8.

26. Seo M, Okada M, Yao T, Ueki M, Arima S, Okumura M. An index of disease activity in patients with ulcerative colitis. Am J Gastroenterol. 1992; 87:971-6.

27. Lichtiger S, Present DH, Kornbluth A, Gelernt I, Bauer J, Galler G, *et al.* Cyclosporine in severe ulcerative colitis refractory to steroid therapy. N Engl J Med. 1994;330:1841-5.

28. Guyatt G, Mitchell A, Irvine EJ, Singer J, Williams N, Goodacre R, *et al.* A new measure of health status for clinical trials in inflammatory bowel disease. Gastroenterology. 1989;96:804-10.

29. Lopez-Vivancos J, Casellas F, Badia X, Vilaseca J, Malagelada JR. Validation of the spanish version of the inflammatory bowel disease questionnaire on ulcerative colitis and Crohn's disease. Digestion. 1999;60:274-80.

30. Baron JH, Connell AM, Lennard-Jones JE. Variation between observers in describing mucosal appearances in proctocolitis. Br Med J. 1964;1:89-92.

31. Gomes P, du Boulay C, Smith CL, Holdstock G. Relationship between disease activity indices and colonoscopic findings in patients with colonic inflammatory bowel disease. Gut. 1986;27:92-5.

32. Geboes K, Riddell R, Ost A, Jensfelt B, Persson T, Lofberg R.A. Reproducible grading scale for histological assessment of inflammation in ulcerative colitis. Gut. 2000;47:404-9.

33. Sandborn WJ, Tremaine WJ, Batts KP, Pemberton JH, Phillips SF. Pouchitis after ileal pouch-anal anastomosis: a Pouchitis Disease Activity Index. Mayo Clin Proc. 1994;69:409-15.

Capítulo 6

Tratamiento médico de la colitis ulcerosa: inducción y mantenimiento de la remisión

E. Domènech Morral

Hospital Universitari Germans Trias i Pujol
Servicio de Aparato Digestivo
Badalona

Dirección para correspondencia
Hospital Universitari Germans Trias i Pujol
Dr. E. Domènech Morral
edomenech.germanstrias@gencat.net

1 Introducción

La colitis ulcerosa (CU) constituye la expresión fenotípica más frecuente de la enfermedad inflamatoria intestinal. Típicamente, cursa con brotes de actividad inflamatoria, durante los cuales el paciente presenta la sintomatología clásica de la enfermedad (diarrea, rectorragia, dolor abdominal), acompañada o no de síntomas sistémicos (dependiendo de la extensión de la CU y gravedad del brote) y manifestaciones extraintestinales. Estos períodos van seguidos de otros de inactividad (remisión) en los que los

Fármaco	Dosis recomendada	Indicación	Observaciones
Mesalazina.	≥3 g/día.	CU activa leve o moderada (de elección).	Vía tópica (monoterapia o combinada con oral) de elección en CU distal. Recomendable la administración combinada (oral y tópica) en CU extensa. Efecto terapéutico en 1-2 semanas, debe mantenerse durante ≥ 6 semanas. Salazopirina tan efectiva y más barata que mesalazina pero con más efectos adversos.
Corticoides.	1 mg/kg/día (o 40-60mg/día).	CU activa moderada o grave (de elección).	Debe evaluarse la respuesta de forma precoz (3-5 días) e iniciar terapia de rescate si no hay respuesta evidente.
Ciclosporina.	2 mg/kg/día (ev).	CU refractaria o con contraindicación a esteroides (de elección).	Respuesta evaluable a los 7 días.
Aféresis.	5 sesiones (1 por semana).	CU activa corticodependiente sin respuesta o con intolerancia a tiopurinas.	No retirar tiopurinas (si se toleran) tras inducir la remisión. Muy buen perfil de seguridad.
Infliximab.	5 mg/kg ¿Cuántas infusiones?	CU refractaria o con contraindicación a esteroides. CU activa corticodependiente sin respuesta o con intolerancia a tiopurinas.	

Tabla 1. Características de los tratamientos disponibles en España para inducir la remisión en la CU activa.

pacientes se hallan asintomáticos. Teniendo en cuenta que se trata de un proceso crónico, que se inicia en edades tempranas (adultos jóvenes) e incurable mediante tratamiento médico, el manejo de la enfermedad suele incluir tanto el tratamiento de los brotes de actividad *(inducción de la remisión)* como la prevención de los mismos *(mantenimiento de la remisión)*. En las tablas 1 y 2 se muestran las indicaciones y características fundamentales de los tratamientos disponibles en España para la inducción y mantenimiento de la remisión.

Aunque el tratamiento a seguir viene determinado fundamentalmente por el grado de actividad y la extensión de la enfermedad, existen otros factores a tener en cuenta cuando se trata de prescribir uno u otro fármaco o incluso indicar tratamiento quirúrgico. La edad, el tiempo de evolución de la CU, la comorbilidad o la adherencia al tratamiento son algunos de los factores que pueden inclinar al médico a escoger un fármaco u otro.

En el presente capítulo se intentan revisar los fármacos disponibles para el tratamiento convencional de la CU, analizando ventajas e inconvenientes de cada uno de ellos, sus indicaciones, la evidencia científica sobre su eficacia y cuáles son las alternativas terapéuticas que han surgido en los últimos años.

Fármaco	Dosis recomendada	Indicación	Observaciones
Mesalazina.	¿≥1g/día?	Tras respuesta a 5-ASA o esteroides (de elección).	Vía tópica (monoterapia o combinada con oral) de elección en CU distal, pero de aplicabilidad cuestionable (adherencia). Efecto protector de displasia/CCR. Salazopirina tan efectiva y más barata que mesalazina pero con más efectos adversos.
Tiopurinas.	2-2,5mg/kg/día.	Tras respuesta a CsA o en corticodependencia (de elección).	Inicio de acción lento (2-6 meses).
Plantago ovata.		En intolerancia a 5-ASA.	No efectos adversos graves.
Infliximab.	5mg/kg.	CU corticodependiente sin respuesta o con intolerancia a tiopurinas.	
Metotrexato.	¿Oral o parenteral?	CU corticodependiente sin respuesta o con intolerancia a tiopurinas.	

Tabla 2. Características de los tratamientos disponibles en España para mantener la remisión en la CU activa.

2   Inducción de la remisión

2.1 Aminosalicilatos

La demostración por parte de Azad Khan a finales de la década 1970 de que la porción salicílica de la sulfasalazina era la responsable de su acción terapéutica,[1] permitió el posterior desarrollo de nuevas moléculas de igual eficacia y mejor perfil de seguridad. Desde entonces, diversos metaanálisis han demostrado que tanto la salazopirina como los nuevos aminosalicilatos (5-ASA) son superiores al placebo para la inducción de la remisión tanto clínica como endoscópica en la CU activa leve o moderada.[2-4] A pesar de que los 5-ASA tienen un coste económico considerablemente más elevado, el hecho de presentar una incidencia de efectos adversos notablemente menor se ha traducido en una reducción progresiva de la utilización de la salazopirina en la práctica clínica de los países desarrollados. Sin embargo, algunos autores han cuestionado recientemente la idoneidad de esta actitud terapéutica, limitando la utilización de 5-ASA sólo en pacientes con efectos adversos a la salazopirina o en varones jóvenes con deseo de descendencia (dado el efecto deletéreo de la salazopirina sobre la espermatogénesis).[4] Por otra parte, la salazopirina también es preferida para aquellos pacientes con manifestaciones articulares de la enfermedad.

Entre los compuestos de 5-ASA, la mesalazina es la única utilizada en nuestro medio, ya que otras moléculas no están disponibles, bien por haber sido retiradas del mercado español (olsalazina), bien por no haber sido todavía comercializadas en nuestro estado (balsalazida). La mesalazina se halla disponible tanto para administración oral (comprimidos, gránulos) como tópica (supositorios, enemas líquidos o en espuma). Este aspecto es altamente relevante, teniendo en cuenta que los compuestos de 5-ASA tienen efecto tópico (es decir, en el lugar donde son liberados en el tracto digestivo) y una vez absorbidos son rápidamente acetilados y dan lugar a metabolitos inactivos. Por otra parte, hay que tener en cuenta que cuando se administra por vía oral, las concentraciones más elevadas de 5-ASA se alcanzan generalmente en el íleon terminal y colon derecho y son menores en colon descendente y recto.

Los compuestos de 5-ASA se han erigido como el tratamiento de elección de los brotes de actividad leve-moderada de CU, con una eficacia demostrada en múltiples estudios controlados y en recientes metaanálisis. A tenor de los resultados obtenidos en la revisión realizada por la Cochrane Collaboration, la eficacia de 5-ASA en la inducción de la remisión parece depender de la dosis utilizada, por lo que se recomienda la utilización de dosis no inferiores a 3 g/día cuando se administra por vía oral.[4] Sin embargo, estos resultados no se han reproducido en estudios específicamente diseñados para la comparación de distintas dosificaciones de 5-ASA en la CU activa, si bien la administración de dosis más elevadas podría conseguir un efecto más rápido y no aumentaría la incidencia de efectos adversos.[5] En el caso de la administración tópica, la dosificación utilizada en los distintos estudios ha sido muy variable, ha oscilado entre 1-4 g/día, sin haberse asociado la eficacia a la dosis utilizada. Quizás uno de los aspectos más debatidos en la actualidad sea cuál debe ser la vía de administración de los 5-ASA en el tratamiento de los brotes. El hecho de que las concentraciones rectales de 5-ASA sean inferiores a las obtenidas en colon derecho cuando éste se administra por vía oral, que la concentración de fármaco se relacione inversamente al grado de actividad histológica durante el tratamiento y que la afectación rectal sea constante en la CU, ha planteado la necesidad de evaluar si la administración de aminosalicilatos de forma combinada (oral y tópica) mejoraría su eficacia. De hecho, la concentración de 5-ASA en recto cuando se administra por vía tópica llega a ser hasta cien veces superior a la conseguida por administración oral. En este sentido, diversos estudios han coincidido en que, si bien la eficacia en inducir la remisión no aumenta, el tiempo para obtener la respuesta (en especial para obtener el cese de la rectorragia) es inferior cuando se utiliza terapia combinada que cuando se prescribe monoterapia (oral o tópica). Además, este aspecto se ha demostrado tanto en la CU distal[6] (donde la utilización de tratamiento tópico es más generalizada) como en la CU extensa.[7] En caso de utilizarse el tratamiento tópico (solo o asociado a tratamiento oral), los aminosalicilatos se han mostrado más eficaces que los esteroides rectales, por lo que aquéllos deben constituir el tratamiento tópico de elección como monoterapia o como adyuvante a 5-ASA oral o esteroides sistémicos.[8,9]

Se considera que el efecto terapéutico de los 5-ASA debe constatarse en un período de entre una y dos semanas y, aunque no se ha establecido una duración mínima del tratamiento, suele mantenerse la misma dosis durante unas seis semanas si se evidencia respuesta clínica.

El perfil de seguridad de la mesalazina puede considerarse como muy bueno, son infrecuentes los efectos adversos a corto plazo (que se cifraban en un 30 % en el caso de la salazopirina). Entre éstos, la cefalea (especialmente cuando se utilizan dosis elevadas), la diarrea, el dolor abdominal o la dispepsia son los más habituales.

2.2 Corticoides

Desde los estudios iniciales de Truelove,[10] los corticosteroides siguen constituyendo el tratamiento de elección de los brotes de actividad moderada o grave y se consideran todavía como el «estándar de oro» del tratamiento de la CU activa. La principal virtud de los esteroides reside en su rapidez de acción. Los estudios epidemiológicos más recientes coinciden en señalar que aquellos pacientes con un brote moderado-grave de CU que no mejoran tras tres días de tratamiento con esteroides endovenosos presentan un elevado riesgo de colectomía,[11-13] por lo que es posible decidir qué pacientes son candidatos a iniciar tratamientos de rescate de una forma precoz, evitando de este modo su deterioro nutricional y reduciendo los efectos adversos secundarios al uso prolongado de corticoides. La eficacia de los esteroides sistémicos para inducir la remisión se sitúa en torno al 50-80 %, según distintas series y dependiendo de los criterios utilizados para definir la respuesta al tratamiento. En este sentido, el grupo de la Clínica Mayo en Rochester publicó en 2001 el único estudio de cohortes de base poblacional realizado hasta el momento, en el que se analizó la evolución clínica tras un primer curso de esteroides por un brote de actividad de CU.[14] Una tercera parte de los pacientes diagnosticados de CU requirieron tratamiento con esteroides sistémicos, constatándose falta de respuesta clínica en el 28 % y desarrollo de dependencia a esteroides en el 22 % de los tratados. Por tanto, contrariamente a lo que se creía, los esteroides tienen una eficacia «limitada» en la CU (siendo «realmente útiles» en el 50 % de los pacientes tratados). Esta eficacia no parece depender del tipo de esteroide utilizado (ACTH, hidrocortisona, metilprednisolona, prednisona) o de la forma de administración endovenosa (dosis única, fraccionada o perfusión continua), según los resultados obtenidos en diversos estudios realizados en la década de 1980. Aunque el manejo de los corticoides varía de forma notable de un país a otro, en general se considera que cuando decide iniciarse corticoterapia, ésta debe pautarse a dosis plenas (la llamada *French dose* de 1 mg/kg de peso/día o, en su defecto, un mínimo de 40-60 mg/día según peso, de prednisona o equivalente). En los brotes moderados pueden administrarse por vía oral y se aconseja la administración endovenosa en los brotes de actividad grave. Una vez que se obtiene respuesta clínica, se inicia una pauta de retirada progresiva que suele durar de seis a diez semanas (dependiendo de la dosis inicial y del ritmo de retirada).

El perfil de seguridad de los esteroides constituye su punto más débil. Se considera que, a las dosis y pautas utilizadas habitualmente en la CU, la aparición de efectos adversos es prácticamente constante. Acné, obesidad troncular, hirsutismo, estrías cutáneas o miopatía esteroidea son efectos secundarios muy frecuentes y especialmente mal tolerados por estos pacientes, en general jóvenes y activos tanto social como laboralmente. Otros efectos adversos menos frecuentes pero más preocupantes desde el punto de vista médico son la osteonecrosis aséptica, osteoporosis, hiperglucemia, dislipemia, cataratas, psicopatía esteroidea, trastornos del sueño, de concentración o de conducta o el retraso del crecimiento en niños.

Dado el efecto prácticamente constante (especialmente en los primeros días de tratamiento) de los esteroides sobre la pérdida de masa ósea, es aconsejable la administración de calcio y vitamina D de forma concomitante mientras éstos no se retiren.[15]

2.3　*Ciclosporina*

La ciclosporina (CsA) ha representado durante la última década la única alternativa a la proctocolectomía en los pacientes con CU grave refractaria a esteroides. Desde que se publicaron los resultados del único estudio controlado con placebo en el que CsA demostró su eficacia en pacientes con criterios bien establecidos de corticorrefractariedad,[16] numerosos estudios retrospectivos y series abiertas han demostrado que la administración endovenosa de CsA logra evitar la colectomía urgente en un 60-80 % de los pacientes.[17]

Una de las principales limitaciones de la CsA es su perfil de seguridad, con efectos adversos frecuentes cuando se utiliza a largo plazo (HTA, hiperglucemia, neurotoxicidad, hiperplasia gingival, hirsutismo, nefrotoxicidad, riesgo de infecciones oportunistas); sin embargo, en pacientes con buena respuesta a CsA endovenosa no parece necesario el cambio a CsA en microemulsión oral durante un período de tres a seis meses como puente a las tiopurinas –como se había aconsejado clásicamente–, de forma que al acortar el tiempo de tratamiento, puede mejorar de forma notoria la incidencia de efectos adversos.[18]

Dada la experiencia acumulada con este fármaco y su contrastada eficacia, CsA sigue representando el tratamiento de elección de la CU corticorrefractaria. Por otra parte, en un estudio controlado, CsA por vía endovenosa se mostró tan eficaz como los esteroides convencionales en la inducción de la remisión en CU activa grave.[19] Por tanto, en pacientes con intolerancia, antecedentes de efectos adversos graves o situaciones en las que sea desaconsejable el uso de esteroides (*v.gr.* osteoporosis), debe tenerse en cuenta la posibilidad de administrar CsA en monoterapia para el control de brotes moderados o graves.

Por último, la experiencia con el uso de CsA en microemulsión oral es todavía escasa, aunque los datos publicados la convierten en una opción atractiva en pacientes con respuesta parcial a esteroides o sin respuesta a éstos pero con actividad moderada. Existen datos similares con el uso de otro calcineurínico, el tacrolimus o FK 506, provenientes de series retrospectivas o estudios abiertos. Este fármaco es más utilizado que CsA en algunos países de Centroeuropa por su manejo más fácil a medio y largo plazo.

2.4 Infliximab

Infliximab (IFX) ha sido el primer biológico con aprobación para el tratamiento de la CU. Su elevado coste económico y su perfil de seguridad (con un incremento notable en la incidencia de infecciones oportunistas y un riesgo potencial todavía mal establecido de desarrollo de neoplasias) hacen que, por el momento y con los datos disponibles, sea difícil ubicarlo en un lugar concreto del esquema terapéutico de la CU. Los estudios ACTI y ACT-II han demostrado que IFX es superior a placebo en lograr la inducción de la remisión, incluso en pacientes con respuesta deficiente (parcial o nula) a otros fármacos como 5-ASA, esteroides o tiopurinas.[20] Sin embargo, el complejo diseño de estos estudios permitió la inclusión de pacientes muy heterogéneos, sin poder discernir cuál puede ser la indicación más idónea (eficaz, segura y económicamente competitiva) del fármaco.

A diferencia de lo que ocurre en la enfermedad de Crohn (en la que existe una marcada tendencia a reemplazar los esteroides por un uso temprano de inmunosupresores y agentes biológicos), en la CU el papel de los esteroides parece más inamovible, especialmente si se opta por evaluar la respuesta al tratamiento esteroideo de modo precoz (a los tres días, como ya se ha mencionado). Como consecuencia, IFX parece destinado a competir bien con la CsA (en el tratamiento de la CU refractaria a esteroides), bien con las tiopurinas o aféresis (en el manejo de la corticodependencia). En este sentido, ya disponemos de un primer estudio prospectivo, aleatorio y controlado con placebo en CU corticorrefractaria en el que IFX consiguió evitar la colectomía con una eficacia similar a la de CsA.[21] Son necesarios más datos sobre su eficacia a largo plazo y sobre su seguridad en este subgrupo de pacientes para saber si realmente puede o debe convertirse en el tratamiento de elección en esta situación clínica. Por el momento, IFX es una alternativa terapéutica en las situaciones de corticorrefractariedad y corticodependencia sin respuesta a inmunomoduladores convencionales.

2.5　Aféresis (granulocitoaféresis/leucocitoaféresis)

Existen todavía datos insuficientes respecto a la eficacia real de las técnicas de aféresis en el tratamiento de la CU. Su principal virtud reside en un perfil de seguridad difícilmente mejorable, con una incidencia de efectos adversos atribuibles a la técnica muy poco considerable, lo que la convierte en una alternativa terapéutica muy atractiva para pacientes pediátricos o pacientes con intolerancia a múltiples fármacos. En espera de los resultados de estudios controlados a gran escala que se están realizando tanto en Europa como en Norteamérica, un documento de consenso español estableció la corticodependencia y el fracaso o intolerancia al tratamiento convencional (especialmente en relación a esteroides e inmunosupresores) como sus principales indicaciones.[22]

2.6　Otras alternativas

Existen pocas alternativas terapéuticas a los fármacos ya comentados para el control de los brotes de actividad de CU. Los distintos estudios controlados que han evaluado la administración coadyuvante de *antibióticos* endovenosos u orales no han podido demostrar que esta medida se traduzca ni en una mayor probabilidad de alcanzar la remisión clínica ni en una reducción de las tasas de colectomía. Tampoco disponemos, por el momento, de los esperados resultados de los estudios que están evaluando el tratamiento con *probióticos* para inducir la remisión. Pocos agentes biológicos se han evaluado en el tratamiento de la CU. Los resultados más esperanzadores provienen de un estudio que evaluó la administración de *alicaforsen* (un oligonucleótido antisentido que inhibe selectivamente la expresión celular de la molécula de adhesión intercelular ICAM-1, que facilita la activación y el reclutamiento leucocitario) en forma de enemas en la CU distal activa.[23]

3   Mantenimiento de la remisión

3.1 Aminosalicilatos

Estudios iniciales constataron que casi tres cuartas partes de los pacientes que entran en remisión presentan recidiva en el transcurso de los siguientes doce meses si no siguen ningún tratamiento.[24] Éste ha sido hasta hace poco tiempo el argumento principal para justificar el tratamiento de mantenimiento. Sin embargo, en los últimos años se han publicado diversos estudios retrospectivos que coinciden en señalar que el tratamiento a largo plazo con 5-ASA reduce, además, el riesgo de desarrollar cáncer colorrectal y displasia en los pacientes con CU de larga evolución, sin que se sepa por ahora si esto se debe a un efecto primario del fármaco sobre la carcinogénesis o si es secundario a un mejor control de la inflamación (incluso subclínica).[25-27]

En la última revisión del metaanálisis realizado por Sutherland, se demostró que tanto los nuevos derivados 5-ASA como la salazopirina son superiores a placebo en el mantenimiento de la remisión de la CU, si bien esta última presentaba una eficacia discretamente superior cuando se comparaban ambos fármacos, probablemente debido a que la intolerancia a salazopirina constituía un criterio de exclusión en la mayoría de estudios que la comparaban a 5- ASA.[28] No existe evidencia alguna sobre cuál es la dosis óptima para obtener una mejor prevención de la recidiva, si bien en el metaanálisis mencionado no se obtenían diferencias con placebo cuando se utilizaban dosis iguales o inferiores a 1 g/día. La administración tópica de 5-ASA es otra alternativa eficaz para el mantenimiento de la remisión en pacientes con CU distal, como también se ha demostrado en metaanálisis.[29] Al igual que ocurre con la inducción de la remisión, no existe una clara asociación entre eficacia y dosificación utilizada; de hecho, algunos estudios han demostrado que 5-ASA, administrado dos o tres veces por semana en forma de enema o supositorio, es superior a placebo en pacientes con proctosigmoiditis o proctitis. Sin embargo, el tratamiento tópico para mantenimiento de la remisión (es decir, a largo plazo) tiene una limitación importantísima: su aplicabilidad. En este sentido, la adherencia al tratamiento de mantenimiento con mesalazina oral ha resultado ser alarmantemente baja en diversos estudios,[30] por lo que la adherencia a la administración tópica es esperable que sea incluso inferior. Por este motivo, el establecimiento de este tipo de tratamientos debe basarse en una correcta información al paciente y en contar con su complicidad. En la actualidad, ya disponemos de resultados preliminares con nuevas formas de liberación de los 5-ASA que permitirán la administración del tratamiento por vía oral en tomas únicas diarias, facilitando un mayor cumplimiento terapéutico a largo plazo.

3.2 Tiopurinas (azatioprina/6-mercaptopurina)

A pesar de que las tiopurinas vienen utilizándose de forma generalizada en la CU desde hace décadas, no han existido estudios controlados al respecto hasta hace poco tiempo.[31-33] Las tiopurinas tienen como principales indicaciones en la CU la corticodependencia (indicación en la que constituyen el fármaco de elección) y el tratamiento de mantenimiento tras alcanzar la remisión con CsA endovenosa. En un futuro, el uso de agentes biológicos en la CU podría suponer una nueva indicación de estos fármacos, con el fin de minimizar su inmunogenicidad y prolongar su eficacia.

Las tiopurinas presentan una incidencia de efectos adversos e intolerancia considerable, situada alrededor del 20 % en las series más amplias.[31] Además, ciertos efectos adversos, como la mielotoxicidad, pueden aparecer en cualquier momento del tratamiento, lo que obliga a la realización de controles hematológicos y de función hepática de forma trimestral mientras se mantiene el tratamiento. Otro factor limitante de estos fármacos es su inicio de acción demorado: se considera que su efecto terapéutico se hace patente entre los dos y seis meses. Este hecho hace presagiar la evaluación de nuevas estrategias en la corticodependencia que optimicen la eficacia y rapidez de las tiopurinas, como podría ser su asociación inicial (durante sólo los primeros meses) a otros tratamientos como IFX o aféresis.

Existen pocos datos referentes al efecto de las tiopurinas sobre la carcinogénesis (especialmente en lo que se refiere al desarrollo de displasias y cáncer colorrectal), si bien no parece que puedan tener un efecto comparable al de los 5-ASA en la CU.

3.3 Infliximab

Los únicos datos en relación a la potencial eficacia de IFX como tratamiento de mantenimiento provienen de los estudios ACT-I y ACT-II anteriormente citados.[20] En estos estudios, sólo un 35-40 % de los pacientes se mantenía en remisión a los seis meses de tratamiento y únicamente un 20-25 % de los que tomaban esteroides en el momento de la inclusión en el análisis se mantenía en remisión y sin esteroides. Como ya se ha mencionado, el diseño del estudio no permite alcanzar conclusiones sólidas y son necesarios análisis con grupos de pacientes más homogéneos. Por otra parte, a falta de datos al respecto, hay que ser cauto con la administración a largo plazo de IFX en pacientes con un riesgo elevado de cáncer colorrectal.

3.4 Otras alternativas

Al igual que ocurría con el tratamiento para inducir la remisión, existen pocas alternativas a aminosalicilatos y tiopurinas para mantener la remisión en la CU. Disponemos ya de datos prometedores con el uso de *probióticos* como *E. Coli Nissle 1917* o de algunos *prebióticos* como *Plantago ovata*, que se han mostrado tan eficaces como la mesalazina en estudios controlados.[34-36] Tanto probióticos como prebióticos cuentan con una excelente tolerabilidad, una escasa incidencia de efectos adversos y una buena acogida por parte de los pacientes (que los conciben como tratamientos más «naturales»); además, podrían tener también efectos protectores de la carcinogénesis, como parecen indicar resultados preliminares en modelos experimentales. Todo ello hace de estos preparados una alternativa esperanzadora en el mantenimiento de la CU.

Aunque algunos autores promueven el uso de metotrexato en la CU corticodependiente con fracaso previo o intolerancia a tiopurinas, los datos al respecto son todavía escasos y discordantes, por lo que son necesarios estudios controlados y correctamente diseñados.[37-39]

BIBLIOGRAFÍA

1. Azad Khan AK, Piris J, Truelove SC. An experiment to determine the active therapeutic moiety of sulphasalazine. Lancet 1977; ii: 892-95.
2. Kornbluth AA, Salomon, Sachs HS, *et al.* Meta-analysis of the effectiveness of current drug therapy of ulcerative colitis. J Clin Gastroenterol 1993; 16: 215-18.
3. Sutherland LR, May GR, Shaffer EA. Sulphasalazine revisited: A meta-analysis of 5-aminosalicylic acid in the treatment of ulcerative colitis. Ann Int Med 1993; 118: 540-49.
4. Sutherland L, MacDonald JK. Acido 5-aminosalicílico oral para la inducción de la remisión de la colitis ulcerosa (Revisión Cochrane traducida). En: La Biblioteca Cochrane Plus, 2005 Número 3. Oxford: Update Software Ltd. Disponible en: www.update-software.com. (Traducida de: The Cochrane Library 2005, Issue 3. Chichester, UK: John Wiley & Sons, Ltd.).

5. Bergman R, Parkes M. Systematic review: the use of mesalazine in inflammatory bowel disease. Aliment Pharmacol Ther 2006; 23: 841-55.
6. Safdi M, DeMicco M, Sninsky C, *et al.* A double-blind comparison of oral versus rectal mesalamine versus combination therapy in the treatment of distal ulcerative colitis. Am J Gastroenterol 1997; 92: 1867-71.
7. Marteau P, Probert CS, Lindgren S, *et al.* Combined oral and enema treatment with Pentasa (mesalazine) is superior to oral therapy alone in patients with extensive mild/moderate active ulcerative colitis: a randomised, double blind, placebo controlled study. Gut 2005; 54: 960-65.
8. Marshall JK, Irvine EJ. Rectal corticosteroids versus alternative treatments in ulcerative colitis: a meta-analysis. Gut 1997; 40: 775-81.
9. Cohed RD, Woseth DM, Thisted RA, Hanauer SB. A meta-analysis and overview of the literature

on treatment options for left-sided ulcerative colitis and ulcerative proctitis. Am J Gastroenterol 2000; 95: 1263-76.

10. Truelove SC, Jewell DP. Intensive intravenous regimen for severe attacks of ulcerative colitis. Lancet 1974; i: 1067-70.

11. Travis SPL, Farrant JM, Ricketts C, *et al*. Predicting outcome in ulcerative colitis. Gut 1996;38: 905-10.

12. Ho GT, Mowat C, Goddard JR, Fennell, JM, Shah NB, Prescotts RJ. Predicting the outcome of severe ulcerative colitis: development of a novel risk score to aid early selection of patients for second-line medical therapy or surgery. Aliment Pharmacol Ther 2004; 19: 1079-87.

13. Lindgren SC, Flood LM, Kilander AF, Lofberg R, Persson TB, Sjodal RI. Early predictors of glucocorticosteroid treatment failure in severe and moderately attacks of ulcerative colitis. Eur J Gastroenterol Hepatol 1998;10:831-5.

14. Faubion WA Jr, Loftus EV Jr, Harmsen WS, Zinsmeister AR, Sandborn WJ. The natural history of corticosteroid therapy for inflammatory bowel disease: a population-based study. Gastroenterology 2001; 121:255-60.

15. Homik J, Suárez-Almazor ME, Shea B, Cranney A, Wells G, Tugwell P. Calcium and vitamin D for corticosteroid-induced osteoporosis (Cochrane review). In: The Cochrane Library, Issue 1, 2002. Oxford: Update Software.

16. Lichtiger S, Present DH, Kornbluth A, *et al*. Cyclosporine in severe ulcerative colitis refractory to steroid therapy. N Engl J Med 1994; 330:1841-45.

17. García-López S, Gomollón-García F, Pérez-Gisbert J. Cyclosporine in the treatment of severe attack of ulcerative colitis: a systematic review. Gastroenterol Hepatol 2005; 28: 607-14.

18. Domènech E, Garcia-Planella E, Bernal I, *et al*. Azathioprine Without Oral Cyclosporine in the Long-Term Maintenance of Remission Induced by Intravenous Cyclosporine in Steroid-Refractory Severe Ulcerative Colitis. Aliment Ther Pharmacol 2002; 16: 2061-65.

19. D'Haens G, Lemmens L, Geboes K, *et al*. Intravenous cyclosporine versus intravenous corticosteroids as single therapy for severe attacks of ulcerative colitis. Gastroenterology 2001; 120: 1323-29.

20. Rutgeerts P, Sandborn WJ, Feagan BG, *et al*. Infliximab for induction and maintenance therapy for ulcerative colitis. N Engl J Med 2005; 353: 2462-76.

21. Järnerot G, Hertervig E, Friis-Liby I, *et al*. Infliximab as rescue therapy in severe to moderately severe ulcerative colitis: a randomised, placebo-controlled study. Gastroenterology 2005; 128: 1805-11.

22. Cabriada JL, Domènech E, Gomollón F, *et al*. Documento de consenso en el uso de la granulocitoaféresis en pacientes con enfermedad inflamatoria intestinal. Gastroenterol Hepatol 2006; 29: 85-92.

23. Van Deventer S, Tami JA, Wadel MK. A randomised, controlled, double blind, escalating dose study of alicarfosen enema in actives ulcerative colitis. Gut 2004;53:1646-51.

24. Misiewicz J, Lennard-Jones J, Connell A, Baron J, Avery-Jones F. Controlled trial of sulphasalazine in maintenance therapy for ulcerative colitis. Lancet 1965; 1: 185-88.

25. Eaden J, Abrams K, Ekbom A, Jackson E, Mayberry J. Colorectal cancer prevention in ulcerative colitis: a case-control study. Aliment Pharmacol Ther 2000; 14: 145-53.

26. van Staa TP, Card T, Logan RF, Leufkens HG. 5-Aminosalicylate use and colorectal cancer risk in inflammatory bowel disease: a large epidemiological study. Gut 2005; 54: 1573-78.

27. Velayos FS, Terdiman JP, Walsh JM. Effect of 5-Aminosalicylate use on colorectal cancer and dyslpasia risk: a systematic review and metaanalysis of observational studies. Am J Gastroenterol 2005; 100: 1345-53.

28. Sutherland L, Roth B, Beck P, May G, Makiyama K. Oral 5-aminosalicylic acid for maintenance of remission in ulcerative colitis. The Cochrane Databse for Systematic Reviews 2002, Issue 4. Art. Nº: CD 000544. DOI: 10.1002/14651858. CD000544.

29. Marshall JK, Irvine EJ. Rectal aminosalicylate therapy for distal ulcerative colitis: a meta-analysis. Aliment Pharmacol Ther 1995; 9: 293-300.

30. Kane SV. Systematic review: adherence issues in the treatment of ulcerative colitis. Aliment Pharmacol Ther 2006; 23: 577-85.

31. Fraser AG, Orchard TR, Jewell DP. The efficacy of azathioprine for the treatment of inflammatory bowel disease: a 30 year review. Gut 2002; 50: 485-89.

32. López-Sanromán A, Bermejo F, Carrera E, García-Plaza A. Efficacy and safety of thiopurine immunomodulators (azathioprine and mercapto-purine) in steroid-dependent ulcerative colitis. Aliment Pharmacol Ther 2004; 20: 161-166.

33. Ardizzone S, Maconi G, Russo A, Imbesi V, Colombo E, Bianchi Porro G. Ramdomised, controlled trial, of azathioprine and 5-aminosalicylic acid for the treatment of steroid-dependent ulcerative colitis. Gut 2006; 55: 47-53.

34. Rembacken BJ, Snelling AM, Hawkey PM, Chalmers DM, Axon ATM. Non-pathogenic *Escherichia coli* versus mesalazine for the treatment of ulcerative colitis: a randomised trial. Lancet 1999; 354:635-39.

35. Kruis W, Fric P, Pokrotnieks J, *et al*. Maintaining remission of ulcerative colitis with the probiotic *Escherichia coli* Nissle 1917 is as effective as with standard mesalazine. Gut 2004; 53:1617-23.

36. Fernández-Bañares F, Hinojosa J, Sánchez-Lombraña JL, *et al*. Randomized clinical trial of Plantago ovata seeds (dietary fiber) as compared with mesalamine in maintaining remission in ulcerative colitis. Spanish Group for the Study of Crohn's Disease and Ulcerative Colitis (GETEC-CU). Am J Gastroenterol 1999; 94: 427-33.

37. Oren R, Arber N, Odes S, *et al*. Methotrexate in chronic active ulcerative colitis: a double-blind, randomized, multicenter Israeli trial. Gastroenterology 1996; 110: 1416-21.

38. Paoluzzi OA, Pica R, Marcheggiano A, *et al*. Azathioprine or methotrexate in patients with steroid-dependent or steroid-resistant ulcerative colitis: results of an open-label on efficacy and tolerability in inducing and maintaining remission. Aliment Pharmacol Ther 2002; 16: 1751-59.

39. Cummings JRF, Herrlinger KR, Travis SPL, Gorard DA, McIntire DS, Jewel DP. Oral methotrexate in ulcerative colitis. Aliment Pharmacol Ther 2005; 21: 385-89.

Capítulo 7

Enfermedad de Crohn: diagnóstico, valoración de la actividad y clasificación 2006

F. Gomollón, Y. Ber Nieto

Hospital Clínico «Lozano Blesa»
Servicio de Aparato Digestivo
Zaragoza

Dirección para correspondencia
Hospital Clínico «Lozano Blesa»
Dr. F. Gomollón
fgomollon@gmail.com

1   Introducción

Si utilizamos el epónimo «enfermedad de Crohn» para definir la entidad clínico-patológica a la que nos vamos a referir es, precisamente, por la inexistencia de un criterio único y seguro que permita separar aquellas personas *con* enfermedad de Crohn (EC) de aquellas personas *sin* dicha enfermedad: para establecer el diagnóstico se requieren unos criterios clínico-patológicos.[1] Además, se trata de una entidad especialmente heterogénea y compleja, porque puede aparecer a cualquier edad, tiene un curso clínico impredecible, puede afectar a cualquier parte del intestino y también a otros órganos, y en la evolución en un único paciente alternan períodos *con* y *sin* síntomas. Si tuviéramos que escoger dos palabras del diccionario para referirnos a la EC serían diversidad y variabilidad; conceptos que los últimos avances epidemiológicos y genéticos no hacen sino resaltar todavía más.[2] Por ello, en los últimos 75 años, los clínicos e investigadores se han esforzado no sólo en tratar de definir la EC, sino en disponer de una clasificación lo más exacta y práctica posible, que sea útil para el «día a día» del clínico y también para el investigador. Además, se ha desarrollado un concepto absolutamente esencial para el estudio y tratamiento de la EC, el de *actividad*.[3] Cuando se valora a un paciente, no sólo nos interesa el diagnóstico principal y el subtipo de enfermedad (por ejemplo, su localización), sino que es indispensable saber si la enfermedad está activa o no. El concepto de *actividad* no es nada fácil de definir de manera objetiva, aunque, paradójicamente, en la mayor parte de las ocasiones no será nada difícil para el clínico experto.

2   Clasificación de la enfermedad de Crohn

Nuestros conocimientos sobre la genética y causalidad de la EC son todavía insuficientes; por lo tanto, resulta imposible establecer un sistema de clasificación etiológico o genético. Además del mero interés didáctico, clasificar de alguna forma la EC resulta absolutamente indispensable para poder llevar a cabo estudios clínicos que comparen la eficiencia de los diversos métodos terapéuticos. La tarea ha resultado ardua y difícil y ha ocupado durante años a varios comités designados al efecto por la Organización Mundial de Gastroenterología (OMGE). Se han propuesto diversos sistemas, designados por los nombres de las ciudades sede de congresos mundiales de la OMGE: «clasificación de Roma», «clasificación de Viena»[4] y la más reciente «clasificación de Montreal»[5] (véase la tabla 1). La provisionalidad de las clasificaciones y su corta vida dan una idea de las dificultades. Los criterios principales que se han escogido son la edad de comienzo del cuadro, la localización, el patrón clínico (inflamatorio, estenosante o fistulizante) predominante y la presencia o no de enfermedad perianal. En la tabla 1 resumimos la más actual, aunque la mayoría de los estudios se han realizado utilizando como referencia la clasificación de Viena.[4] Entre los criterios utilizados, parece que los estudios genéticos y el seguimiento de los pacientes a largo plazo sugieren que el más consistente es la localización de la enfermedad. Así, la asociación genética mejor conocida (variante del gen NOD2/CARD15) se relaciona claramente con la localización ileal.[6] Además, varios estudios independientes, realizados en series de pacientes observados a largo plazo, confirman que el criterio más estable –en un paciente concreto– de la clasificación de Viena es la localización, mientras que el patrón clínico es mucho más variable, puesto que casi todos los afectados terminan presentando complicaciones estenosantes o fistulizantes.[7,8] Tenemos que aceptar la clasificación como una herramienta útil (especialmente en las investigaciones terapéuticas, epidemiológicas y genéticas) pero absolutamente provisional, porque con toda probabilidad los hallazgos en genéti-

Edad al diagnóstico (A)		
A1	16 años o menos.	
A2	17-40 años.	
A3	> 40 años.	
Localización (L)		
L1	Íleon terminal.	L1 + L4 (íleon terminal + tracto digestivo alto).
L2	Colon.	L2 + L4 (colon + tracto digestivo alto).
L3	Ileocólica.	L3 + L4 (ileocólica + tracto digestivo alto).
L4	Tracto digestivo alto.	
Patrón clínico (B)		
B1	No estenosante, no fistulizante(**) o inflamatorio.	B1p (inflamatorio con afección perianal asociada).
B2	Estenosante.	B2p (estenosante con afección perianal asociada).
B3	Fistulizante.	B3p (fistulizante con afección perianal asociada).

(*) Esta clasificación es una versión modificada de la clasificación de Viena que se ha utilizado durante los últimos años (ver referencias). Las diferencias sustanciales son: la inclusión del grupo A1, separando los pacientes con inicio antes de los 16 años, y del modificador de tracto digestivo superior (L4) a las demás localizaciones, y la no clasificación de la forma perianal en las penetrantes, sino que se ha considerado un modificador de cualquiera de los subtipos. Sólo el tiempo permitirá conocer si esta clasificación se impone, aunque la hemos reflejado por ser la recomendada por la Organización Mundial de Gastroenterología.

(**) Utilizamos el término fistulizante, aunque el original es penetrante. Este patrón de comportamiento clínico se considera transitorio, porque la historia natural lleva casi siempre a los patrones B2 o B3 o mixtos.

Tabla 1. Clasificación de Montreal de la enfermedad de Crohn.*

ca (y tal vez en la etiología de la EC) harán que, en los próximos años, tengamos que cambiar la clasificación.

3　Diagnóstico de la enfermedad de Crohn

3.1　Métodos diagnósticos disponibles: una breve descripción

El progreso tecnológico ha permitido el desarrollo de numerosas técnicas que pueden aplicarse al diagnóstico de la EC. Aunque nos gustaría poder aplicar la metodología de la «medicina basada en la evidencia»,[9] resulta muy difícil por la heterogeneidad de los estudios disponibles, puesto que, frente al rigor que se les exige a los ensayos clínicos controlados, llaman la atención las notables deficiencias metodológicas en muchos estudios sobre métodos diagnósticos. El personalismo y la experiencia local priman en muchas ocasiones, con una escasa utilización de métodos de referencia validados y compartidos. Por ello, arbitrariamente, vamos a utilizar en este capítulo una aproximación deliberadamente historicista, y no exhaustiva, aunque sí detallada.

3.1.1　Diagnóstico quirúrgico

Los primeros casos de EC fueron definidos tras cirugía. Todavía es relativamente frecuente que el primer diagnóstico de una EC se establezca durante una intervención por un «abdomen agudo». Si lo reseñamos aquí, es porque a pesar de que los hallazgos puedan parecer absolutamente típicos, debemos considerar el diagnóstico quirúrgico insuficiente y debe completarse posteriormente, no sólo con un estudio histológico adecuado de la pieza, sino también con una evaluación completa. No obstante, la exploración quirúrgica bajo anestesia sigue siendo una de las exploraciones esenciales en la evaluación de la EC perianal.[10]

3.1.2　Diagnóstico histológico

Los hallazgos anatomopatológicos típicos son casi indispensables para establecer el diagnóstico de la EC.[11] Sin embargo, no existe ninguna alteración absolutamente patognomónica y es frecuente en la clínica diaria que, sobre todo en clínicos poco experimentados en las EII, se conceda demasiado valor al informe de la biopsia. El informe de biopsia es un elemento más en el conjunto de datos que debe evaluar el clínico responsable, y debe interpretarse desde el conocimiento completo del resto de datos clínicos, analíticos, endoscópicos y radiológicos. Son importantes los esfuerzos para desarrollar sistemas semicuantitativos y reproducibles,[12] además de los avances en la identificación de parámetros concretos con validez independiente pronóstica;[13] áreas en las que el grupo de Geboes contribuye decisivamente.

3.1.3 *Diagnóstico radiológico (estudio baritado)*

Durante muchos años, la mejor manera de reconocer las alteraciones macroscópicas presentes en el intestino de los pacientes con EC fue el estudio radiológico baritado mediante enema o tránsito intestinal.[14] Su realización e interpretación se hizo tan complicada que algunos radiólogos se especializaban exclusivamente en estos estudios. Además, se desarrollaron diversas metodologías para obtener un rendimiento más alto en el caso del intestino delgado, como la enteroclisis. Aunque el tránsito de intestino delgado todavía forma parte esencial de la valoración de muchos pacientes con EC (véanse las figuras 1 y 2), especialmente en aquellos con sintomatología obstructiva, hay que recordar que la sensibilidad de la técnica es limitada (su valor predictivo negativo es escaso, por tanto); su correlación con la actividad de la enfermedad, muy imperfecta, y requiere el uso de radiación.

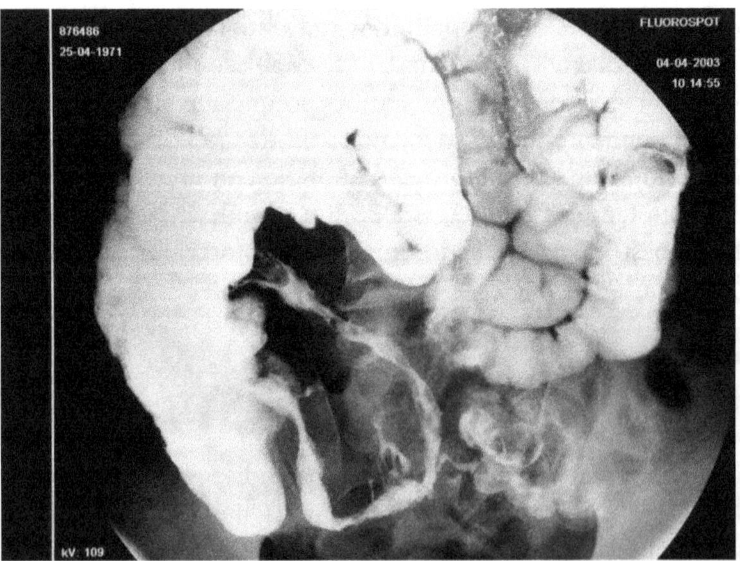

Figura 1. El tránsito intestinal continúa teniendo valor diagnóstico, especialmente cuando las lesiones son tan avanzadas como en este caso, donde se aprecian deformidad del íleon, lesiones en la pared, imágenes de masa separando las asas, zonas estenóticas y otros cambios radiológicos de una EC avanzada.

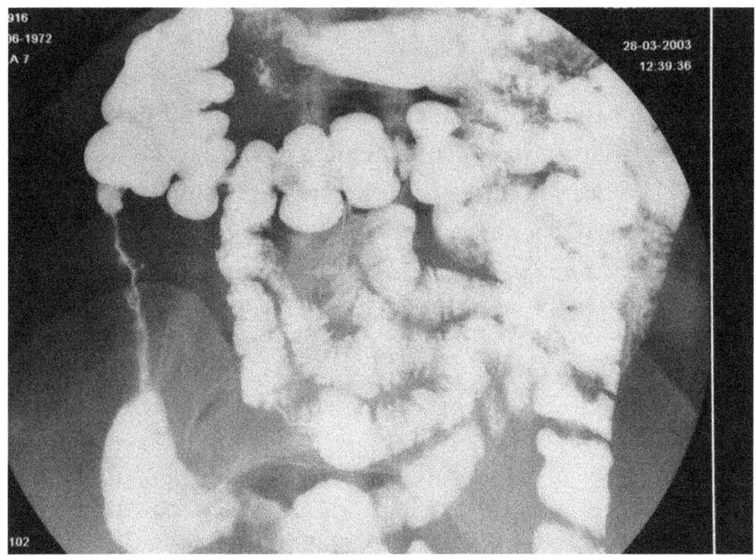

Figura 2. El tránsito intestinal puede ser útil también para el diagnóstico de las recurrencias de la EC: el neoíleon de una paciente con una hemicolectomía derecha ampliada previa muestra claros signos de enfermedad de Crohn.

3.1.4 Endoscopia

El acceso directo a la mucosa del intestino mediante la endoscopia revolucionó la gastroenterología a partir de 1970. La colonoscopia, que además permite el acceso al íleon en la mayoría de las ocasiones, es, hoy por hoy, la técnica diagnóstica más resolutiva en el diagnóstico inicial de la EC[1,15] (véase la figura 3). Permite evaluar el colon y el íleon y tomar muestras de la mucosa para su estudio histológico y microbiológico. La gastroscopia permite el estudio del aparato digestivo superior, afectado a menudo en la EC. El papel de otras técnicas como la enteroscopia de doble balón o las modificaciones técnicas (cromoendoscopia, utilización de filtros) queda por definir en los próximos años.

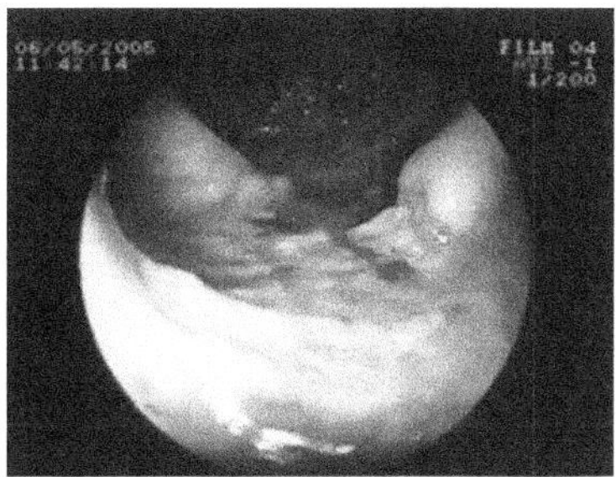

Figura 3. Las lesiones pueden ser muy evidentes en la endoscopia y junto a grandes úlceras puede haber mucosa normal, una característica muy típica de la EC.

3.1.5 Ecografía abdominal

Las dificultades técnicas limitaban inicialmente el uso de esta técnica en la EC. Sin embargo, su inocuidad, la disponibilidad en prácticamente todos los medios y los avances en su resolución, la están convirtiendo en una técnica muy útil, especialmente en la valoración de las complicaciones de la EC.[16] Además, es probable que poco a poco se convierta en uno de los sistemas de evaluación de la actividad de la enfermedad. Las variantes endoluminales de la técnica son indispensables en el estudio de la enfermedad perianal.

3.1.6 TC abdominal

Gracias a los avances tecnológicos, el TC abdominal[14] proporciona imágenes de los órganos abdominales con mayor precisión y calidad cada vez. Además de su utilidad para el diagnóstico de complicaciones (por ejemplo, los abscesos), el TC está demostrando una mayor capacidad de diagnóstico de lesiones típicas de EC de la pared intestinal (véase la figura 4), gracias en parte a los nuevos sistemas informáticos de reconstrucción bi y tridimensional. Su inconveniente principal es la dosis de radiación que recibe el paciente.

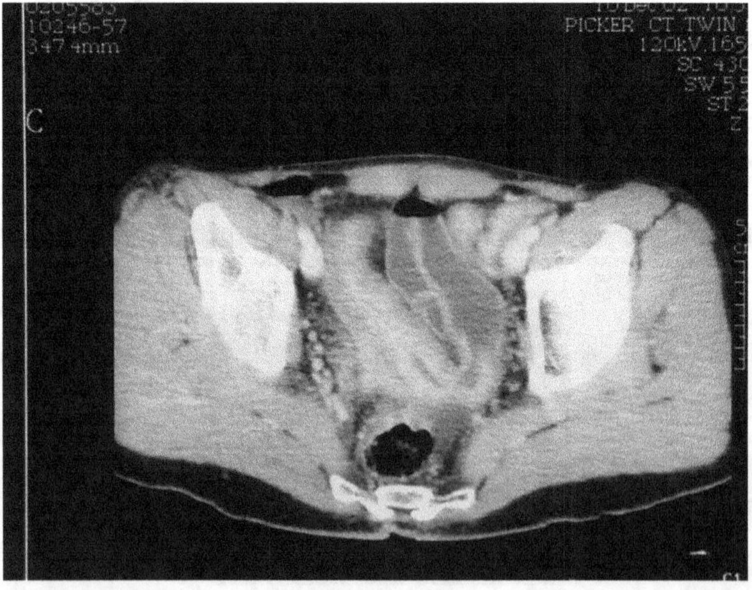

Figura 4. El TC abdominal puede ser muy útil para valorar simultáneamente las lesiones y las complicaciones de una EC: obsérvese una EC que se presentó clínicamente como una masa abdominal.

3.1.7 RNM abdominal

De forma semejante al TC, la resonancia magnética[14] ha avanzado tanto en los últimos años que ya pueden obtenerse imágenes que son, al menos, tan resolutivas como el tránsito baritado tradicional, con la ventaja de no utilizar radiación ionizante. La capacidad de la RNM en los tejidos blandos la convierte en la técnica de referencia en la valoración de las lesiones de la región perianal distantes de la mucosa rectal (y, por tanto, menos accesibles a la ecografía).[10]

3.1.8 Gammagrafía con leucocitos marcados

El marcaje de leucocitos permite localizar zonas con inflamación activa y ha demostrado ser útil para valorar la actividad inflamatoria.[17] Su inconveniente radica en la necesidad de utilizar radiación y de disponer de la tecnología. Cuando se realiza con leucocitos marcados con $HMPAO^{99}TC$ (el isótopo más cómodo y más utilizado), la evaluación es básicamente semicuantitativa, aunque pueden utilizarse algunos índices que se aproximan a la cuantificación, trabajando con el ordenador. Cuando se utiliza como isótopo el ^{111}In, mucho más incómodo, puede llevarse a cabo una verdadera determinación cuantitativa, recogiendo las heces y calculando la actividad radioactiva, puesto que el indio apenas se elimina en otras áreas del organismo.

3.1.9 Analítica

No existen datos analíticos característicos de las EII, ni de la EC en particular. Sin embargo, la evaluación analítica es indispensable para valorar la actividad de la enfermedad y sus complicaciones. Son útiles las determinaciones de VSG, proteína C reactiva (y otros reactantes de fase aguda), hemoglobina, VCM, leucocitos, plaquetas, fibrinógeno y, en determinadas circunstancias clínicas, otros parámetros analíticos.[18]

3.1.10 Anticuerpos

Se ha descrito que en las EII pueden detectarse algunos anticuerpos; los más conocidos son los ANCA (más característicos de la colitis ulcerosa) y los ASCA (más característicos de la EC). Aunque se ha sugerido su uso en el proceso diagnóstico de los pacientes, especialmente en los casos de difícil diferenciación o en niños, realmente su especificidad y sensibilidad y, sobre todo, la gran variabilidad de resultados entre los diversos laboratorios, no permiten obtener valores predictivos significativos en la clínica diaria.[19] Por el momento, son técnicas útiles sólo en el campo de la investigación.

3.1.11 Estudios microbiológicos

Para el diagnóstico de la EC es necesario demostrar que *no* hay evidencia de ninguna enfermedad infecciosa que plantee dificultades de diagnóstico diferencial. Por ello, pueden ser útiles los coprocultivos, el estudio de toxina de *Clostridium difficile* en heces, el estudio de parásitos en heces, la serología de amebiasis y una prueba de Mantoux. Además, el tratamiento de la enfermedad puede seguirse de un aumento de riesgo en caso de padecer algunas enfermedades infecciosas, por lo que puede ser útil evaluar al paciente con serología de virus de varicela zoster, virus de la hepatitis B, virus C y VIH.

3.1.12 Cápsula endoscópica

Aunque en realidad es una técnica endoscópica, la citamos aparte por la evidente novedad tecnológica que representa. Con esta técnica es posible obtener imágenes de prácticamente todo el intestino delgado (véase la figura 5), lo que permite mejorar la sensibilidad de las técnicas disponibles anteriormente, como el tránsito intestinal.[20] Están por establecer sus indicaciones precisas en la clínica diaria.[21]

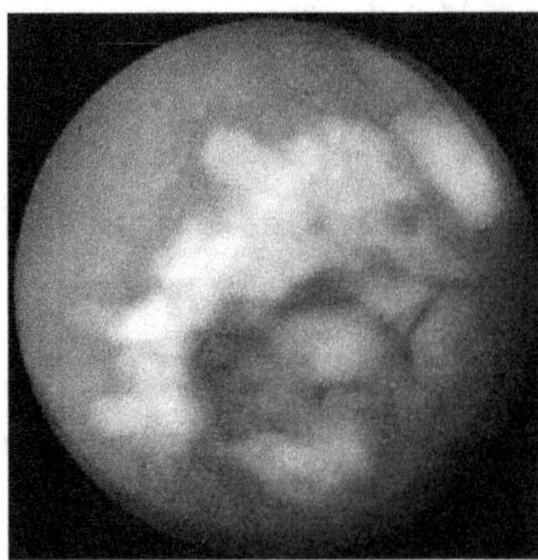

Figura 5. En la imagen se aprecia una gran lesión ulcerosa en una recurrencia de EC demostrada mediante estudio con cápsula intestinal.

3.1.13 Índices de actividad

Se han diseñado varios sistemas de puntuación basados en diversos parámetros clínicos y analíticos, que permiten valorar semicuantitativamente la *actividad* de la enfermedad[3] (véase la tabla 2). La validación no ha sido la adecuada en todos los casos y su determinación puede ser farragosa, pero el clínico debe estar familiarizado con estos índices,

<table>
<tr><td>

CDAI (Crohn´s disease activity index).

Índice de Harvey-Bradshaw (ver tabla 3).

Reactantes de fase aguda.

    Proteína C reactiva.

    Orosomucoide.

    Calprotectina.

CDEIS (Índice de actividad endoscópica del grupo francés).

PDAI (Índice de actividad de enfermedad perianal).

PCDAI (Índice de actividad modificado para la población pediátrica).

IBDQ (Índice de calidad de vida).

Short-IBDQ (Versión reducida del índice de calidad de vida).

Para una descripción detallada de los índices de calidad de vida más utilizados y de su fundamento teórico, recomendamos las referencias 3, 23 y 26.

</td></tr>
</table>

Tabla 2. Índices de actividad más utilizados.

porque son indispensables en los estudios científicos y muy recomendables también en la clínica diaria para tomar decisiones más objetivas.[22,23] El índice más práctico es el de Harvey-Bradshaw (véase la tabla 3).

3.1.14 *Índices de actividad analíticos*

Para hacerlo más sencillo, se ha intentado definir la actividad con marcadores analíticos en sangre (véase la tabla 3), sin que haya podido demostrarse una correlación lo suficientemente exacta como para ser más práctica que los índices de actividad compuestos. La determinación de calprotectina en heces es, quizás, el análisis más prometedor,[24] pero hay una sorprendente falta de datos de validación con respecto a este test en la literatura científica.

3.1.15 *Valoración del estado nutricional*

Sin ser específicas de la EC, será muy conveniente disponer de herramientas de valoración del estado nutricional en las Unidades que cuiden de estos pacientes, con el fin de planificar el tratamiento. Éste puede ser incluso primariamente nutricional, particularmente en los pacientes pediátricos, o, al menos, requerir el uso de terapia nutricional como adyuvante de los fármacos.

Parámetro	Puntos	Subtotal
1 *Estado general*		
Muy bueno	0	
Regular	1	
Malo	2	
Muy malo	3	
Terrible	4	________
2 *Dolor abdominal*		
No	0	
Ligero	1	
Moderado	2	
Intenso	3	________
3 *Nº deposiciones líquidas diarias*		________
4 *Masa abdominal*		
No	0	
Dudosa	1	
Definida	2	
Definida y dolorosa	3	________
5 *Otros síntomas asociados*		
(Sumar 1 punto por complicación)		
Artritis		
Uveítis		
Eritema nodoso		
Hypoderma		
Aftas bucales		
Fístula anal		
Absceso perianal		
Otras fístulas		________
Índice de Harvey	**SUMA**	________

El índice se calcula sumando los puntos (ver Lancet 1980; 1:514; y referencias 3, 23 y 26). < 6 significa actividad leve, entre 6 (incluido) y 12 (incluido) significa actividad moderada y > 12 significa actividad grave. En algunos estudios, se utiliza una versión simplificada con los tres primeros factores, que pueden evaluarse incluso telefónicamente. Aunque diseñado para la EC y validado sólo con el CDAI, este índice es muy sencillo y se usa a menudo incluso en la colitis ulcerosa.

Tabla 3. Índice de Harvey-Bradshaw.

3.1.16 Evaluación de la calidad de vida

Aunque inicialmente utilizadas sólo en investigación, se han diseñado varias herramientas diagnósticas basadas en una encuesta que han sido validadas y que permiten valorar la calidad de vida del paciente. La correlación entre la *actividad* clínica y la *calidad de vida* no siempre es perfecta y estos índices proporcionan información adicional que puede ser útil.

3.1.17 Evaluaciones de metabolitos farmacológicos

En el caso concreto de la azatioprina y mercaptopurina, se ha intentado relacionar tanto la actividad del fármaco como la toxicidad con los niveles de metabolitos alcanzados en los hematíes (un reflejo tal vez sólo indirecto de los niveles en los leucocitos).[25] Aunque es indudable que pueden servir para medir la adherencia al tratamiento de los pacientes, no ha podido demostrarse de forma uniforme una buena relación entre los niveles y la efectividad: los resultados de diversos grupos son demasiado diferentes. Se precisa una mejor definición para su utilización real en la práctica.

3.1.18 Estudios genéticos

Recientemente, se ha propuesto la utilización de una nueva herramienta, denominada IBD Chip® y desarrollada en España. Consiste básicamente en un análisis automatizado de 61 polimorfismos genéticos del paciente, que son evaluados mediante un algoritmo que permite prever en cierto grado el fenotipo clínico que expresará la EII del paciente. Si bien se trata de una técnica muy prometedora a largo plazo, hemos de esperar estudios de validación en diferentes poblaciones. Mientras, podemos asegurar que el IBD Chip® que finalmente se utilice en clínica se compondrá de un listado diferente, y probablemente más amplio, de polimorfismos (Sans M, comunicación personal).

3.2 Estrategias diagnósticas[1, 26, 27]

3.2.1 Diagnóstico inicial

La sospecha clínica de una EC puede plantearse en diversas circunstancias, aunque lo más frecuente es que sea al evaluar a pacientes con dolor abdominal crónico y diarrea, con o sin síntomas extraintestinales o sistémicos. En este momento, nos planteamos los siguientes objetivos: *a)* excluir otras enfermedades, especialmente enfermedades infecciosas crónicas; *b)* confirmar o no el diagnóstico de enfermedad de Crohn; *c)* valorar su actividad y extensión, y *d)* obtener informaciones complementarias que pueden ser importantes para el tratamiento posterior del paciente. En la gran mayoría de los pacientes, la estrategia típica sería:

a) Anamnesis: la anamnesis inicial detallada es muy importante para dirigir el resto de exploraciones y valorar posibles factores de riesgo de enfermedades infecciosas *(v. gr.,* viajes a zonas endémicas de amebiasis). Algunos parámetros de la anamnesis serán indispensables para los cálculos de actividad (el clínico siempre preguntará por el estado general, el dolor abdominal y la frecuencia y el aspecto de las deposiciones).

b) Analítica general: en todos los pacientes es necesario llevar a cabo una analítica que debe incluir, además de los parámetros estándar, un reactante de fase aguda (quizás el más adecuado sea la proteína C reactiva) y la vitamina B12 y el ácido fólico. Probablemente, en muchos pacientes sea recomendable incluir un anticuerpo antitransglutaminasa, con objeto de excluir o confirmar una sensibilidad al gluten, cuyos síntomas pueden confundirse inicialmente con una EC.

c) Estudios microbiológicos: en todos los casos debe realizarse coprocultivo, estudio de parásitos en heces y de toxina de *Clostridium difficile.* Una prueba de Mantoux, una serología de amebiasis y, en algunos cuadros agudos, una serología de *Yersinia* son recomendables. Existen otros tests para evaluar la posibilidad de una tuberculosis latente, teóricamente más precisos que la intradermorreacción de Mantoux, pero deben ser todavía validados en el contexto de la EC.

d) Colonoscopia: en la mayoría de los casos, la colonoscopia (con ileoscopia, que es posible en, al menos, el 80 % de los casos) es necesaria para el diagnóstico tanto positivo (confimar hallazgos típicos de EC) como negativo (excluir otras entidades que pueden plantear un diagnóstico diferencial). Hoy en día, es, en la mayoría de las ocasiones, la prueba diagnóstica fundamental. La colonoscopia permite valorar la presencia o no de lesiones; es recomendable describir el tipo y grado de las lesiones por áreas, para permitir obtener, en su caso, información semicuantitativa a fin de valorar la actividad endoscópica. Además, debe acompañarse siempre de biopsias, para añadir la información histológica y microbiológica del tejido.

e) Tránsito intestinal: en la mayoría de los centros, el tránsito baritado es fácilmente disponible, y en el estudio inicial del paciente es una técnica que debe realizarse con objeto de estudiar áreas no accesibles a la colonoscopia y, por tanto, valorar adecuadamente la extensión de la enfermedad. En algunos centros, el tránsito intestinal baritado casi se ha abandonado en favor del TC abdominal y de la RNM.

f) Ecografía abdominal: hoy en día, la ecografía abdominal forma parte de la rutina de evaluación de cualquier proceso abdominal. En el caso de sospecha de EC puede proporcionar datos sobre la propia EC, sobre la actividad y también datos complementarios sobre posibles complicaciones (por ejemplo, renales). Dada su inocuidad y disponibilidad, debe formar parte de la evaluación inicial de prácticamente todos los pacientes.

En la mayoría de los pacientes, con estos estudios iniciales, puede establecerse un diagnóstico, completado con una valoración de la actividad y de la extensión de la enfermedad, datos indispensables para el planteamiento terapéutico. En este momento se plantean básicamente dos grandes posibilidades:

1. Diagnóstico inicial de EC confirmado. Si los datos obtenidos en el conjunto de exploraciones citadas confirman la presencia de una EC, sería recomendable obtener más información (véase la tabla 4). No estaría de más evaluar objetivamente la calidad de vida con un índice validado. Es recomendable, además, disponer de una serología de VIH, VHC, VHB y VVZ. En la mayoría de los centros se realiza, además, una determinación de la TPMT (tiopurina metiltransferasa), por si en el tratamiento posterior del paciente se indica azatioprina o mercaptopurina. Hay, además, al menos dos circunstancias especiales:

   a) En el caso especial de presencia de enfermedad perianal, es necesario llevar a cabo dos de estas tres exploraciones específicas: exploración bajo anestesia, ecografía endoanal y RNM. Los estudios disponibles confirman que con dos de estas exploraciones puede definirse con gran exactitud el tipo de lesiones y complicaciones presentes.

   b) En caso de existir signos de complicaciones (como la fiebre elevada o signos de peritonismo), puede ser necesario llevar a cabo un TC abdominal, además de las exploraciones citadas, por su mayor sensibilidad para el diagnóstico de los abscesos abdominales.

No hay criterios diagnósticos de EC. Si los resultados de estas exploraciones no confirman una EC, hay que replantearse el caso. En algunos casos de sospecha clínica pueden ser necesarios estudios especiales: por ejemplo, la cápsula endoscópica puede mostrar lesiones en el intestino delgado no visibles con los métodos más tradicionales.

3.2.2 Seguimiento de los pacientes

3.2.2.1 Seguimiento general

Una vez establecido el diagnóstico, el paciente debe ser seguido, dependiendo siempre de la evolución de cada caso. La frecuencia y el tipo de controles son extremadamente

Necesarias
Colonoscopia con ileoscopia (y estudio histológico).
Tránsito intestinal.
Ecografía abdominal.
Analítica con proteína C reactiva.
Coprocultivo.
Determinación de toxina de *Clostridium difficile* en heces.
Estudio de parásitos en heces.
Recomendables
Mantoux (*).
Radiografía de tórax.
Serología de amebiasis.
Serología de virus B, virus C, VIH y VVZ.
Anticuerpos antitransglutaminasa.
Determinación de TPMT.
Valoración nutricional.
Índice de calidad de vida.
Para valorar individualmente
RNM pélvica (en valoración de enfermedad perianal).
Ecografía endorrectal (en valoración de enfermedad perianal).
TC (sobre todo si se sospechan complicaciones).
Gastroscopia (en pacientes con síntomas altos).
Cápsula intestinal endoscópica.
(*) Posiblemente este test sea sustituido por otros más precisos, actualmente en evaluación, pero su disponibilidad general sigue haciendo útil el Mantoux.

*Tabla 4. Exploraciones recomendables en el diagnóstico
inicial de la EC.*

variables según la localización y el curso clínico de la enfermedad (*v. gr.*, es completamente diferente el seguimiento de un paciente con enfermedad ileal luminal inflamatoria del de un paciente con enfermedad perianal y una fístula compleja). Los factores personales que influyen son muy variados: tipo de tratamiento, embarazo, lactancia, localización de la enfermedad, patrón clínico de la misma, etc. Las herramientas que se utilizan para el seguimiento son, también, muy variables. Por supuesto, en todos los casos el seguimiento básico es el clínico; con unas preguntas básicas, el médico se hace una idea bastante aproximada de la situación del paciente. Este seguimiento no siempre es presencial: con las nuevas tecnologías se pueden evitar a menudo desplazamientos del paciente, recopilando información por teléfono, correo electrónico o videoconferencia. Es aconsejable (diríamos que obligatorio) dejar constancia de esta información: si no se dispone de historia electrónica, hay que anotar en la historia clínica estos contactos con el paciente. También resulta recomendable seguir un protocolo en las preguntas. El índice de Harvey es fácil de determinar y permite evaluaciones retrospectivas y comparaciones entre varios clínicos. Probablemente vayan incorporándose a la clínica diaria, los índices resumidos de calidad de vida, sobre todo si se confirma su reproducibilidad. En muchas de las visitas se obtiene, además, una analítica elemental (hemograma, proteína C reactiva, transaminasas, etc.) que tiene dos utilidades: añadir información sobre la actividad y consecuencias de la EC y valorar la posible toxicidad de los fármacos utilizados. Un detalle de interés: no olvidar el control de la vitamina B12, al menos, una vez al año.

3.2.2.2 ¿Seguimiento de la cicatrización mucosa?

En los últimos años, se ha discutido en numerosas ocasiones si el objetivo del tratamiento de la EC ha de ser la remisión clínica o si, además, hemos de demostrar la ausencia de lesiones como fin del tratamiento médico. Es sabido desde los estudios del GETAID que la correlación clínica/endoscopia es bastante pobre, al menos con algunos tratamientos (en aquel caso concreto, esteroides).[28] Desde un punto de vista teórico, resulta claro que el objetivo ideal de un tratamiento sería conseguir ambas cosas: ausencia de sintomatología y ausencia de lesiones.[29] Por ello, se ha sugerido que debería valorarse objetivamente la cicatrización en todos los pacientes. El problema reside en que esto obligaría a realizar de exploraciones invasivas, con riesgos y un coste económico considerable con demasiada frecuencia. Un compromiso intermedio aceptable sería, en la mayoría de los casos, valorar la respuesta clínica y analítica; pero en aquellos en los que existiera cualquier discrepancia clínica y analítica con la sensación subjetiva del paciente, o bien estuvieran utilizándose tratamientos especiales, se valorará objetivamente la cicatrización. Dependiendo de la zona afectada y de otra serie de datos, la colonoscopia, la gammagrafía con leucocitos marcados, y, probablemente, la cápsula endoscópica podrían ser técnicas útiles para esta valoración. Es posible que, en el futuro, se generalice el uso de la calprotectina, si se confirma su utilidad en estudios amplios, porque permitiría disponer de un índice objetivo y cuantificable de actividad de la EC, sin riesgos ni molestias innecesarios para el paciente. En el caso especial de los pacientes intervenidos quirúrgicamente, la mayoría de los autores recomiendan (si no se han producido ya síntomas de recurrencia) llevar a cabo una colonoscopia entre seis meses y un año después de la intervención, puesto que el aspecto de la anastomosis y de la mucosa preanastomótica, valorado con el índice de Rutgeerts,[30, 31] tiene valor predictivo en cuanto a la evolución posterior del paciente.

3.2.2.3 Prevención del CCR

Los datos disponibles son, cuantitativamente, mucho más escasos que en la colitis ulcerosa. Sin embargo, el conjunto de estudios sugiere que cuando la EC afecta al colon, el riesgo de CCR y los parámetros previos (displasia) son muy similares a los de la CU. Por ello, probablemente lo más adecuado sería incluir a los pacientes con una historia clínica prolongada de EC del colon en un programa de seguimiento idéntico al que se lleve a cabo en cada centro con la CU.[32, 33] Es un área de incertidumbre en estos momentos, porque a la escasa evidencia científica de calidad disponible actualmente, se añaden los datos sobre cromoendoscopia y otras técnicas que pueden revolucionar estos programas.[34]

4 Resumen

El clínico puede plantearse muy diversas preguntas al evaluar a un paciente con una posible o ya confirmada EC: ¿Tiene realmente el paciente una EC? ¿Qué extensión y qué actividad tiene la enfermedad? ¿Se asocia a otro trastorno? ¿Hay alguna complicación (especialmente frecuente es la pregunta ¿Hay un absceso?)? ¿Cuál es la situación nutricional de este paciente? ¿Realmente está tomándose la azatioprina que le he prescrito?... Estos ejemplos nos demuestran la enorme complejidad que puede alcanzar el proceso diagnóstico o de seguimiento en estos pacientes. El médico responsable debe conocer las posibilidades, los inconvenientes y valores predictivos de muy diversas pruebas complementarias y aplicarlas con mesura y rigor en los variados escenarios clínicos. No hay que olvidar, además, los condicionantes locales: por ejemplo, la disponibilidad de ecografía endoscópica es todavía limitada y la fiabilidad de la ecografía abdominal depende totalmente del observador. El proceso diagnóstico y de evaluación de la actividad es, con toda probabilidad, el más complejo que lleva a cabo un clínico responsable de un paciente con EC.[35] Y es, también, el proceso más crítico: una evaluación diagnóstica parcial es incompatible con un buen tratamiento de un paciente con EC. Un último apunte: la realidad tecnológica tan compleja hace que el papel del clínico sea a menudo el de coordinador e intermediario, que ha de escoger entre un equipo y un conjunto de técnicas, *qué* personas deben evaluar a cada paciente y *con qué* técnicas, en cada sitio y en cada momento. Una buena relación personal y un ambiente de colaboración facilitan un mejor resultado final para el paciente.

BIBLIOGRAFÍA

1. Gomollón F, Gisbert JP. Avances en el diagnóstico de la enfermedad de Crohn. Gastroenterología y Hepatología Continuada; 2002; 1:324-30.
2. Nos P, Hinojosa J. Criterios diagnósticos y clínicos en la enfermedad de Crohn. En Gassull MA, Gomollón F, Hinojosa J, Obrador A (eds) Enfermedad Inflamatoria Intestinal (2.ª edición) Madrid. Ediciones Ergon. 2002: 209-18.
3. Gomollón F, García S. Evaluación de la actividad de la enfermedad de Crohn. En Gassull MA, Gomollón F, Hinojosa J, Obrador A (eds) Enfermedad Inflamatoria Intestinal (2.ª edición) Madrid. Ediciones Ergon. 2002: 219-32.
4. Gasche C, Scholmerich J, Brynskov J *et al.* A simple classification of Crohn's disease: report of the working party of the world congress of gastroenterology. Vienna 1998. Inflamm Bowel Dis 2000; 6:8-15.
5. Silverberg MS, Satsangi J, Ahmad T *et al.* Toward an integrated clinical, molecular, and serological classification of inflammatory bowel diseae: report of a working party of the 2005 Montreal World Congress of Gastroenterology. Can J Gastroenterol; 2005; 19 (Suppl A):5A-36A(disponible en http://www.geteccu.org/noticias/not32.pdf).
6. Lesage S, Zouali H, Cézard JP, Colombel JF, Belaiche J, Almer S *et al.* CARD15/NOD2 mutational analysis and genotype-phenotype correlation in 612 patients with inflammatory bowel disease. Am J Hum Genet 2002; 70:845-57.
7. Cosnes J, Cattan S, Blain A, Beaugerie L, Carbonnel F, Parc R, Gendre JP. Long-term evolution of disease behavior of Crohn's disease. Inflammatory Bowel Diseases 2002; 8:244-50.
8. Louis E, Collard A, Orger AF, Degroote E, El Yafi FANE, Belaiche J. Behaviour of Crohn's disease according to the Vienna classification: changing pattern over the course of the disease. Gut 2001; 49: 777-82.
9. Strauss ShE, Richardson WS, Glasziou P, Haynes RB. Evidence-Based Medicine. Third edition. Edinburgh. Elsevier. 2005.
10. Schwartz DA, Wiersema MJ, Dudiak KM, Fletcher JG, Clain JE, Tremaine W *et al.* A comparison of endoscopic ultrasound, magnetic resonance imaging, and exam under anesthesia for evaluation of Crohn's perianal fistulas. Gastroenterology 2001; 121:1064-72.
11. Geboes K, van Eyken P. Histopatología de la enfermedad de Crohn. En Gassull MA, Gomollón F, Hinojosa J, Obrador A (eds) Enfermedad Inflamatoria Intestinal (2.ª edición) Madrid. Ediciones Ergon. 2002: 193-208.
12. Geboes K, Riddelll R, Öst A, Jensfelt B, Persson T, Löfberg R. A reproducible grading scale for histological assessment of inflammation in ulcerative colitis. Gut 2000; 47:404-09.
13. Ferrante M, de Hertogh G, Hlavaty T *et al.* The value of myenteric plexitis to predict early postoperative Crohn's disease recurrence. Gastroenterology 2006; 130:1595-606.
14. Domènech E, Sans M, Panés J, Cabré E. Diagnóstico por la imagen de la enfermedad inflamatoria intestinal. En Gassull MA, Gomollón F, Hinojosa J, Obrador A (eds) Enfermedad Inflamatoria Intestinal (2.ª edición) Madrid. Ediciones Ergon. 2002: 303-13.
15. Vasiliauskas E. Recent advances in the diagnosis and classification of inflammatory bowel disease. 2003; 5:493-500.
16. Gasche C. Transabdominal bowel sonography in clinical decision-making. In Bayless T, Hanauer S (eds) Advanced Therapy of Inflammatory Bowel Disease. BC Decker. Hamilton. 2001: 55-62.
17. Sopeña F, Nerín JM, Prats E, *et al.* Gammagrafía con leucocitos marcados como índice de actividad y extensión en la enfermedad de Crohn. Rev Esp Enf Dig 1991; 79:387-92.
18. Vermeire S, Van Assche G, Rutgeerts P. Laboratory markers in IBD: useful, magic or unnecessary toys? Gut 2006; 55:426-31.
19. Gisbert JP, Gomollón F, Maté J, Pajares JM. Papel de los anticuerpos anti-citoplasma de los neutrófilos (ANCA) y anti-Saccaromyces cerevisiae (ASCA) en la enfermedad inflamatoria intestinal. Gastroenterol Hepatol 2003; 26:312-24.
20. Swain P. Wireless capsule endoscopy and Crohn's disease. Gut 2005; 323-26.

21. Lashner BA. Sensitivity-specificity trade-off for capsule endoscopy in IBD: is it worth it? Am J Gastroenterol 2006; 101:965-66.

22. Biancone L, DeNigris F, Blanco CDV, Monteleone I, Vavassori P, Geremia A, Pallone F. Monitoring the activity of Crohn's disease. Aliment Pharmacol Ther 2002; 16:29-33

23. Sandborn WJ, Feagan BG, Hanauer SB, Lochs H, Löfberg R, Modigliani R *et al*. A review of activity indices and efficacy endpoints for clinical trials of medical therapy in adults with Crohn's disease. Gastroenterology 2002; 122:512-30.

24. Tibble J, Sightorsson G, Bridger S, Fagerrol MK, Bjarnnason I. Surrogate markers of intestinal inflammation are predictive of relapse in patients with inflammatory bowel disease. Gastroenterology 2000; 119:15-22.

25. Derijks LJJ, Hommes DW. Thiopurines in inflammatory bowel disease: new strategies for optimization of pharmacotherapy? Current Gastroenterology Reports 2006; 8:89-92.

26. Stange EF, Travis SP, Vermeire S *et al*. European evidence based consensus on the diagnosis and management of Crohn's disease: definitions and diagnosis. Gut 2006; 55 (Suppl 1): 1-15.

27. Cabré E, Gassull MA. Situaciones clínicas equívocas en la enfermedad inflamatoria intestinal. En Gassull MA, Gomollón F, Hinojosa J, Obrador A (Eds). Enfermedad Inflamatoria Intestinal (2.ª edición) Madrid. Ediciones Ergón. 2002: 327-34.

28. Modigliani R, Mary JY, Simon JF, Cortoto A, Soule JG, Gendre JP et al. Correlation between clinical activity, endoscopic severity, and biological parameters in colonic and ileocolonic Crohn's disease. A prospective mulicentre study of 121 cases. The Groupe d'études thérapeutiques des affections inflamatoires digestives. Gut 1994; 35:231-35.

29. D'Haens G, Geboes K, Ponette E, Pennicks F, Rutgeerts P. Healing of severe recurrent ileitis with azathioprine therapy in patients with Crohn's disease. Gastroenterology 1997; 112:1475-81.

30. Rutgeerts P, Geboes K, Vantrappen G *et al*. Predictability of postoperative course of Crohn's Disease. Gastroenterology 1990; 99:956-63.

31. Bourreille A, Jarry M, D'Halluin PN *et al*. Wireless capsule endoscopy versus ileocolonoscopy for the diagnosis of postoperative recurrence of Crohn's disease: a prospective study. Gut 2006; 55:978-83.

32. Itzkowitz SH, Present DH; Crohn's and colitis foundation of America Colon Cancer in BD Study Group. Consensus conference: colorectal cancer screening and surveillance in inflammatory bowel disease. Inflamm Bowel Dis; 2005; 11:314-21.

33. Collins PD, Mpofu C, Watson AJ, Rhodes JM. Strategies for detecting colon cander and/or dysplasia in patients with inflammatory bowel disease. Cochrane Database Sys Rev 2006 Apr 19; (2): CD000279.

34. Kiesslich R, Neurath MF. Magnifying chromoendoscopy for the detection of premalignant gastrointestinal lesions. Best Prac Res Clin Gastroenterol 2006; 20:59-78.

35. Farmer M, Petras RE, Hunt LE et al. The importance of diagnostic accuracy in colonic inflammatory bowel disease. Am J Gastroenterol 2000; 95:3184-88.

Capítulo 8

Tratamiento médico de la enfermedad de Crohn: inducción y mantenimiento de la remisión

M. Aceituno, J. Panés

Hospital Clínic i Provincial de Barcelona
Servicio de Gastroenterología
Barcelona

Dirección para correspondencia
Hospital Clínic i Provincial de Barcelona
Dra. M. Aceituno
mquinta@clinic.ub.es

1 Introducción

La elección del tratamiento en la enfermedad de Crohn (EC) viene determinada básicamente por la localización de la enfermedad (ileal, ileocolónica, colónica y otras), por el patrón (inflamatorio, estenosante, fistulizante) y por la gravedad y la presencia de manifestaciones extraintestinales, por lo que el tratamiento deberá individualizarse para cada paciente. El tratamiento médico estará enfocado a inducir la remisión clínica, conseguir la curación de las lesiones mucosas, prevenir las complicaciones y la recidiva a largo plazo. Se ha de realizar un diagnóstico diferencial de los síntomas y confirmar la actividad de la enfermedad antes del inicio del tratamiento del brote. No se deben repetir exploraciones diagnósticas a no ser que puedan alterar el manejo del brote o que de su resultado dependa una decisión quirúrgica.

2 Medidas generales

Existen unas medidas generales para adoptar que no deben descuidarse. La primera de ellas es el abandono del hábito tabáquico. El tabaco empeora el curso de la enfermedad, aumenta la frecuencia de los brotes, la necesidad de cirugía y la recurrencia posquirúrgica. Conlleva que se requiera un tratamiento más potente y, por consiguiente, más tóxico para el control de la enfermedad.[1] La dieta también es un pilar importante en el tratamiento: su objetivo es prevenir y corregir la desnutrición. La dieta debe ser variada e incluir alimentos ricos en calcio, proteínas y hierro.

3 Terapias disponibles

El tratamiento de la EC se basa en seis grupos de fármacos: los 5-aminosalicilatos, los glucocorticoides, los antibióticos, los probióticos, los inmunosupresores y las terapias biológicas.

3.1 5-Aminosalicilatos

El primer fármaco de este grupo utilizado fue la sulfasalazina, que se ha empleado para tratar la EC desde hace más de cuarenta años. La liberación de la sulfasalazina se produce tras la ruptura del enlace azo entre el 5-ASA y la sulfapiridina, producida por las bacterias del colon, por lo que no es eficaz para el tratamiento de la enfermedad ileal. Los efectos adversos relacionados con el grupo sulfa obligaron a desarrollar formulaciones sin este grupo, de liberación lenta dependiente del pH o de la disolución de una matriz y que son, por lo tanto, adecuadas para el tratamiento de la EC ileal. El tratamiento con 5-ASA es bien tolerado pero sólo presenta un beneficio discreto frente a placebo cuando se administra una dosis alta (4 g/día). La mayoría de efectos adversos son muy raros, aunque graves, como las reacciones por hipersensibilidad, pancreatitis, neumonitis, nefrotoxicidad o discrasias sanguíneas.

3.2 Glucocorticoides

Los glucocorticoides ejercen acciones múltiples sobre el sistema inmunitario, incluidos efectos en la síntesis de mediadores inflamatorios, inmunidad celular y función de los neutrófilos. Los receptores de glucocorticoides se expresan ampliamente en los tejidos, por lo que las acciones de éstos no se restringen al sistema inmunitario. Los efectos adversos más frecuentes son el acné, la cara de luna llena y trastornos metabólicos como la hipertensión, la osteopatía metabólica y la diabetes que pueden ser frecuentes y limitar su uso.

3.2.1 Esteroides convencionales

Los compuestos glucocorticoideos (prednisona, 6-metilprednisolona) son fármacos muy eficaces para el tratamiento de la EC activa; consiguieron unas tasas de remisión del 70 % en los pacientes tratados con dosis de 40-60 mg/día, en comparación con el 30 % de los que recibían placebo.

3.2.2 Budesonida

La budesonida es un glucocorticoide que presenta una potencia cinco veces mayor a la prednisona y un gran metabolismo hepático de primer paso. En la formulación oral con liberación ileal controlada, presenta menores efectos secundarios que los esteroides convencionales y una eficacia equivalente al tratamiento con 40 mg de prednisona, por lo que es posible un gran efecto antiinflamatorio local con escasa actividad sistémica.

3.3 Antibióticos

Los antibióticos se han empleado para el tratamiento de la EC activa desde hace años. Los más evaluados han sido el metronidazol y el ciprofloxacino. El metronidazol, además de su efecto bactericida, presenta un mecanismo inmunosupresor e inhibidor de la quimiotaxis de los neutrófilos. Cuando se compara el metronidazol con el placebo se observa una mejor tasa de respuesta en el grupo con tratamiento activo, si bien no se observa una mayor tasa de remisión. El beneficio del metronidazol es mayor en los pacientes con afectación colónica o ileocolónica que en los pacientes con afectación ileal aislada. Su principal problema es la elevada prevalencia de efectos adversos que conlleva, como las molestias gastrointestinales, la neuropatía periférica, que es el efecto adverso grave más frecuente y que suele ser reversible, y la toxicidad sobre el sistema nervioso central (encefalopatía, disfunción cerebelosa, convulsiones). El ciprofloxacino presenta resultados similares a los obtenidos con 5-ASA y la asociación de ciprofloxacino y metronidazol no es superior al tratamiento con esteroides.

3.4 Probióticos

Los probióticos son organismos vivos microbianos, componentes de la dieta, con efecto beneficioso sobre la respuesta inmunológica. Hasta el momento actual, los estudios en EC no han mostrado resultados a favor de su utilización.

3.5 Fármacos inmunosupresores

3.5.1 Antimetabolitos de purina (azatioprina/mercaptopurina)

Estudios recientes han confirmado su eficacia. Aunque clásicamente se considera que el inicio de su acción se demora bastantes semanas, dos metaanálisis han demostrado un efecto beneficioso en la inducción de la remisión y en la retirada de esteroides. La eficacia de estos fármacos en el mantenimiento de la remisión ha sido demostrada tanto en la remisión inducida mediante tratamiento médico, como en la remisión inducida mediante tratamiento quirúrgico. Su perfil de seguridad es bueno. La frecuencia de reacciones de hipersensibilidad oscila entre el 2 y el 3 %, destacando entre ellas la pancreatitis aguda. La mielotoxicidad, la hepatotoxicidad y las infecciones son reacciones adversas dependientes de la dosis. Se ha sugerido que la determinación de TPMT (tiopurina metiltransferasa) previa al inicio del tratamiento podría ser útil para disminuir los efectos adversos asociados, sobre todo en aquellos pacientes con baja actividad (inferior a

5 RBCs/ mL), que presentarán probablemente una mielosupresión grave y precoz. Sin embargo, un elevado porcentaje de afectados que presentan mielotoxicidad no tienen ninguna alteración en la actividad de la TPMT y, por lo tanto, deberán realizarse controles hematológicos periódicos a todos los pacientes a pesar de disponer de los niveles de TPMT.

3.5.2 Metotrexato

Se ha mostrado eficaz para el tratamiento de la EC corticodependiente, con beneficio frente a placebo en la inducción y el mantenimiento de la remisión y permitiendo un ahorro en el uso de esteroides. Su efecto adverso más frecuente es la náusea, que se previene con la administración de ácido fólico. Entre los efectos adversos más graves está la neumonitis por hipersensibilidad y la hepatotoxicidad, por lo que las pruebas de función hepática deberán ser monitorizadas en todos los pacientes. Es bien conocido que el metotrexato es teratógeno, por lo que todos los pacientes, tanto hombres como mujeres, deberán utilizar un método anticonceptivo eficaz.

3.6 Terapias biológicas

3.6.1 Anti-TNF

Infliximab es un anticuerpo de naturaleza quimérica con gran afinidad por el factor de necrosis tumoral-α humano (TNF-α). El TNF-α es una citocina proinflamatoria que desempeña un papel relevante en la fisiopatología de la EC. Diversos estudios muestran su eficacia en la EC activa con fenotipo inflamatorio así como en la EC fistulizante, tanto en la inducción de la remisión como en el mantenimiento de la misma, administrado a dosis de 5 mg/kg en las semanas cero, dos y seis para la inducción de la remisión y cada ocho semanas para el mantenimiento. Otros tratamientos con anti-TNF como Adalimumab (anticuerpo humano) o Certolizumab Pegol (fracción Fab pegilada de un anticuerpo humanizado) poseen una menor inmunogenicidad y pueden ser administrados por vía subcutánea. Ambos se han mostrado eficaces en la inducción y el mantenimiento de la remisión de la EC activa. Adalimumab debe administrarse a dosis de 160 mg inicialmente y 80 mg a las dos semanas, seguido de la administración mantenida de 40 mg cada dos semanas. Por su parte, Certolizumab Pegol debe administrarse en dosis subcutáneas de 400 mg en las semanas cero, dos y cuatro y, posteriormente, cada cuatro semanas. El bloqueo de TNF-α se asocia a un mayor riesgo de infecciones bacterianas y debe realizarse un cribado de la tuberculosis en todos los pacientes antes de iniciar el tratamiento.

3.6.2 Natalizumab

Es un anticuerpo monoclonal humanizado recombinante contra la integrina $\alpha 4$. No mostró diferencias significativas en comparación con placebo en las tasas de respuesta y remisión en el tratamiento de la enfermedad activa, pero posee una considerable eficacia como tratamiento de mantenimiento de la remisión.

4   Inducción de la remisión

Seguidamente, se detallan las estrategias del tratamiento para la EC en función de su fenotipo, localización y actividad.

4.1 Enfermedad ileocecal

- **Brote leve.** La mayor parte de pacientes con brotes leves podrán tratarse de forma ambulatoria. En los brotes leves de la enfermedad puede ser suficiente la terapia con un preparado de mesalazina a una dosis alta de 4 g/día. Dosis más bajas no se han mostrado superiores al placebo.[2] Incluso utilizando dosis altas, la eficacia de los preparados de mesalazina es inferior a la de los corticoides. La sulfasalazina no es eficaz en el tratamiento de la ileitis, probablemente por el requerimiento de las bacterias del colon para activar el fármaco.[3] La budesonida (9 mg/día), en su formulación oral en forma de preparado de liberación ileal lenta, es el tratamiento de elección de la enfermedad ileocecal aislada,[4,5] y además es superior al tratamiento con mesalazina.[6] Los efectos sistémicos de la budesonida son menores que los de los fármacos esteroideos convencionales debido al gran metabolismo de primer paso que presenta. El uso de antibióticos (metronidazol, ciprofloxacino), con o sin 5-ASA, o la terapia con nutrición no se recomiendan para la enfermedad leve en adultos.

- **Brote moderado.** El tratamiento de elección en la EC de localización ileal y en colon derecho es la budesonida (9 mg/día).[7] Este fármaco es discretamente menos eficaz que la prednisona, pero se asocia a menores efectos adversos derivados de su acción glucocorticoide.[4,5] Para los pacientes con enfermedad leve-moderada en los que ha fallado el tratamiento previo, la prednisona oral es adecuada a una dosis de 1 mg/kg/día.[8] La dosis de prednisona tendría que reducirse gradualmente de acuerdo con la gravedad y la respuesta del paciente, por lo general, en ocho semanas. Una reducción más rápida se asocia con recidiva precoz. La asociación de antibióticos a budesonida no aporta ventajas al tratamiento con budesonida sola para el tratamiento de la EC activa, por lo que no se recomienda su uso a no ser que se sospeche una complicación séptica.[9]

- **Brote grave.** Los pacientes con actividad moderada que no han respondido al tratamiento antes descrito o los que presentan un brote grave de la enfermedad deberán ser hospitalizados y se iniciará tratamiento con corticoides por vía endovenosa (60 mg/día).[10] Si, transcurridas cuatro semanas de tratamiento con corticoides, presentan un deterioro clínico o no se produce una mejoría, debe considerarse el tratamiento con infliximab.[11-13] Todos los pacientes tratados con infliximab deberán recibir tratamiento inmunomodulador concomitante con el fin de reducir la inmunogenicidad, que a su vez puede disminuir la eficacia y aumentar los efectos adversos. Alternativamente en pacientes con un brote grave, puede considerarse el inicio del tratamiento con infliximab e inmunomoduladores como de primera elección, en especial en los casos con antecedentes de reacciones adversas a esteroides significativas.[14] En pacientes que presentan un brote grave siguiendo ya un tratamiento inmunomodulador, debe considerarse el tratamiento anti-TNF como de primera elección para inducir la remisión, ya que esta asociación produce menos efectos adversos que la asociación de esteroides con inmunomoduladores.[15] La terapia con dieta elemental o polimérica es menos efectiva que el tratamiento con corticoides[16] y la recidiva de la enfermedad al interrumpir la dieta es alta. Los antibióticos se reservarán para los pacientes que presenten una complicación séptica. La cirugía se considerará para aquellos en los que ha fallado la terapia médica.

4.2 Enfermedad colónica

- **Brote leve.** La sulfasalazina (4 g/día) es eficaz en el tratamiento del brote leve de enfermedad colónica, pero no se recomienda como un tratamiento de primera línea por la alta incidencia de efectos adversos que ocasiona.[3] Los preparados de mesalazina tienen un efecto terapéutico similar con una considerable menor incidencia de efectos secundarios.[17]

- **Brote moderado.** El tratamiento de elección de la enfermedad colónica son los corticoides sistémicos.[8] La terapia con budesonida, en su formulación actual, no tiene un papel en el tratamiento de la enfermedad colónica, ya que la liberación del fármaco activo se produce sólo en el colon derecho. Hasta el momento, no hay evidencia que apoye el uso de 5-ASA tópico como terapia adyuvante en el tratamiento de la EC con afectación de colon izquierdo. El tratamiento con inmunosupresores permite un ahorro en el uso de corticoides en aquellos pacientes que presentan recidivas más frecuentes de la enfermedad.

Tanto en el brote leve como moderado en pacientes con afectación limitada al colon existe la opción de basar el tratamiento inicial en la administración de metronidazol (10-20 mg/kg/día), aunque no se recomienda como terapia de primera línea por sus potenciales efectos secundarios. El tratamiento con metronidazol induce una mayor tasa de respuestas en la enfermedad colónica, pero no una mayor tasa de remisiones en comparación con el placebo.[18] Por este motivo, actualmente, los antibióticos sólo se consideran apropiados para el tratamiento de complicaciones sépticas, sobrecrecimiento bacteriano o enfermedad perineal.

- **Brote grave.** Inicialmente, se realizará tratamiento con corticoides por vía endovenosa.[10] El uso de infliximab estará indicado en la enfermedad corticorrefractaria y en la enfermedad que no ha respondido al tratamiento inmunosupresor.[11-13] Al igual que en el caso de la enfermedad ileocecal, puede considerarse el tratamiento con infliximab e inmunosupresores como alternativa a los esteroides en pacientes con enfermedad grave, en especial en casos con antecedentes de efectos adversos significativos a la terapia esteroidea.[14] La cirugía se indicará para el tratamiento de las complicaciones y la enfermedad que no responde al tratamiento médico.

4.3 Enfermedad de intestino delgado difusa

El daño inflamatorio es extenso y, por eso, generalmente más grave y con consecuencias nutricionales. La enfermedad difusa de intestino delgado se tratará con corticoides sistémicos si es moderada o grave[10] y, además, se recomienda la introducción precoz del tratamiento inmunomodulador con azatioprina o mercaptopurina. El tratamiento con infliximab es efectivo para inducir la remisión en la enfermedad corticorrefractaria, aunque los ensayos clínicos no permiten distinguir entre la enfermedad extensa y la localizada. Debería documentarse la presencia de actividad inflamatoria mediante marcadores biológicos o técnicas de imagen cuando se plantea el tratamiento con infliximab. El soporte nutricional se dará como terapia adyuvante a otros tratamientos y puede considerarse como terapia inicial únicamente en la enfermedad leve.[19]

Cuando el fenotipo es estenosante, el tratamiento que hay que considerar es la práctica de dilatación de las estenosis con balón o mediante la realización de estricturoplastias o resecciones muy limitadas. El tratamiento quirúrgico debería indicarse en fases precoces ante la presencia de estenosis fijas, con clínica de suboclusión o dilatación preestenótica, para evitar la cirugía sobre un intestino dilatado, que comporta un mayor riesgo de fallo de sutura. La cirugía mínimamente invasiva puede resultar especialmente ventajosa para estos pacientes que, a menudo, requieren resecciones repetidas. El soporte nutricional antes y después de la cirugía es esencial.

4.4 Enfermedad de Crohn oral

Las aftas orales se asocian a actividad intestinal de la EC y, habitualmente, responden a su tratamiento. Los esteroides tópicos *(v. gr.* budesonida en aerosol), el sucralfato, el tacrolimus, las inyecciones de esteroides intralesionales, la nutrición enteral y el infliximab pueden desempeñar un papel en su tratamiento, pero no hay ensayos clínicos controlados que lo demuestren.

4.5   Enfermedad gastroduodenal y esofágica

Hasta un 15 % de pacientes con EC pueden presentar afectación del tracto digestivo superior, por lo que, ante la existencia de síntomas sospechosos de afectación a este nivel, está indicada la realización de una fibrogastroscopia. Las úlceras gástricas asociadas a EC son más comunes en el antro. La EC que afecta al tracto digestivo proximal es infrecuente pero se asocia a un peor pronóstico. Los estudios controlados son escasos y sólo hay series de casos de tratamiento. Los síntomas habitualmente mejoran con tratamiento con inhibidores de la bomba de protones. Si es necesario, puede asociarse tratamiento con corticoides sistémicos y azatioprina/mercaptopurina o metotrexato. El infliximab es una alternativa para la enfermedad refractaria o grave. Los síntomas obstructivos se tratarán con dilatación o resección quirúrgica. La dilatación con balón de las estenosis no parece ser una buena opción de tratamiento a largo plazo.[20]

4.6   Enfermedad fistulizante

La aparición de fístulas es una complicación grave de la enfermedad y conlleva una mala calidad de vida de los pacientes. En los últimos años, con el advenimiento de la terapia con anti-TNF el pronóstico de estos pacientes ha cambiado de forma notable. El tratamiento con infliximab a una dosis de 5 mg/kg intravenoso en la semana cero, dos y seis, seguido de infliximab a 5 mg/kg cada ocho semanas posteriormente, sería el tratamiento de elección para las fístulas que no han respondido previamente al tratamiento inmunosupresor.[21] Incluso empleando tratamiento anti-TNF, las fístulas rectovaginales, rectovesicales o enteroentéricas requieren tratamiento quirúrgico frecuentemente.

Tanto el tratamiento médico como quirúrgico de la EC perianal se considerará en el capítulo 9.

4.7   Enfermedad corticodependiente/corticorresistente

Existen dos situaciones con especial relevancia en el manejo clínico que no tienen que ver con la localización, como son la corticodependencia y la corticorresistencia. La corticodependencia se define como la reaparición de los síntomas en el momento de la reducción de la dosis de esteroides o poco tiempo después de la suspensión de los esteroides (seis semanas).

La corticorresistencia se define como la enfermedad activa a pesar de un tratamiento adecuado (en dosis y duración) con prednisona. Por lo que se refiere a la dosis, es recomendable el uso de 1 mg/kg/día de prednisona y, en cuanto a la duración, el período puede oscilar entre una y cuatro semanas, dependiendo de la gravedad del paciente.

En estas dos situaciones, está indicado el tratamiento con inmunomoduladores. La azatioprina (2,5 mg/kg/día) o la mercaptopurina (1,5 mg/kg/día) son los agentes de primera elección para la enfermedad corticodependiente.[22, 23] El inicio de la respuesta a estos fármacos se demora entre dos y tres meses, por lo que en los casos de corticodependencia deben mantenerse los esteroides durante los primeros meses. Con este tratamiento se alcanza la remisión clínica sin esteroides en el 41 % de los pacientes a las doce semanas de tratamiento y en el 32 % a la semana 52.[24] La medicación debe continuarse por un período de tiempo superior a los 3,5 años, ya que una retirada más temprana va seguida de un aumento de la recidiva.

El metotrexato a una dosis de 25 mg/semana por vía intramuscular es eficaz para la enfermedad crónicamente activa y se indicará en los pacientes que presenten intolerancia al tratamiento con azatioprina o mercaptopurina.[20,25]

Hasta el momento, el tratamiento con infliximab se reservaba a los pacientes con enfermedad moderada o grave, refractarios o intolerantes al tratamiento con esteroides, azatioprina/mercaptopurina o metotrexato, pero existen evidencias que indican que, en la enfermedad corticodependiente, la asociación de infliximab en el inicio del tratamiento inmunosupresor aumenta de forma considerable la proporción de pacientes que alcanzan respuesta y remisión clínica.[24]

5   Mantenimiento de la remisión

Aunque el tratamiento médico actual es relativamente eficaz para inducir la remisión y mejora la calidad de vida de los pacientes, la terapia para mantener la remisión es menos eficaz. La eficacia de la terapia farmacológica parece depender de si se ha conseguido la remisión con tratamiento médico o quirúrgico, de la localización de la enfermedad y del consumo de tabaco o antiinflamatorios no esteroideos. Los ensayos clínicos muestran que la tasa de recidiva de la enfermedad en los pacientes que reciben placebo oscila entre el 30-60 % en un año y entre el 40-70 % a los dos años. Presentan mayor riesgo los que han presentado una recidiva en el año siguiente a un brote y los pacientes que han sido tratados con corticoides. Probablemente, el factor más importante para mantener la remisión sea el abandono del hábito tabáquico.[1] En la EC la eficacia del tratamiento de mantenimiento con mesalazina se ha puesto en duda. Es posible que tenga un efecto en pacientes con formas leves en las que los preparados con mesalazina han sido suficientes para inducir la remisión, pero no a dosis inferiores a 2 g/día, ni cuando se ha requerido tratamiento con esteroides para conseguir la remisión.[26,27] Cuando ha sido necesario administrar corticoides a fin de inducir la remisión, la mesalazina no es eficaz para mantenerla. Los corticoides, incluida la budesonida, no son útiles para mantener la remisión.[28] Por este motivo, no se prescribirá ningún tratamiento de mantenimiento a los pacientes que han sido tratados con corticoides y se recurrirá al tratamiento inmunomodulador en caso de que el paciente presente un curso corticodependiente. La azatioprina (1,5-2,5 mg/kg/día) o la mercaptopurina (0,75-1,5 mg/kg/día) son eficaces para mantener la remisión.[29]

El tratamiento inmunomodulador permite retirar los corticoides y mantener la remisión en el 50-60 % de los pacientes. Una vez que se inicia este tratamiento, debe mantenerse a dosis plenas durante un período de tiempo prolongado que no será inferior a 3,5 años.[30] El metotrexato (15-25 mg i.m. o s.c. semanalmente) es efectivo para mantener la remisión en pacientes en los que ésta se ha inducido con el mismo fármaco.[31] Es un tratamiento apropiado para aquellos pacientes que han rechazado la azatioprina/mercaptopurina o en los que ha fracasado este tratamiento.

En los pacientes que han requerido tratamiento con infliximab para inducir la remisión y en los que éste ha sido eficaz, se realizará un tratamiento de mantenimiento con administración del fármaco de forma periódica cada ocho semanas.[32] Otros tratamientos con anti-TNF, como Adalimumab administrado de forma subcutánea (dosis inicial de inducción de 160 mg, 80 mg a las dos semanas, seguido de la administración mantenida de 40 mg cada dos semanas), pueden tener alguna posibilidad en los pacientes que han respondido al tratamiento con infliximab y han perdido la respuesta (nivel evidencia 1b, grado recomendación A).[33, 34] Certolizumab Pegol (CDP 870) es una fracción Fab pegilada de un anticuerpo anti-TNF, de baja inmunogenicidad, que, administrada a dosis subcutáneas de 400 mg en las semanas cero, dos y cuatro y, posteriormente, cada cuatro semanas, ha mostrado una eficacia similar a los otros anticuerpos anti-TNF, tanto en la inducción como en el mantenimiento de la remisión.[35] Natalizumab, un anticuerpo dirigido contra las integrinas con subunidad α-4, no muestra diferencias significativas en comparación con placebo en las tasas de respuesta y remisión en el tratamiento de la enfermedad activa, pero posee una considerable eficacia como tratamiento de mantenimiento de la remisión.[36]

6   Prevención de la recurrencia

Tras la resección quirúrgica, la recurrencia de la enfermedad es casi inevitable y normalmente se produce en el lugar de la anastomosis quirúrgica. Se ha observado que la recurrencia endoscópica precede a la recurrencia clínica.[37] La tasa de recurrencia tras la cirugía es menor en los pacientes que abandonan el hábito tabáquico que en los que continúan fumando, por lo que se recomienda como primera estrategia el abandono de dicho hábito.[38] Los antibióticos nitroimidazoles muestran un efecto beneficioso en la prevención de la recurrencia, pero la aparición de efectos adversos, sobre todo cuando se utilizan a largo plazo, limitan su uso en la práctica clínica.[39] Los resultados del uso del tratamiento inmunomodulador para prevenir la recurrencia son controvertidos, aunque muchos autores recomiendan su uso para los pacientes con factores de riesgo, entre los que se incluyen principalmente la presencia de fístulas internas en la cirugía, el hábito tabáquico tras la cirugía y la cirugía previa.[40] El uso de probióticos no se recomienda en la prevención de la recurrencia, ya que no han mostrado una ventaja frente a placebo.[41] Los estudios realizados con 5-ASA muestran unas preparaciones, dosis y duración del tratamiento diferentes entre ellos como para llegar a una conclusión. De todas formas, el efecto de la mesalazina es muy débil en la prevención de la recurrencia posquirúrgica.[42]

7   Consideraciones finales

En este capítulo se ha tenido en cuenta el enfoque ascendente *(step up)* como tratamiento de primera línea, ya que quizás es el enfoque menos tóxico, y aunque puede ser poco exitoso durante un cierto tiempo, es el más utilizado hasta el momento actual (véase la tabla 1). No obstante, el enfoque descendente *(top down)*, empezando el tratamiento

Ileal o ileocecal	
Enfermedad activa:	
Leve	Budesonida 9 mg/día.
Moderada	Budesonida/esteroides sistémicos.
Grave	Esteroides sistémicos/infliximab.
Corticodependiente/	AZA o mercaptopurina/infliximab.
Corticorresistente	Cirugía.
Mantenimiento:	AZA o mercaptopurina.
	Metotrexato.
	Infliximab.
Colónica	
Enfermedad activa:	
Leve	5-ASA, sulfasalazina, metronidazol, esteroides.
Moderada	Esteroides sistémicos, AZA o mercaptopurina/infliximab.
Grave	Cirugía.
Corticodependiente/	AZA o mercaptopurina o metotrexato/infliximab.
Corticorresistente	Cirugía.
Mantenimiento:	AZA o mercaptopurina.
Metotrexato	
	Infliximab
Enfermedad fistulizante	
Activa:	AZA o mercaptopurina.
	Infliximab.
Mantenimiento:	AZA/mercaptopurina.
	Infliximab.

Tabla 1. Tratamiento enfermedad de Crohn.

con un agente más potente en un estadio precoz de la enfermedad, sería preferible para los pacientes que presentan unos síntomas invalidantes.[14] Sabemos que la historia natural de la EC y su evolución a estenosis o fístulas, requiriendo resección quirúrgica, no se altera con el tratamiento convencional, que la terapia con anti-TNF es efectiva cuando la enfermedad es refractaria y que los costes primarios relacionados con la hospitalización y la cirugía se reducen en los pacientes tratados con anti-TNF, y que además estos pacientes presentan menores efectos secundarios en comparación con el tratamiento con corticoides. El conjunto de estas evidencias conduciría a pensar que la estrategia descendente podría tener relevancia; sin embargo, antes debería probarse si realmente el tratamiento con anti-TNF modifica el curso de la enfermedad e identificar a los pacientes que podrían beneficiarse especialmente de esta aproximación terapéutica, ya que no todos evolucionan de igual forma.[43]

Bibliografía

1. Cottone M, Rosselli M, Orlando A, Oliva L, Puleo A, Cappello M, Traina M, Tonelli F, Pagliaro L. Smoking habits and recurrence in Crohn's disease. Gastroenterology 1994;106:643-48.

2. Hanauer SB, Stromberg U. Oral Pentasa in the treatment of active Crohn's disease: A meta-analysis of double-blind, placebo-controlled trials. Clin Gastroenterol Hepatol 2004;2:379-88.

3. Ransford RA, Langman MJ. Sulphasalazine and mesalazine: serious adverse reactions re-evaluated on the basis of suspected adverse reaction reports to the Committee on Safety of Medicines. Gut 2002;51: 536-39.

4. Kane SV, Schoenfeld P, Sandborn WJ, Tremaine W, Hofer T, Feagan BG. The effectiveness of budesonide therapy for Crohn's disease. Aliment Pharmacol Ther 2002;16:1509-17.

5. Otley A, Steinhart AH. Budesonide for induction of remission in Crohn's disease. Cochrane Database Syst Rev 2005;CD000296.

6. Thomsen OO, Cortot A, Jewell D, Wright JP, Winter T, Veloso FT, Vatn M, Persson T, Pettersson E. A comparison of budesonide and mesalamine for active Crohn's disease. International Budesonide-Mesalamine Study Group [see comments]. N Engl J Med 1998;339:370-74.

7. Sandborn WJ, Feagan BG. Review article: mild to moderate Crohn's disease-defining the basis for a new treatment algorithm. Aliment Pharmacol Ther 2003;18:263-77.

8. Modigliani R, Mary JY, Simon JF, Cortot A, Soule JC, Gendre JP, Rene E. Clinical, biological, and endoscopic picture of attacks of Crohn's disease. Evolution on prednisolone. Groupe d'Étude Thérapeutique des Affections Inflammatoires Digestives. Gastroenterology 1990;98:811-18.

9. Steinhart AH, Feagan BG, Wong CJ, Vandervoort M, Mikolainis S, Croitoru K, Seidman E, Leddin DJ, Bitton A, Drouin E, Cohen A, Greenberg GR. Combined budesonide and antibiotic therapy for active Crohn's disease: a randomized controlled trial. Gastroenterology 2002;123:33-40.

10. Malchow H, Ewe K, Brandes JW, Goebell H, Ehms H, Sommer H, Jesdinsky H. European Cooperative Crohn's Disease Study (ECCDS): results of drug treatment. Gastroenterology 1984; 86:249-66.

11. Rutgeerts P, Van AG, Vermeire S. Optimizing anti-TNF treatment in inflammatory bowel disease. Gastroenterology 2004;126:1593-610.

12. Caprilli R, Viscido A, Guagnozzi D. Review article: biological agents in the treatment of Crohn's disease. Aliment Pharmacol Ther 2002;16:1579-90.

13. Hanauer SB, Feagan BG, Lichtenstein GR, Mayer LF, Schreiber S, Colombel JF, Rachmilewitz D, Wolf DC, Olson A, Bao W, Rutgeerts P. Maintenance in-

fliximab for Crohn's disease: the ACCENT I randomised trial. Lancet 2002;359:1541-49.

14. Hommes D, Baert F, Van Assche G, Caenepeel F, Vergawe P, Tuynman H, De Vos M, van Deventer S, Stitt L, Rutgeerts P, Feagan B, D'Haens G. Management of Recent Onset Crohn's Disease: A controlled, Randomized Trial Comparing Step-up and Top-down Therapy. Abstract. American Gastroenterology Association. 2005:371.

15. Sandborn WJ, Loftus EV. Balancing the risks and benefits of infliximab in the treatment of inflammatory bowel disease. Gut 2004;53:780-82.

16. Messori A, Trallori G, d'Albasio G, Milla M, Vannozzi G, Pacini F. Defined-formula diets versus steroids in the treatment of active Crohn's disease: a meta-analysis. Scand J Gastroenterol 1996;31: 267-72.

17. Singleton JW, Hanauer SB, Gitnick GL, Peppercorn MA, Robinson MG, Wruble LD, Krawitt EL. Mesalamine capsules for the treatment of active Crohn's disease: results of a 16-week trial. Pentasa Crohn's Disease Study Group. Gastroenterology 1993;104:1293-1301.

18. Sutherland L, Singleton J, Sessions J, Hanauer S, Krawitt E, Rankin G, Summers R, Mekhjian H, Greenberger N, Kelly M, . Double blind, placebo controlled trial of metronidazole in Crohn's disease. Gut 1991;32:1071-75.

19. Zachos M, Tondeur M, Griffiths AM. Enteral nutritional therapy for inducing remission of Crohn's disease. Cochrane Database Syst Rev 2001;CD000542.

20. Tremaine WJ. Gastroduodenal Crohn's disease: medical management. Inflamm Bowel Dis 2003;9: 127-28.

21. Present DH, Rutgeerts P, Targan S, Hanauer SB, Mayer L, van Hogezand RA, Podolsky DK, Sands BE, Braakman T, DeWoody KL, Schaible TF, van Deventer SJ. Infliximab for the treatment of fistulas in patients with Crohn's disease. N Engl J Med 1999;340:1398-405.

22. Travis S. Recent advances in immunomodulation in the treatment of inflammatory bowel disease. Eur J Gastroenterol Hepatol 2003;15:215-18.

23. Fraser AG, Orchard TR, Jewell DP. The efficacy of azathioprine for the treatment of inflammatory bowel disease: a 30 year review. Gut 2002;50:485-89.

24. Lemann M, Mary JY, Duclos B, Veyrac M, Dupas JL, Delchier JC, Laharie D, Moreau J, Cadiot G, Picon L, Bourreille A, Sobahni I, Colombel JF. Infliximab plus azathioprine for steroid-dependent Crohn's disease patients: a randomized placebo-controlled trial. Gastroenterology 2006;130:1054-61.

25. Fraser AG. Methotrexate: first-line or second-line immunomodulator? Eur J Gastroenterol Hepatol 2003;15:225-31.

26. Camma C, Giunta M, Rosselli M, Cottone M. Mesalamine in the maintenance treatment of Crohn's disease: a meta-analysis adjusted for confounding variables. Gastroenterology 1997;113: 1465-73.

27. Modigliani R, Colombel JF, Dupas JL, Dapoigny M, Costil V, Veyrac M, Duclos B, Soule JC, Gendre JP, Galmiche JP, Danne O, Cadiot G, Lamouliatte H, Belaiche J, Mary JY. Mesalamine in Crohn's disease with steroid-induced remission: effect on steroid withdrawal and remission maintenance, Groupe d'Études Thérapeutiques des Affections Inflammatoires Digestives. Gastroenterology 1996;110:688-93.

28. Steinhart AH, Ewe K, Griffiths AM, Modigliani R, Thomsen OO. Corticosteroids for maintaining remission of Crohn's disease. Cochrane Database Syst Rev 2001;CD000301.

29. Pearson DC, May GR, Fick G, Sutherland LR. Azathioprine for maintaining remission of Crohn's disease. Cochrane Database Syst Rev 2000; CD000067.

30. Lemann M, Mary JY, Colombel JF, Duclos B, Soule JC, Lerebours E, Modigliani R, Bouhnik Y. A randomized, double-blind, controlled withdrawal trial in Crohn's disease patients in long-term remission on azathioprine. Gastroenterology 2005; 128:1812-18.

31. Feagan BG, Fedorak RN, Irvine EJ, Wild G, Sutherland L, Steinhart AH, Greenberg GR, Koval J, Wong CJ, Hopkins M, Hanauer SB, McDonald JW. A comparison of methotrexate with placebo for the maintenance of remission in Crohn's disease. North American Crohn's Study Group Investigators. N Engl J Med 2000;342:1627-32.

32. Feagan BG, Fedorak RN, Irvine EJ, Wild G, Sutherland L, Steinhart AH, Greenberg GR, Koval

J, Wong CJ, Hopkins M, Hanauer SB, McDonald JW. A comparison of methotrexate with placebo for the maintenance of remission in Crohn's disease. North American Crohn's Study Group Investigators. N Engl J Med 2000;342:1627-32.

33. Hanauer SB, Sandborn WJ, Rutgeerts P, Fedorak RN, Lukas M, MacIntosh D, Panaccione R, Wolf D, Pollack P. Human anti-tumor necrosis factor monoclonal antibody (adalimumab) in Crohn's disease: the CLASSIC-I trial. Gastroenterology 2006;130:323-33.

34. Sandborn WJ, Hanauer S, Loftus EV, Jr., Tremaine WJ, Kane S, Cohen R, Hanson K, Johnson T, Schmitt D, Jeche R. An open-label study of the human anti-TNF monoclonal antibody adalimumab in subjects with prior loss of response or intolerance to infliximab for Crohn's disease. Am J Gastroenterol 2004;99:1984-89.

35. Schreiber S, Rutgeerts P, Fedorak RN, Khaliq-Kareemi M, Kamm MA, Boivin M, Bernstein CN, Staun M, Thomsen OO, Innes A. A randomized, placebo-controlled trial of certolizumab pegol (CDP870) for treatment of Crohn's disease. Gastroenterology 2005;129:807-18.

36. Sandborn WJ, Colombel JF, Enns R, Feagan BG, Hanauer SB, Lawrance IC, Panaccione R, Sanders M, Schreiber S, Targan S, van DS, Goldblum R, Despain D, Hogge GS, Rutgeerts P. Natalizumab induction and maintenance therapy for Crohn's disease. N Engl J Med 2005;353:1912-25.

37. Rutgeerts P, Geboes K, Vantrappen G, Beyls J, Kerremans R, Hiele M. Predictability of the postoperative course of Crohn's disease. Gastroenterology 1990;99:956-63.

38. Ryan WR, Allan RN, Yamamoto T, Keighley MR. Crohn's disease patients who quit smoking have a reduced risk of reoperation for recurrence. Am J Surg 2004;187:219-25.

39. Rutgeerts P, Hiele M, Geboes K, Peeters M, Penninckx F, Aerts R, Kerremans R. Controlled trial of metronidazole treatment for prevention of Crohn's recurrence after ileal resection. Gastroenterology 1995;108:1617-21.

40. Ardizzone S, Maconi G, Sampietro GM, Russo A, Radice E, Colombo E, Imbesi V, Molteni M, Danelli PG, Taschieri AM, Bianchi PG. Azathioprine and mesalamine for prevention of relapse after conservative surgery for Crohn's disease. Gastroenterology 2004;127:730-40.

41. Prantera C, Scribano ML, Falasco G, Andreoli A, Luzi C. Ineffectiveness of probiotics in preventing recurrence after curative resection for Crohn's disease: a randomised controlled trial with Lactobacillus GG. Gut 2002;51:405-09.

42. Lochs H, Mayer M, Fleig WE, Mortensen PB, Bauer P, Genser D, Petritsch W, Raithel M, Hoffmann R, Gross V, Plauth M, Staun M, Nesje LB. Prophylaxis of postoperative relapse in Crohn's disease with mesalamine: European Cooperative Crohn's Disease Study VI. Gastroenterology 2000;118:264-73.

43. Hanauer SB. Top-down versus step-up approaches to chronic inflammatory bowel disease: presumed innocent or presumed guilty. Nat Clin Pract Gastroenterol Hepatol 2005;2:493.

BIBLIOGRAFÍA RECOMENDADA

1. Carter, AJ Lobo, SPL Travis, on behalf of the IBD Section of the British Society of Gastroenterology. Guidelines for the management of inflammatory bowel disease in adults. MJ Gut 2004; 53 (suppl V): v1-v16.

2. SPL Travis, E F stange, M Lémann, T Öresland, Y Chowers, A Forbes, G d'Haens, G Kitis, A Cortot, C Prantera, P Marteau, J-F Colombel, P Gionchetti, Y Bouhnik, E Tiret, J Kroesen, M Starlinger, N J Mortensen, for the European Crohn's colitis organisation (ECCO). European evidence based consensus on the diagnosis and management of Crohn's disease: current management. Gut. 2006; 55 (Suppl I).

3. Enfermedad de Crohn. Evidence Based Gastroenterology and Hepatology. Blackwell Pubishing Ltd. Feagan BG, Mc Donald JWD.

Capítulo 9

Afectación perianal en la enfermedad inflamatoria crónica intestinal

J. Hinojosa del Val, N. Maroto Arce

Hospital de Sagunto
Unidad de Digestivo
Servicio de Medicina Interna
Sagunto, Valencia

Dirección para correspondencia
Hospital de Sagunto
Dr. J. Hinojosa del Val
jhinojosad@gmail.com

La enfermedad perianal (EPA) incluye las anomalías anorrectales (fisura, fístula o absceso, los repliegues cutáneos y la maceración perianal) presentes en los pacientes con enfermedad de Crohn (EC) de cualquier otra localización o en los que los hallazgos anorrectales son compatibles con dicha enfermedad, pero sin evidencia objetiva de la misma.[1] Aproximadamente un 9 % de pacientes con EC empiezan con patología anal o perianal e incluso ésta puede preceder en varios años al inicio de los síntomas intestinales. La mayoría de los pacientes con EC presentan alguna anomalía perianal que suele ser asintomática hasta en el 70 % de los casos. La incidencia de los problemas anales en la EC varía enormemente según las series publicadas, oscilando entre el 20 y el 80 %.[2,3] Esta incidencia también es variable según la EC afecte al intestino delgado (22 y 71 %) o al colon (47 y 92 %).

Se conoce poco la historia natural de las fístulas en la enfermedad de Crohn. En un estudio que recoge la totalidad de pacientes diagnosticados de enfermedad de Crohn entre 1970-1993 en el condado de Olmsted (Minnesota), el 20 % desarrollan fístulas perianales, con un riesgo acumulativo a los diez y veinte años del 21 y el 26 %, respectivamente; el 34 % de los pacientes desarrollan fístulas recurrentes, el 83 % requieren tratamiento quirúrgico, la mayor parte de las veces cirugía menor, y hasta un 23 % requieren resección intestinal.[4]

La EPA incluye tres tipos de lesiones: primarias, secundarias y concomitantes o casuales.[5] Las *lesiones primarias* derivan del proceso patológico primario encontrado en el intestino y refleja la actividad general de la propia EC. Las *lesiones secundarias* son complicaciones mecánicas o infecciosas de las lesiones primarias, más que manifestaciones directas de la EC. Las *lesiones concomitantes* (o casuales), no relacionadas directamente con la EC, hacen referencia a cualquiera de las lesiones anteriores que puedan preceder a la aparición de la enfermedad con independencia de la misma. En la clasificación de Montreal, que revisa y actualiza la de Viena, se considera a la EPA como una situación clínica con entidad propia, al presentar cursos evolutivos, en ocasiones, independientes del curso evolutivo que sigue la luminal. Por ello, se añade a la conducta evolutiva (B) la letra *p* para indicar que ese paciente presenta afectación perianal asociada: *v. gr.* paciente con patrón inflamatorio (B1) que tiene además afectación perianal (p se expresaría como B1+ *p* en la clasificación de Montreal).[6]

1   Manifestaciones clínicas

El diagnóstico de EPA es fácil si se conoce la historia previa de EC del paciente. Sin embargo, si las manifestaciones anales son los primeros síntomas de la enfermedad, el diagnóstico puede ser difícil o pasar desapercibido. La EPA se manifiesta con erosiones superficiales, repliegues cutáneos, fisura, fístula, absceso o estenosis anal. En general, estas lesiones presentan una serie de características que pueden sugerir que estamos ante una EC, como su multiplicidad, la localización lateral de las fisuras, la profundidad de las úlceras anales y perianales, la estenosis anal y los múltiples orificios fistulosos. Además, se observa que estas lesiones son muy poco sintomáticas en relación con la magnitud de su aspecto macroscópico.

Las *fístulas* en la EC son la segunda manifestación en orden de frecuencia, después de los *repliegues cutáneos*. Pueden originarse en una fisura penetrante o en una glándula anal infectada y es frecuente que existan varios orificios fistulosos externos, no sólo en la región perianal sino en zonas más alejadas, como los glúteos, muslos o genitales. Estas fístulas son crónicas e indoloras, salvo que exista pus a tensión, y la mayoría suelen ser bajas y simples, aunque hay una proporción relativamente alta de fístulas complejas.

Es muy importante realizar una clasificación adecuada de las fístulas perianales, ya que ayuda a determinar cuál puede ser la aproximación más adecuada al tratamiento quirúrgico. En este sentido, la *clasificación de Cardiff (UFS)* descrita por Hughes puede ser útil en el manejo de estos pacientes.[7,8] Esta clasificación de la EPA está basada en la presencia de tres alteraciones: *1)* U, úlceras; *2)* F, fístulas/abscesos, y *3)* S, estenosis, aunque su aplicabilidad clínica puede ser compleja.[9] Junto a esta clasificación, en la actualidad, el sistema más preciso anatómicamente y, por lo tanto, más útil clínicamente es la *clasificación de Parks* (véase la tabla 1).[10] Este sistema utiliza el esfínter anal interno y externo como referencia para la clasificación de las fístulas y considera cinco tipos diferentes de fístulas: superficial, interesfinteriana, transesfinteriana, supraesfinteriana y extraesfinte-

1. Fístulas superficial.
2. Fístulas interesfinteriana.
3. Fístula transesfinteriana.
4. Fístula supraesfinteriana.
5. Fístula extraesfinteriana.
Fístulas altas → simples
Fístulas bajas → compuestas

Tabla 1. Clasificación de Parks de las fístulas.

riana. De una forma más esquemática, estas fístulas pueden ser englobarse en dos grandes grupos: fístulas simples y fístulas complejas (véase la tabla 2). El *absceso anorrectal* es la principal causa de dolor en el paciente con EPA. Alrededor del 78 % suelen ser abscesos simples, mientras que el 22 % son complejos y en herradura.

Fístulas simples	Fístulas complejas
Bajas (superficial, interesfinteriana, transesfinteriana baja).	Altas (Inter o transesfinteriana alta, supra o extraesfinteriana)
Orificio externo único.	Múltiples orificios.
No dolor ni fluctuación ¿absceso?	Dolor/fluctuación.
¿Actividad rectal?	Actividad rectal.
	Rectovaginal.
	Estenosis anal.

Tabla 2. Clasificación de las fístulas.

2 Diagnóstico

En la evaluación inicial de la EPA, es fundamental realizar una correcta exploración de la región anal y perianal así como del periné. Sería aconsejable practicar esta exploración conjuntamente con un cirujano, y tener presente que en la enfermedad fistulosa, especialmente en las fístulas complejas, puede requerirse una *exploración bajo anestesia* que ayude a determinar con rigor la extensión de la enfermedad, e incluso un examen del recto en el caso de pacientes con estenosis de canal anal. Esta técnica puede, en manos expertas, proporcionar tanta información como una técnica de imagen (la seguridad diagnóstica en dos estudios controlados fue similar a la de la resonancia nuclear magnética, RNM, y a la de la ecografía endoanal) y se considera el patrón «oro» de referencia para valorar las fístulas perianales.[11,12]

En todos estos pacientes debe realizarse un *examen endoscópico* del recto, si es posible, para valorar la existencia de actividad inflamatoria rectal, fundamental al plantear la estrategia terapéutica más adecuada. Asimismo, es importante establecer la existencia de actividad inflamatoria y definir la gravedad del brote intestinal (parámetros biológicos de actividad, índices de actividad).[12]

Hay diferentes métodos para diagnosticar y clasificar las fístulas perianales de la enfermedad de Crohn perianal; las técnicas de imagen tienen su precisa indicación y deben aplicarse de forma adecuada. La *fistulografía,* aunque es una técnica relativamente segura en la evaluación de la enfermedad perianal, tiene una sensibilidad diagnóstica en la clasificación de las fístulas anales y de la enfermedad perianal en los pacientes con enfermedad de Crohn que no supera el 50-60 %, valores que se consideran generalmente bajos para ser clínicamente útiles.[13] La *ecografía endoanal* es quizás el método de elección para la valoración de los pacientes con enfermedad perianal, no sólo por ser una técnica diagnóstica (abscesos, trayectos fistulosos, integridad esfinteriana, detección de carcinoma), sino, en ocasiones, terapéutica (drenajes de colecciones purulentas, colocación de sedales); en general, su sensibilidad y especificidad es superior en la evaluación de los abscesos que en la de las fístulas (100 y 77 % *vs.* 89 y 66 %, respectivamente).[14,15] Es un buen método-guía para valorar la actividad de las fístulas y su respuesta al tratamiento médico (antibióticos, inmunomoduladores convencionales y biológicos) y puede mejorar los resultados del mismo.[16] Sin embargo, su eficacia está limitada por la estenosis del canal anal, aunque en estos casos es un método complementario a la exploración anal bajo anestesia. La *ultrasonografía endoscópica (USE),* que combina la técnica endoscópica con la ecográfica, tiene una seguridad diagnóstica superior a la de la fistulografía y la TAC pélvica, y similar a la de la RNM en la evaluación de las complicaciones perianales y perirrectales de la enfermedad de Crohn (abscesos, fístulas) y la evaluación de la región anorrectal en los pacientes con estenosis del canal anal.[17,18]

La *tomografía axial computerizada (TAC)* permite identificar abscesos, fístulas u otras complicaciones no sospechadas (infiltración grasa en el mesenterio y retroperitoneo, *sinus,* adenopatías, etc.), aunque en la valoración de la enfermedad perianal, especialmente en los trayectos fistulosos en la pelvis menor y el canal anal, su sensibilidad (24-60 %) es inferior a la de la ecografía endoanal y a la de la RNM.[19,20]

La *resonancia nuclear magnética (RNM)* es especialmente útil para valorar las colecciones purulentas de la pelvis, en la demostración de fístulas ocultas y en la evaluación de la extensión de la enfermedad proximal y del nivel de la fístula, especialmente en los pacientes con sepsis perianal y con síntomas recurrentes refractarios al tratamiento.[21,22] Su sensibilidad es inferior a la de la ecografía endoanal en la evaluación de los abscesos (55 % *vs.* 100 %) y de las fístulas perianales (48 % *vs.* 89 %), aunque su especificidad es similar (77 % *vs.* 77 % en abscesos y 80 % *vs.* 66 % en las fístulas).[23]

La combinación de dos técnicas (exploración bajo anestesia, la ecografía endoanal y la RNM) clasifica de forma adecuada el 95-100 % de las lesiones. En los pacientes con enfermedad perianal complicada debería realizarse una exploración bajo anestesia junto con alguna técnica de imagen para poder establecer el tratamiento médico-quirúrgico más adecuado.

3   Valoración de la actividad y gravedad de las lesiones

La utilidad del índice de actividad de la enfermedad de Crohn (CDAI) es discutible para valorar la gravedad y actividad de las lesiones perianales, ya que no está diseñado específicamente para ello. Actualmente, no existe ningún índice de actividad de la EPA que haya sido validado científicamente; sin embargo, con la finalidad de unificar criterios, es conveniente aplicar alguno de los ya existentes (Hughes, Goligher, Parks) para valorar la gravedad de la enfermedad, su pronóstico y la respuesta a los diferentes tratamientos.[24] No obstante, estas clasificaciones descritas son fundamentalmente morfológicas y evalúan poco la función o la calidad de vida de los pacientes, por lo que es necesario disponer de un índice funcional de actividad que valore el efecto de la enfermedad sobre aspectos esenciales de calidad de vida, como sentarse, defecar, pasear, capacidad para trabajar y participación en actividades sociales y sexuales. En estos aspectos podría resultar útil el índice de actividad de la enfermedad perianal (*PDAI; Perianal Disease Activity Index*) propuesto por el grupo de estudio de la enfermedad inflamatoria intestinal de la Universidad de McMaster.[25]

Diferentes estudios han demostrado la importancia que las técnicas de imagen tienen en la evaluación de los pacientes con enfermedad de Crohn perianal, no sólo desde el punto de vista del diagnóstico sino también del tratamiento. Así, tanto la ecografía endoanal como la ecoendoscopia endorrectal, la de la región perianal y perineal y la RNM poseen un valor predictivo tanto de la respuesta al tratamiento médico como de la recidiva. Hay evidencias que sugieren que la persistencia del tracto interno o de inflamación residual en el trayecto de la fístula es un factor de riesgo para su recurrencia, así como para el desarrollo de abscesos en pacientes con fístulas complejas altas, confirmándose de esta manera la mala correlación que hay entre el número de trayectos fistulosos y el de orificios externos.[26]

Por lo tanto, la ecografía *endoanal/perineal* y la RNM son dos métodos útiles para monitorizar las lesiones y su evolución después del tratamiento médico. Las evidencias disponibles hasta el momento sugieren que la persistencia de actividad en el trayecto de la fístula se asocia con un elevado índice de recurrencia.[27,28] Las implicaciones para la práctica clínica derivadas de estas observaciones son evidentes. Estos métodos diagnósticos pueden optimizar el tratamiento de los pacientes con enfermedad de Crohn perianal y deberemos incorporarlos de manera sistemática en el control de la eficacia de las distintas terapias médicas.[29]

En resumen, las técnicas de imagen son métodos sensibles y específicos para poder evaluar las lesiones y definir la actividad de la enfermedad perianal/perineal en los pacientes con enfermedad de Crohn. Desde un punto de vista práctico:

- Debería realizarse más de una exploración.
- La combinación que se utilizase debería basarse en la experiencia y disponibilidad de cada centro.
- En los pacientes con enfermedad perianal complicada, debería realizarse una exploración bajo anestesia junto con alguna técnica de imagen para poder establecer el tratamiento médico-quirúrgico más adecuado.

En la figura 1 se representa la aproximación al diagnóstico de la EPA.

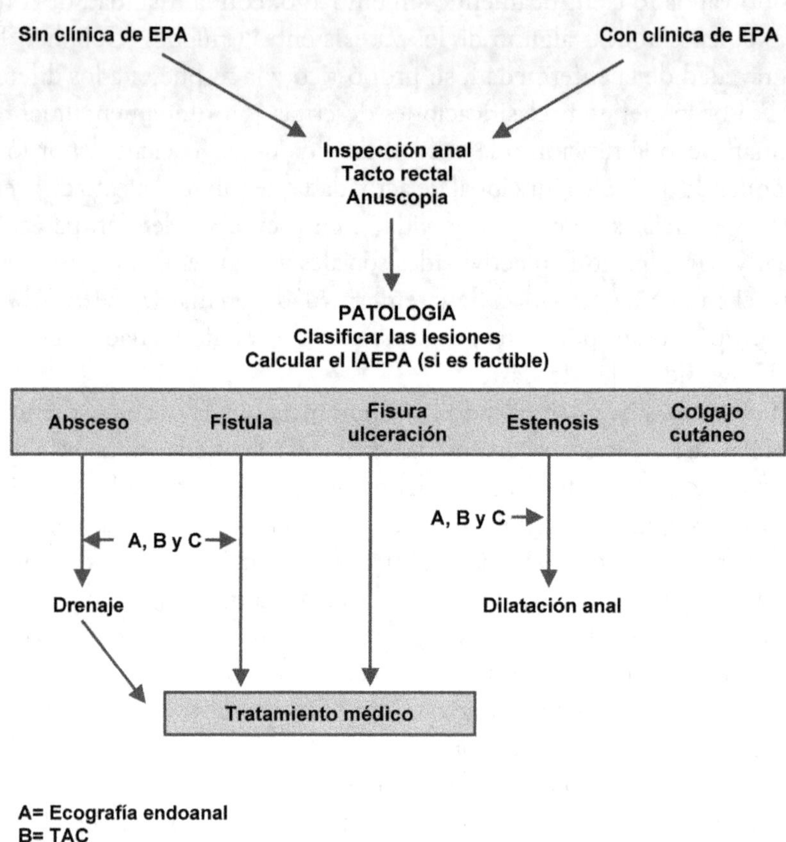

Figura 1. Aproximación al diagnóstico y tratamiento de las lesiones perianales.

4   Tratamiento médico

El tratamiento de la EPA en los pacientes con enfermedad de Crohn debe ser individualizado y, en general, lo más conservador posible. Los objetivos del tratamiento son obtener la mejoría sintomática y prevenir las complicaciones, recordando que una cirugía agresiva (con la excepción del drenaje de los abscesos) puede tener consecuencias indeseables y que es aconsejable realizarla en períodos de inactividad de la enfermedad. En todos los casos se debe: *a)* conocer la extensión y la actividad de la enfermedad inflamatoria intestinal en otros tramos del tracto digestivo, ya que su tratamiento específico mejorará las manifestaciones perianales; *b)* valorar la participación del recto, y *c)* definir el tipo de lesiones presentes y establecer, si es posible, su actividad.

5   Tratamiento de la actividad intestinal

No hay estudios controlados que analicen la eficacia de los *aminosalicilatos* en el tratamiento de la EPA. Solamente un estudio abierto sugiere que los pacientes con EC rectal mejoran tras el tratamiento con supositorios de 5-ASA;[30] por lo tanto, administrados por vía rectal (supositorios, enemas, espuma) pueden mejorar las lesiones cólicas distales. Son, pues, eficaces para controlar la actividad inflamatoria intestinal (ileal, cólica o rectal), pero no la EPA en sí misma.

Los *corticoides sistémicos* no están indicados como única opción en el tratamiento de la EPA y, aunque no hay evidencias de que puedan afectar a ninguna complicación fistulizante de la EC, por sus características catabólicas pueden aumentar el riesgo de rotura tisular y la formación de fístulas. Por el contrario, los *corticoides tópicos* (triamcinolona, metilprednisolona) pueden usarse en el tratamiento de la enfermedad activa del recto distal y del canal anal.

6   Tratamiento farmacológico de la enfermedad perianal

En el tratamiento de la EPA se han utilizado diferentes agentes farmacológicos.

6.1 *Antibióticos*

El *metronidazol* es un antibiótico que ha demostrado ser eficaz en el tratamiento de la EC ileal y de colon.[31-33] De manera similar, y a pesar de la inexistencia de ensayos clínicos controlados, ha demostrado su eficacia en el tratamiento de la EPA al producir una reducción significativa del drenaje de las fístulas (nivel de evidencia 3, grado de recomendación C). La dosis recomendada es de 10-20 mg/kg/día durante ocho y doce semanas. Tras su supresión, se produce una recidiva precoz de los puntos de drenaje (60 %) con una buena respuesta al retratamiento. Por ello, se aconseja una reducción progresiva de la dosis (durante seis meses), controlando la posible aparición de efectos secundarios, especialmente la polineuropatía periférica.

Aunque solamente hay dos estudios[34,35] no controlados, en la actualidad se considera el *ciprofloxacino* (500 mg/12 h) un tratamiento alternativo al metronidazol (nivel de evidencia 3, grado de recomendación C). Por otra parte, asociado al metronidazol (750 mg/día) en pacientes refractarios a éste induce la remisión o mejoría de las lesiones hasta en un 65 % de los afectados.[36] De manera similar a lo referido para el metronidazol y aunque no hay datos de ensayos clínicos controlados, se acepta el hecho de que muchos pacientes requieren tratamiento de mantenimiento con este fármaco para prevenir la recidiva. Estudios abiertos y prospectivos sugieren que el meropenem y la rifaximina pueden ser una alternativa al metronidazol y ciprofloxacino para el tratamiento de la EPA.

6.2 Inmunosupresores

Azatioprina/6-mercaptopurina. Los datos derivados del estudio inicial de Present[37] confirman la eficacia de los inmunosupresores clásicos en el tratamiento de la EC fistulizante (remisión completa, respuesta parcial y no respuesta de las fístulas en el 39, 26 y 35 % de los pacientes, respectivamente). En un metaanálisis de cinco estudios controlados frente a placebo realizado posteriormente, que analiza la eficacia de la azatioprina y 6-mercaptopurina en el tratamiento de la EC, se confirma la eficacia de estos fármacos en la inducción de la remisión en los pacientes con EPA (OR 4,44 IC 95 % 1,50-13,20 [(nivel de evidencia 1a, grado de recomendación A]).[38] Sin embargo, hay que ser cautos al analizar estos resultados, ya que el examen fue *ad hoc* y solamente uno de los ensayos clínicos contemplaba como objetivo primario el cierre de las fístulas en los pacientes con EPA asociada. A menudo, estos agentes se introducen para el tratamiento de los enfermos con EC corticodependiente y EPA asociada; su uso en los pacientes con EPA se indicaría en los no respondedores a tratamiento antibiótico combinado, los que presentaran una recidiva precoz o fístulas complejas. La dosis óptima de estos inmunosupresores es 2,5 mg/kg/día para la azatioprina y 1,5 mg/kg/día para la 6-mercaptopurina, teniendo presente que el tiempo medio de respuesta es de tres a seis meses, antes de considerar fracasado el tratamiento inmunosupresor. Sin embargo, no se ha realizado ningún ensayo clínico controlado de azatioprina/6-mercaptopurina cuyo objetivo primario sea el cierre de las fístulas en la enfermedad de Crohn perianal.

Ciclosporina. Su indicación principal es el tratamiento de la enfermedad perianal activa y de las fístulas refractarias al tratamiento médico convencional. La vía intravenosa es la más adecuada, superior a la oral; la dosis óptima es de 5 mg/kg/día, el tiempo de cierre varía entre cuatro días y cuatro semanas con una media de respuesta de dos semanas, el cierre inicial de fístulas es del 76 % (0-100 %) y el cierre mantenido del 55 % (0-100 %), no observándose diferencias entre los diferentes tipos de fístulas.[39-41] Por lo tanto, la ciclosporina intravenosa debería ser utilizada como tratamiento inicial para obtener una rápida remisión de la EPA y siempre como tratamiento puente hacia la utilización de azatioprina o 6-mercaptopurina (nivel de evidencia 2b, grado de recomendación B).

Infliximab. Es un anticuerpo quimérico monoclonal que bloquea la liberación y posterior unión del factor de necrosis tumoral alfa con sus receptores específicos en las células diana, inhibiendo el proceso inflamatorio.[42] Está indicado en el tratamiento de los pacientes con EC refractaria a esteroides e inmunosupresores (azatioprina/6-mercapto-purina, ciclosporina y metotrexato) y en la EC con fístulas enterocutáneas (pared abdominal y región perianal) refractarias a otros inmunosupresores. Ha demostrado ser significativamente superior al placebo en la obtención del cierre de las fístulas y en la reducción de los puntos de drenaje (55 y 68 % frente a 13 y 26 % del grupo placebo, respectivamente [nivel de evidencia 1b, grado de recomendación A]).[43] La dosis utilizada es de 5 mg/kg en perfusión intravenosa continua, repitiéndose a las dos y seis semanas de la primera dosis (un total de tres dosis). La mayoría de los pacientes responden después de la primera y segunda dosis, y los que no lo hacen es poco probable que lo hagan a la tercera; en estos casos puede administrarse una dosis adicional de 10 mg/kg y ver la respuesta. La media de respuesta es de cuatro meses, observándose una recidiva progresiva del drenaje (90 % al año de la perfusión).

El estudio ACCENT II (ensayo clínico multicéntrico, doble ciego, controlado frente a placebo) evalúa la eficacia y seguridad de infusiones repetidas de infliximab en el mantenimiento de la remisión en los pacientes que han respondido a la pauta de inducción de tres dosis (cero, dos y seis semanas).[44] De los 306 pacientes incluidos inicialmente en el estudio, 282 se incluyen en el estudio de seguimiento. De ellos, 195 pacientes que responden y 87 que no lo hacen a la pauta inicial de tres dosis, se aleatorizan para recibir placebo o 5 mg/kg de infliximab cada ocho semanas (un total de cinco infusiones desde la semana 14) hasta la semana 54. El análisis de eficacia en el grupo de pacientes respondedores después de la randomización confirma que el tiempo medio de pérdida de respuesta es de 14 semanas en el grupo placebo y de 40 semanas en el de infliximab; en conjunto, 61 pacientes (62 %) y 40 pacientes (42 %) del grupo placebo e infliximab, respectivamente, recidivan; dicho de otra forma, los pacientes que reciben la infusión de placebo recidivan en mayor número y más precozmente.

Considerando estas observaciones y con un análisis por intención de tratar la reducción absoluta del riesgo (RAR) del 16,9 % (4,3 a 29,5 %) respecto al placebo, el número de pacientes a los cuales sería necesario tratar con infliximab para conseguir un efecto adicional respecto al que se obtendría con el placebo (NNT) es de seis (4 a 24 [nivel de evidencia 1b, grado de recomendación A]). Hay, sin embargo, unos aspectos de los resultados del estudio que son interesantes: *a)* los pacientes que no han respondido a la inducción con infliximab no recuperan la respuesta durante el tratamiento de mantenimiento; *b)* hasta un 57 % de los pacientes no respondedores a 5 mg/kg de infliximab lo hacen a 10 mg/kg; *c)* el 61 % de los pacientes respondedores iniciales que recidivan en el seguimiento al ser randomizados al grupo placebo y son cruzados para recibir infliximab (5 mg/kg), recuperan la respuesta; *d)* la respuesta es independiente de la presencia de ATI (anticuerpos anti-infliximab), aunque la probabilidad de reacciones a la infusión es superior en los pacientes ATI (+) que en los ATI (-) o indeterminados; *e)* la frecuencia de ATI es menor en los pacientes que reciben corticoides e inmunomoduladores simultáneamente (4 %) que en los que reciben inmunomoduladores (11 %), corticoides solos (13 %) o ninguno de estos fármacos (24 %), y *f)* se confirma la seguridad de las infusiones repetidas en estos pacientes: infecciones (34 %, 6 % graves), reacciones a la infusión (16 %), desarrollo de ANA (46 %) y anti-DNS (23 %).

Por lo tanto, las evidencias sugieren que el infliximab (5 mg/kg cada ocho semanas durante un año) es eficaz para mantener la remisión en los pacientes con enfermedad de Crohn fistulizante tras su inducción con este fármaco (tres dosis a 0,2 y seis semanas [nivel de evidencia 1b, grado de recomendación A]). Hay numerosos estudios no controlados que han analizado la eficacia del infliximab en el tratamiento de la EC fistulizante con respuestas completa y parciales que oscilan entre el 25-30 % y el 40-50 %, respectivamente (nivel de evidencia 2b, grado de recomendación B). En este sentido, se ha observado que si los pacientes con fístulas complejas en remisión clínica, al año de tratamiento de mantenimiento con IFX lo suspenden, la probabilidad de recidiva es del 60 % a los seis meses de su suspensión, lo que sugiere la necesidad de prorrogar el tratamiento más allá de este período de tiempo en este subgrupo de pacientes.[45]

Recientemente, se ha comunicado que la inyección en el orificio interno y externo de la fístula y a lo largo del trayecto fistuloso de 15-21 mg de infliximab facilitaría el control de la actividad y el cierre del trayecto en pacientes con fístulas complejas no respondedores a IFX parenteral.[46] Es necesario realizar un ensayo clínico controlado randomizado que confirme estas observaciones iniciales.

Por lo tanto, desde un punto de vista práctico, podríamos señalar que los pacientes con fístulas complejas que responden a la pauta de inducción de remisión con infliximab deberían continuar con la pauta de mantenimiento cada ocho semanas durante un año. Los pacientes que en este momento estén en remisión clínica y sin actividad en sus fístulas (valorada por una técnica de imagen y definida por la presencia de fibrosis) podrían suspender el tratamiento de mantenimiento y evaluar la evolución, de modo que la recidiva posterior sugeriría la conveniencia de retratamiento. Sin embargo, la persistencia de trayecto fistuloso con contenido en su interior, aun sin captación de gadolinio ni actividad clínica, sería indicativo de la conveniencia de mantener el tratamiento.

Adalimumab. Es un anticuerpo monoclonal anti-TNF humanizado que ha demostrado ser eficaz en la inducción y el mantenimiento de la remisión en pacientes con EC luminal activa (nivel de evidencia 1b, grado de recomendación A).[47] La dosis eficaz es de 160 mg, inicialmente, y 80 mg, dos semanas después, administrada subcutáneamente y seguida por 40 mg cada dos semanas de mantenimiento. Por otra parte, estudios abiertos han confirmado su eficacia en la inducción de la remisión en los pacientes que han perdido la respuesta al infliximab o han mostrado intolerancia al mismo.[48] Así, en un estudio realizado en GETECCU[49] se ha demostrado que el Adalimumab (160/80 mg) induce la remisión y respuesta clínica a las cuatro semanas en el 23 y 45 % de los pacientes con enfermedad de Crohn perianal que habían perdido respuesta o presentado una reacción de sensibilidad a IFX. Este efecto es especialmente significativo en el subgrupo de pacientes con enfermedad perianal asociada a enfermedad luminal activa; no se han encontrado diferencias entre si la indicación fue por pérdida de respuesta o por reacción de sensibilidad. Constituye, por lo tanto, una alternativa de tratamiento al IFX en estos pacientes.

Metotrexato. No hay estudios controlados que evalúen la eficacia de este agente en el tratamiento de las fístulas en la EC. En un estudio no controlado reciente, el metotrexato intramuscular (25 mg) favorece el cierre de las fístulas en el 25 % de los casos y reduce el flujo en el 31 % (56 % de respuestas), pero este efecto desaparece al reducir la dosis o cambiar al metotrexato oral.[50]

Tacrolimus. Diferentes notificaciones han señalado que este agente puede ser eficaz en el tratamiento de la EPA para inducir la remisión y como puente hacia el tratamiento con azatioprina/6-mercaptopurina.[51] En el único ensayo clínico controlado en el que se compara la eficacia del tacrolimus (0,20 mg/kg/día vía oral) frente a placebo en el tratamiento de 43 pacientes con enfermedad de Crohn y fístulas perianales, el 43 y el 8 % de los pacientes del grupo tacrolimus y placebo, respectivamente, obtuvieron el cierre del 50 % de las fístulas a las cuatro semanas; sin embargo, este efecto se perdía rápidamente y a las cuatro semanas de la suspensión del tratamiento sólo el 8 y el 10 % de los pacientes del grupo placebo y tacrolimus, respectivamente, mantuvieron la respuesta (nivel de evidencia 1b, grado de recomendación D).[52] Por otra parte, el 38 % de los pacientes tratados con tacrolimus registraron una elevación de los niveles de creatinina. Recientemente, se ha notificado que el tacrolimus administrado tópicamente (preparado para solución tópica a partir de la oral o la endovenosa, con una concentración final de 0,5 mg/g) induce la remisión en cinco de cada seis pacientes con úlceras perineales.[53]

La escasa experiencia disponible sobre la eficacia del micofenolato, del certolizumab y de la talidomida no aconsejan su uso en el tratamiento de la EPA, al menos en la actualidad.

Oxígeno hiperbárico. Se ha utilizado en el tratamiento de la EC asumiendo que existe una alteración en la oxigenación tisular que facilita la proliferación de anaerobios.[54] La elevación de la presión parcial del O_2 durante un período de tiempo de 90 minutos en cámara hiperbárica (2,5 atmósferas absolutas) ha demostrado su eficacia en la inducción de la remisión en diez pacientes con fístulas perianales (50 % de remisión completa, 20 % de remisión parcial; 20 a 40 sesiones).[55] Aunque el O_2 hiperbárico puede ser útil como última opción en pacientes con EC perianal crónica refractaria a otros tratamientos o como complemento de la cirugía, deben realizarse estudios controlados antes de recomendar esta opción de tratamiento en el manejo de la EPA.[56]

7 Tratamiento quirúrgico

Puesto que sólo un 3-5 % de pacientes con enfermedad de Crohn perianal serán candidatos a cirugía, resulta difícil establecer reglas quirúrgicas para el tratamiento de estos enfermos.[7,8,57,58] Los principios que rigen el tratamiento médico y quirúrgico de la EPA se refieren en la tabla 3. Para resumirlos desde un punto de vista práctico, la cirugía en la enfermedad de Crohn perianal puede ser de dos tipos: *cirugía local*, más o menos compleja, para el tratamiento específico de las lesiones perianales, y *cirugía mayor o radical*, mucho menos frecuente y reservada para casos graves y complejos de EPA. En función del tipo de lesión anal variará la indicación y la técnica quirúrgica (véase la tabla 3).

Tipo de lesión	Proctitis	Sin proctitis
Repliegues cutáneos.	No operar.	Operar sólo si dificultan higiene.
Fisura anal.	No operar.	Esfinterotomía en casos muy seleccionados.
Abscesos.	Drenaje.	Drenaje.
Estenosis.	Dilatación digital.	Dilatación digital.
Fístula simple (baja).	Sedal.	Fistulotomía.
Fístula compleja (alta).	Sedal.	Colgajo de avance endorrectal.
Fístula rectovaginal.	Sedal + ileostomía derivativa.	Colgajo cutáneo, rectal o vaginal. Asociar o no estoma derivativo.
Sepsis perianal.	Ileostomía *vs.* proctectomía.	Estoma derivativo y tratar fístulas.

Tabla 3. Esquema terapéutico quirúrgico en las lesiones propias de la EPA sintomáticas en las que ha fracasado el tratamiento médico.

7.1   Cirugía local

Repliegues cutáneos. Rara vez son susceptibles de ser extirpados y, sólo si interfieren seriamente en la higiene local, puede procederse a su exéresis mediante anestesia local.

Abscesos: Se efectuará drenaje quirúrgico lo antes posible mediante una simple incisión, extirpando un área mínima de piel. Si se trata de cavidades grandes, puede ser útil dejar en su interior una sonda tipo Pezzer para facilitar el drenaje e incluso para hacer irrigaciones.[59] Entre el 45 y el 56 % de los abscesos drenados recidivarán con posterioridad. Si, tras la intervención, la herida no cicatriza, se deberá, en la mayoría de los casos, a que hay una fístula subyacente. Cuando se drene un absceso, deberá administrarse simultáneamente metronidazol o ciprofloxacino.

Fístulas: El éxito del tratamiento quirúrgico de las fístulas se relaciona con la ausencia de enfermedad rectal y con la inactividad de la EC en cualquier tramo del tubo digestivo.[60] Por ello, antes de la operación debe controlarse médicamente la EC intestinal. Las *fístulas simples* suelen tener un solo orificio externo y un recorrido bajo, con lo cual la mayor parte del esfínter queda por encima del trayecto fistuloso. Estas fístulas sencillas no suelen tener proctitis asociada y la fistulotomía es la técnica de elección con un 80 % de buenos resultados, pero con problemas de incontinencia menor en un 10 % de los casos. Si existiera proctitis limitada o riesgo de incontinencia, puede emplearse un sedal blando de drenaje a lo largo de todo el recorrido de la fístula, o bien un colgajo de avance mucoso asociado a exéresis del trayecto desde el orificio fistuloso externo hasta el esfínter.[61,62] Si existe proctitis en actividad, el tratamiento médico puede completarse con un sedal de drenaje, aunque algunos autores han logrado buenos resultados con la fistulotomía.

Si las *fístulas* son *complejas* y no hay proctitis o es limitada, el colgajo de avance mucoso, con exéresis y drenaje del trayecto fistuloso, es una buena opción con resultados satisfactorios entre el 60 y el 75 %[63] y puede volver a realizarse en caso de fracaso; sin embargo, es preferible el empleo de sedales anudados laxamente para que actúen de drenaje en los casos de fístulas complejas sin proctitis. Lo habitual en estos tipos de fístulas es que exista afectación rectal, en cuyo caso el tratamiento de elección es el sedal de drenaje.

En los casos de *sepsis perianal grave con fístulas complejas,* los sedales de drenaje se colocan para evitar heridas perineales grandes, prevenir la extensión de los abscesos o fístulas y disminuir el dolor. Además, con ello se preserva la función esfinteriana y se mantiene la continencia anal. Las diferentes series demuestran mejoría en el 90 % de los pacientes, al evitar o retrasar la proctectomía o la diversión fecal.[64-66] Existe controversia acerca de cuánto tiempo debe permanecer el sedal, pues una vez retirado existe un alto índice de recurrencias. Por este motivo, algunos piensan que debe mantenerse indefinidamente, aunque otros opinan que el sedal debe ser el primer paso para una cirugía posterior definitiva, como el colgajo de avance o fistulectomía.

Las *fístulas anovaginales o rectovaginales* aparecen en un 9 % de las pacientes.[67] Los mismos principios que se aplican para el tratamiento de las fístulas perianales sirven para estas fístulas. La mayoría serán anovaginales y no requerirán tratamiento si son muy bajas u ocasionan pocos síntomas, aunque en alguno de estos casos puede hacerse una fistulotomía. Las rectovaginales están asociadas con ulceraciones profundas o proctitis y su aparición es un factor pronóstico desfavorable; el paciente puede llegar a necesitar un estoma derivativo o proctectomía. Si el recto está sano o mínimamente afectado, existe buena función esfinteriana y no hay EPA activa, puede repararse mediante colgajo endorrectal, cutáneo o vaginal; se obtienen cifras de curación entre el 30 y el 70 %.[68] Si se trata de fístulas recidivadas, estos procedimientos suelen fracasar y debería considerarse una interposición muscular (gracilis, bulbocavernoso o esfinteroplastia).[69] En caso de existir EC activa en el recto o perianal, se impone tratamiento médico de la proctitis y además puede considerarse practicar una ileostomía derivativa.

7.2 Cirugía mayor o radical

Ileostomía derivativa. Debe ser el primer paso que se considere ante una sepsis perianal grave, en casos de ulceraciones profundas recurrentes y en fístulas complejas o rectovaginales.[70] Con esta técnica se consiguen hasta el 80-90 % de remisiones a corto plazo, pero un 70 % acabarán en proctectomía por recurrencia de los síntomas a lo largo del tiempo y sólo en un 10-22 % se reconstruirá la continuidad intestinal. Los mejores resultados se obtienen cuando el recto no se halla y la EC intestinal está inactiva.

Procedimiento de Hartmann. Esta intervención suele realizarse como paso intermedio a la proctectomía definitiva en un paciente con proctitis y enfermedad anorrectal grave.[71]

Resección de la enfermedad proximal. La resección de intestino delgado o colon afecto de EC mejora la EPA, sobre todo si se elimina toda la enfermedad activa sintomática. Sólo el 29 % de pacientes con resección completa de su EC intestinal presentarán recurrencias de su enfermedad perianal.

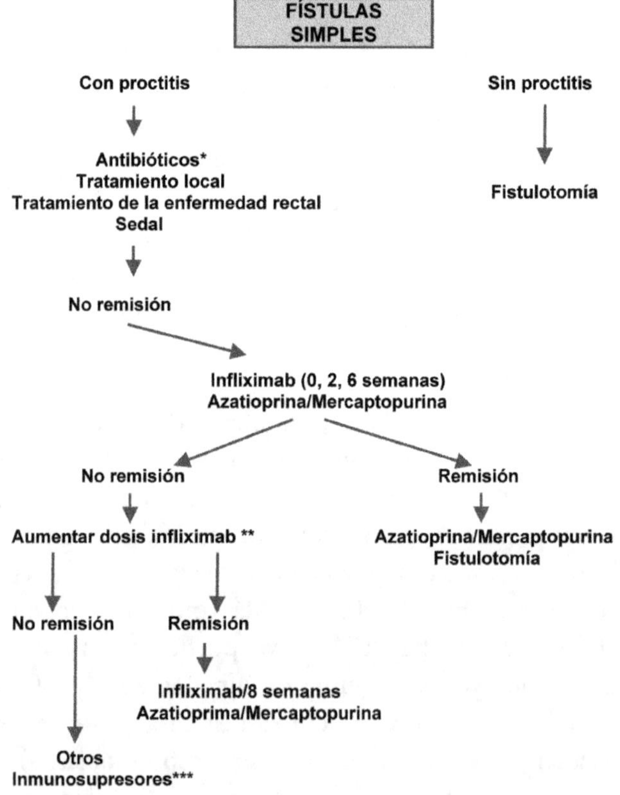

Figura 2. Algoritmo de tratamiento médico-quirúrgico de las fístulas simples. (*) Metronidazol/ciprofloxacino; (**) Infliximab 10 mg/kg, dosis única; (***) Ciclosporina/tacrolimus.

Proctectomía. Aproximadamente entre el 9 y el 18 % de pacientes con enfermedad de Crohn perianal acabarán con una resección abdominoperineal e ileostomía definitiva.[72] La mayoría de las series incluyen en estos porcentajes, además de la EPA, la enfermedad colorrectal grave asociada a EPA; siendo esta última situación la responsable de más del 60 % de las proctectomías.[58-60] Sus indicaciones más habituales son la sepsis perianal grave refractaria al tratamiento médico-quirúrgico descrito, la estenosis rectal grave, las úlceras rectales progresivas con gran destrucción tisular y la incontinencia por destrucción esfinteriana secundaria a la EPA grave. Tras la protectomía puede quedar una herida o *sinus* perineal persistente (30 %), que es una fuente de morbilidad considerable.

En las figuras 2 y 3 se representa la aproximación al tratamiento médico y quirúrgico de las fístulas perianales.

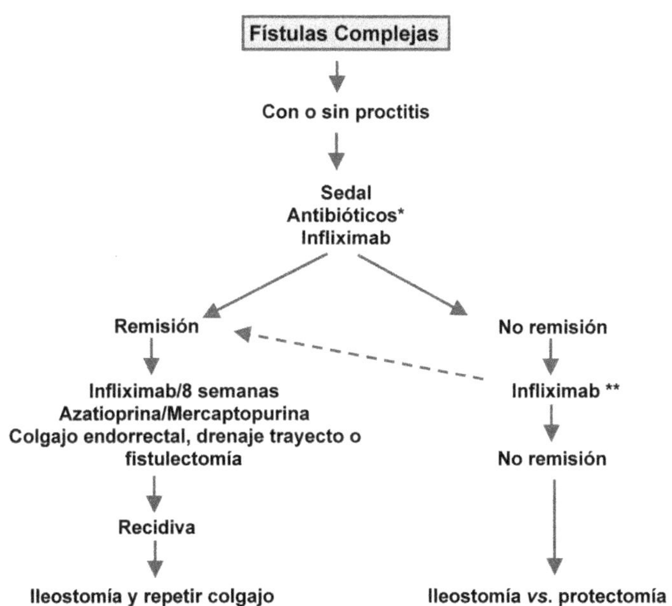

Figura 3. Algoritmo de tratamiento médico-quirúrgico de las fístulas complejas. (*) Metronidazol + ciprofloxacino; (**) Infliximab 10 mg/kg, dosis única.

BIBLIOGRAFÍA

1. Morson BK, Lockhart-Mummery HE. Anal lesions in Crohn's disease. Lancet. 1959; ii: 1122-23.
2. McKee RF, Keenan RE. Perianal Crohn's disease –is it all bad news? Dis Colon Rectum. 1996; 39: 136-42.
3. Rankin GB, Watts HD, Clifford S, Melnyk CS, Kellrey ML Jr. National Cooperative Crohn's Disease Study: Extraintestinal manifestations and perianal complications. Gastroenterology. 1979; 4: 914-20.
4. Schwartz DA, Loftus EV, Tremaine WJ, Panaccione R, Harmsen WS, Zinsmeister AR, Sandborn WJ. The natural history of fistulizing Crohn´s disease in Olmsted County, Minnesota. Gastroenterology 2002; 122:875-80.

5. Alexander-Williams J, Speranza V, Hellers G, Hughes LE, Minervini S. Perianal lesions in Crohn's disease: a classification. Working Team Report 3, Roma. 1991

6. Silverger MS, Satsangi J, Ahmad T, Arnott DR, Bernstein CR, Brant SR et al. Toward and integrated clinical, molecular and serological classification of inflammatory bowel disease: Report of a Working Party of the 2005 Montreal World congress of Gastroenterology. Can J Gastroenterology 2005; 19 (Suppl.A): 5A-36A.

7. Hughes LE. Clinical classification of perianal Crohn's disease. Dis Colon Rectum. 1992; 35: 928-32.

8. Hughes LE. Surgical pathology and management of anorectal Crohn's disease. J R Soc Med. 1978; 71: 644-51.

9. Enriquez Navascúes JM, Leal J, Tobaruela E, Benita B, Camuñas J, Gila A, Ratia T. Valor de la clasificación de Hughes-Cardiff en el manejo de la enfermedad anorrectal de Crohn. Rev Esp Enf Digest. 1997; 89: 583-90.

10. Parks AG, Gordon PH, Hardcastle JD. A classification of fistula in ano. Br J Surg 1976; 63:1-12.

11. Schwartz DA, Wiersema MJ, Dudiak, KM, Fletcher GJ, Clain JE, Tremaine WJ, *et al.* A comparison of endoscopic ultrasound, magnetic resonance imaging, and exam under anesthesia for evaluation of crohn's perianal fistulas. Gastroenterology 2001;121:1064-72.

12. Sandborn WJ, Fazio VW, Feagan BG, Hanauer SB. AGA technical review on perianal Crohn's disease. Gastroenterology 2003; 125: 1508-30.

13. Weisman RI, Orsay CP, Pearl RK, Abcarian H. The role of fistulography in fistula-in-ano. Report of five cases. Dis Colon Rectum 1991; 34:181-84.

14. Orsoni P, Barthet M, Portier F, Panuel M, Desjeux A, Grimaud JC. Prospective comparison of endosonography, magnetic resonance imaging and surgical findings in anorectal fistula and abscess complicating Crohn's disease. Br J Surg 1999; 86:1093-94.

15. Sloots CE, Felt-Bersma RJ, Poen AC, Cuesta MA, Meuwisen SG. Assessment and classification of fistula-in-ano in patients with Crohn's disease by hydrogen peroxide enhanced transanal ultrasound. Int J Colorectal Dis 2001; 16:292-97.

16. Schwartz DA, White CM, Wise PE, Hrline AJ. Use of endoscopic ultrasound to guide combination medical and surgical therapy for patients with Crohn's perianal fistulas. Inflamm Bowel Dis 2005; 11:727-32.

17. Stewart LK, McGee J, Wilson SR. Transperineal and transvaginal sonography of perianal inflammatory disease. Am J Roentgenol 2001; 177:627-32.

18. Fernández-Esparrach G, Blesa I, García FJ. Ultrasonografía endoscópica en la hipertensión portal y en la enfermedad benigna del tubo digestivo. Gastroenterol Hepatol 2001; 25:42-47.

19. Yousem DM, Fishman EK, Jones B. Crohn's disease: perirectal and perianal findings at TC. Radiology 1988; 167:331-34.

20. Bartram C, Buchanan G. Imaging anal fistula. Radiol Clin North Am 2003; 41:443-57.

21. Borley NR, Mortensen NJ, Jewell DP. MRI scanning in perianal Crohn's disease: an important diagnostic adjunct. Inflam Bowel Dis 1999; 5:231-33.

22. Morris J, Spencer JA, Ambrose NS. MR imaging classification of perianal fistulas and its implications for patient management. Radiographics 2000; 20:623-35.

23. Schreyer AG, Seitz J, Feuerbach S, Rogler G, Herfarth H. Modern imaging using computer tomography and magnetic resonance imaging for inflammatory bowel disease (IBD). Inflamm Bowel Dis 2004; 10:45-54.

24. Sandborn WJ, Feagan BG, Hanauer SB, Lochs H, Löfberg R, Modigliani R et al. A Review of Activity Indices and Efficacy Endpoints for Clinical. Trials of Medical Therapy in Adults With Crohn's Disease. Gastroenterology 2002;122:512-30.

25. Irvine EJ. Usual therapy improves perianal Crohn's disease as measured by a new disease activity index. McMaster IBD Study Group. J Clin Gastroenterol. 1995; 20: 27-32.

26. Rasul I, Wilson S, Cohen Z, Greenberg G. Infliximab therapy for Crohn's disease fistulae: discordance between perineal ultrasouns findings and clinical response. Am J Gastroenterol 2004; 99:82-88.

27. Ardizzone S, Maconi G, Colombo E, Manzionna G, Bollani S, Bianchi Porro G. Perianal fistulae following infliximab treatment: clinical and endosonographic outcome. Inflamm Bowel Dis 2004; 10:91-96.

28. Bell SJ, Halligan S, Windsor ACY, Williams AB, Wiesel P, Kamm MA. Response of fistulizing Crohn's disease to infliximab treatment assessed by magnetic resonance imaging. Aliment Pharmacol Ther 2003; 17:387-93.

29. Loftus EV. Imaging and therapy for perianal Crohn's disease: On the right track? Am J Gastroenterol 2004; 99:89-90.

30. Present DH. Perianal fistula. En: Advanced therapy of inflammatory bowel disease. Bayless-Hanauer, eds. London: B.C. Decker Inc. 2001: 395-400.

31. Brandt LJ, Berstein LH, Boley SJ, Frank MS. Metronidazole therapy for perineal Crohn's disease; a follow-up study. Gastroenterology. 1982; 83: 383-87.

32. Bernstein LH, Frank MS, Brandt LJ, Boley SJ. Healing of perineal Crohn's disease with metronidazole (letter). Gastroenterology 1980; 79:599.

33. Jakobovits J, Schuster MM. Metronidazole therapy for Crohn's disease and associated fistulae. Am J Gastroeneterol 1984; 79:533-40.

34. Turunen U, Farkkila M, Valtonen V. Long term outcome of ciprofloxacin treatment in severe perianal or fistulous Crohn's disease. Gastroenterology 1993; 104:A793.

35. Wolf JL Ciprofloxacine may be useful in Crohn's disease. Gastroenterology 1990; A212. 1990.

36. Prantera C, Kohn A, Zannoni F. Metronidazole plus ciprofloxacin in the treatment of active refractory Crohn's disease: results of an open study. J Clin Gastroenterol 1994; 19:79-88.

37. Present DH, Korelitz BI, Wisch N, Glass JL, Sachar DB, Pasternack BS. Treatment of Crohn's disease with 6-mercaptopurine. A long-term, randomized, double blind study. N Engl J Med 1980; 302:981-87.

38. Pearson DC, May GR, Fick GH, Sutherland LR. Azathioprine and 6-mercaptopurine in Crohn's disease. A meta-analysis. Ann Intern Med 1995; 123:132-42.

39. Egan LJ, Sandborn WJ, Tremaine WJ. Clinical outcome following treatment of refractory inflammatory and fistulizing Crohn's disease with intravenous cyclosporine. Am J Gastroenterol 1998; 93:442-48.

40. Present DH, Lichtiger S. Efficacy of cyclosporine in treatment of fistula of Crohn's disease. Dig Dis Sci. 1994; 39: 374-80.

41. Hanauer SB, Smith MB. Rapid closure of Crohn's disease fistulas with continuous intravenous cyclosporin A. Am J Gastroenterology. 1993; 88: 646-49.

42. Hinojosa J. Anticuerpos anti-TNFα en el tratamiento de la enfermedad inflamatoria intestinal. Gastroenterol Hepatol 2000; 23:250-57.

43. Present DH, Rutgeerts P, Targan S, Hanauer SB, Mayer L, van Hogezand RA *et al.* Anti-TNF for the treatment of fistulas in patients with Crohn's disease. N Engl J Med 1999; 340:1398-405.

44. Sands B, Abderson F, Bernstein C, Chey W, Feagan B, Fedorak RN *et al.* Infliximab maintenance therapy for fistulizing Crohn's disease. N Engl J Med 2004; 350:876-84.

45. Domènech E, Hinojosa J, Nos P, Garcia-Planella E, Cabre E, Bernal I, Gssull MA. Clinical evolution of luminal and perianal Crohn's disease after inducing remission with infliximab: how long should patients be treated? Aliment Pharmacol Ther 2005;22: 1107-13.

46. Poggioli G, Laureti S, Pierangeli F, Rizzello F, Ugolini F, Gionchetti P, Campieri M. Local injection of infliximab for the treatment of perianal Crohn's disease. Dis Colon Rectum 2005; 48:768-77.

47. Hanauer SB, Sandborn WJ, Rutgeerts P, Fedorak RN, Lukas M, MacIntosh D, *et al.* Human anti-tumor necrosis factor monoclonal antibody (adalimumab) in Crohn's disease: the CLASSIC-I trial. Gastroenterology 2006;130:323-33.

48. Papadakis KA, Shaye OA, Vasiliauskas EA, Ippoliti A, Dubinsky MC, Birt J, et al. Safety and efficacy of adalimumab (D2E7) in Crohn's disease patients with an attenuated response to infliximab. Am J Gastroenterol 2005;100:75-79.

49. Hinojosa, J; Gomollon, F; Nos, P; Penate, M; Ceballos, D; Gassull, MA. Four-Week Results of Adalimumab Treatment in Subjects With Fistulizing Crohn's Disease Who Have Failed Response or Showed Intolerance to Infliximab. Gastroenterology 2006; 130: A.

50. Mahadevan U, Mario JF, Present DH. The place for methotrexate in the treatment of rfractory Crohn's disease. Gastroenterology 1997; 113:A1031.

51. Lowry PW, Weaver AL, Tremaine WJ, Sandborn WJ. Combination therapy with oral tacrolimus (FK506) and azathioprine or 6-mercaptopurine for treatment refractory Crohn's disease perianal fistulae. Inflamm Bowel Dis 1999; 5:239-45.

52. Sandborn WJ, Present DH, Isaacs KL, Wolf DC, Greenberg E, Hanauer SB *et al.* Tacrolimus for the treatment of fistulas in patients with Crohn's

disease: a randomized, placebo-controlled trial. Gastroenterology 2003; 125:380-88.

53. Casson DH, Eltumi M, Tomlin S, Walker-Smith JA, Murch SH. Topical tacrolimus may be effective in the treatment of oral and perineal Crohn´s disease. Gut 2000; 47:436-40.

54. Lavy A, Weisz G, Adir Y, Ramon Y, Melamed Y, Eidelman S. Hyperbaric oxigen for perianal Crohn's disease. J Clin Gastroenterol 1994; 19: 202-05.

55. Colombel JF, Mathieu D, Bouault JM, Lesage X, Zavadil P, Quandalle P, Cortot A. Hyperbaric oxygenation in severe perianal Crohn´s disease. Dis Colon Rectum 1995; 38:609-14.

56. Noyer CM, Brandt LJ. Hyperbaric oxygen therapy for perineal Crohn´s disease. Am J Gastroenterol 1999; 94:318-21.

57. Schwartz DA, Pemberton JH, Sandborn WJ. Diagnosis and treatment of perianal fiatulas in Crohn disease. Ann Intern Med 2001; 135: 906-18.

58. Scott H, NorthoverJ. Evaluation of surgery for perianal Crohn's fistulas. Dis Colon Rectum 1996; 39: 1039-43.

59. Singh B, McC Mortensen NJ, Jewell DP, George B. Perianal Crohn's disease (Review). Br J Surg 2004; 91:801-14.

60. Scott H, NorthoverJ. Evaluation of surgery for perianal Crohn's fistulas. Dis Colon Rectum 1996; 39: 1039-43.

61. Pearl RK, Andrews J, Orsay cp, Weisman IR, Prasad ML, Nelson RL, Cintron JR, Abcarian H. Role of the seton in the management of anorectal fistulas. Dis Colon Rectum 1993; 36: 573-77.

62. Faucheron J, Saint-Marc O, Guibuert L, Parc R. Long-term seton drainage for high anal fistulas in Crohn's disease. Dis Colon Rectum 1996; 39: 208-11.

63. Marchesa P, Hull TL, Fazio VW. Advancement sleeve flaps for treatment of severe perineal Crohn's disease. Br J Surg 1998; 85: 1695-98.

64. Yamamoto T, Allan RN, Keighley MRB. Effect of fecal diversion alone on perianal Crohn's disease. World J Surg 2000; 24: 1258-63.

65. Winslet MC, Andrews H, Allan RN, Keighley MRB. Fecal diversion in the management of Crohn's disease of the colon. Dis Colon Rectum 1993; 36: 757.

66. Buchanan GN, Owen HA, Torkington J, Lunniss PJ, Nicholls RJ, Cohen CR. Long-term outcome following loose-seton technique for external sphincter preservation in complex anal fistula. Br J Surg 2004: 91; 476-80.

67. Radcliffe AG, Ritchie JK, Hawley PR, Lennard-Jones JE, Northover JMA. Anovaginal and rectovaginal fistulas in Crohn's disease. Dis Colon Rectum 1988; 31: 94-99.

68. Makowiec F, Jehle E, Becker H, Starlinger M. Clinical course after transanal advancement flap repair of perianal fistulas in patients with Crohn's disease. Br J Surg 1998; 82: 603-06.

69. MacRae HM, McLeod RS, Cohen Z, Stern H, Reznick R. Treatment of rectovaginal fistulas that has failed previous repair attempts. Dis Colon Rectum 1995, 38: 921-25.

70. Winslet MC, Andrews H, Allan RN, Keighley MRB. Fecal diversion in the management of Crohn's disease of the colon. Dis Colon Rectum 1993; 36: 757.

71. Sher ME, Bauer JJ, Gorphine S, Gelernt I. Low Hartmann's procedure for severe anorectal Crohn's disease. Dis Colon Rectum. 1992; 35: 975-80.

72. Régimbeau JM, Panis Y, Marteau P, Benoist S, Valleur P. Surgical treatment of anoperineal Crohn's disease: can abdominoperineal resection be predicted? J Am Coll Surg 1999; 189: 171-76.

Capítulo 10

Tratamiento quirúrgico de la EII

S. DELGADO, C. GINESTÀ, A. M. LACY

Hospital Clínic i Provincial de Barcelona
Cirugía Gastrointestinal. IMDM
Universitat de Barcelona
Barcelona

Dirección para correspondencia
Hospital Clínic i Provincial de Barcelona
Dra. S. Delgado
sdelgado@clinic.ub.es

1   Introducción

La enfermedad inflamatoria intestinal se divide en dos patologías mayores: la enfermedad de Crohn (EC) y la colitis ulcerosa (CU). Estas dos enfermedades se caracterizan por episodios intermitentes de exacerbación de síntomas y períodos de remisión que pueden sobrevenir de forma espontánea o como respuesta al tratamiento. La etiología de estas enfermedades es aún desconocida.

El diagnóstico y tratamiento de la enfermedad inflamatoria intestinal (EEI) permaneció durante muchos años en una situación de estancamiento, en la que surgieron pocas innovaciones, en el contexto de unas enfermedades con una expansión epidemiológica evidente. Sin embargo, los espectaculares avances de los últimos años en el campo de la biología molecular han permitido conocer los mecanismos que regulan la respuesta inflamatoria en la colitis ulcerosa y la enfermedad de Crohn, así como desarrollar fármacos de enorme eficacia terapéutica. A pesar de estas mejoras en el tratamiento médico, aproximadamente un 30-40 % de pacientes con colitis ulcerosa y un 70-80 % de pacientes con enfermedad de Crohn requerirán tratamiento quirúrgico en algún momento de su vida.[1] Estos avances en el terreno médico también se han producido, de forma paralela, en el quirúrgico. Por una parte, la introducción de nuevos procedimientos quirúrgicos y, por otra, la llegada de la cirugía laparoscópica o mínimamente invasiva, que ha supuesto un verdadero revulsivo en el tratamiento de pacientes que, en un elevado porcentaje de casos, serán intervenidos en más de una ocasión. Pero sin duda alguna, para lograr un mejor control y tratamiento de estas enfermedades, es esencial el trabajo en equipo entre gastroenterólogos y cirujanos.

2   Indicaciones de la cirugía en la EII

Si bien es cierto que la EII es una enfermedad que se controla básicamente con tratamiento médico, no es menos cierto que uno de los aspectos más difíciles es conocer cuándo es el momento adecuado para emprender un tratamiento quirúrgico de la enfermedad. En diferentes estudios, se ha observado que estos pacientes presentan una mejora en la calidad de vida tras la cirugía y que el factor más determinante para el éxito de la misma en este aspecto es la clínica previa.[2] Por lo tanto, según los riesgos y beneficios, la cirugía deberá indicarse en el momento óptimo.

Para exponer las indicaciones quirúrgicas de la EII dividiremos este punto en dos por las evidentes diferencias entre la enfermedad de Crohn (EC) y la colitis ulcerosa (CU). Recordamos aquí que, si bien el tratamiento quirúrgico de la CU en el intestino es potencialmente curativo, no ocurre lo mismo en la EC, donde la cirugía se reserva para solucionar las complicaciones o el fallo del tratamiento médico, debido a la alta probabilidad de recurrencia de la enfermedad y a la necesidad de nuevas intervenciones. Por esto, y por la posible afectación de cualquier tramo del tracto gastrointestinal, la técnica quirúrgica en la EC deberá ser siempre lo más conservadora posible.[3]

2.1 Indicación quirúrgica en la colitis ulcerosa

En la cirugía de la colitis ulcerosa, lo que variará en la técnica y en el momento de la cirugía es la urgencia del tratamiento quirúrgico. El auténtico tratamiento quirúrgico consiste en la extirpación del colon y el recto, con lo que el paciente se curará de su enfermedad intestinal. Este tratamiento puede realizarse en dos tiempos en los casos urgentes: primero se efectúa una colectomía subtotal y después se completa el tratamiento realizando una proctectomía y un reservorio intestinal. En los casos electivos, en los que el paciente presenta un buen estado general, nutricional y con bajos requerimientos de medicación, esto puede llevarse a cabo en un solo tiempo quirúrgico, en el que se ejecuta la proctocolectomía total con reservorio ileal.

Urgente	Electivo
Enfermedad fulminante que no responde a dosis máximas de tratamiento médico.	Enfermedad refractaria a tratamiento médico.
Megacolon tóxico.	Efectos secundarios de la medicación.
Perforación.	Displasia intestinal con cáncer.
Hemorragia.	Retraso en el crecimiento de pacientes pediátricos.

Tabla 1. Indicaciones de cirugía en la CU según la urgencia.[4]

El objetivo en las indicaciones urgentes es tratar la emergencia y recuperar al paciente, el cual, con la mejoría de su estado general, podrá ser tratado de su enfermedad con técnicas reconstructivas.

Como es obvio, en caso de existir una perforación cólica, independientemente de la etiología de la misma, el paciente deberá ser tratado mediante cirugía con carácter urgente y sin retrasar la misma. Un retraso en el diagnóstico de la perforación se asocia a resultados fatales, con cifras de mortalidad muy elevadas.

La CU fulminante se define como la inflamación grave del colon asociada a toxicidad sistémica. En una revisión publicada del registro de EII de la Cleveland Clinic, la CU fulminante se presenta en un 12,7 % de los pacientes diagnosticados con CU y es la segunda causa más frecuente de indicación de cirugía en estos enfermos.[5] En caso de diagnosticarse una CU fulminante, el paciente deberá ser inicialmente valorado por los gastroenterólogos, quienes deberán comenzar el tratamiento médico con corticoides y antibióticos a dosis máximas, monitorizar al paciente y prescribir nutrición parenteral con reposo intestinal. Asimismo, es muy importante que se contacte con el equipo quirúrgico, para programar una posible intervención en caso de ausencia de mejoría clínica transcurridos entre cinco y diez días de tratamiento a dosis plenas. Una complicación grave, que se asocia con una elevada mortalidad, es la perforación del colon, de difícil diagnóstico en pacientes con elevadas dosis de corticoides, que pueden enmascarar el cuadro clínico de peritonitis. La morbilidad de la cirugía en esta circunstancia puede ser elevada y llegar incluso a cifras que oscilan entre el 40-70 %.[6]

Otra de las indicaciones de cirugía urgente en la CU es el megacolon tóxico. Este proceso puede ser la presentación inicial de una CU o una complicación en un paciente con una larga historia de enfermedad. En el megacolon tóxico, la inflamación del colon se asocia a una marcada dilatación del mismo y el diagnóstico suele ser clínico; sin embargo, la definición radiológica requiere la existencia de una dilatación del colon transverso superior a 5,5 cm en una placa simple de abdomen en bipedestación. En este caso también se iniciará tratamiento médico, pero debe recordarse que esperar más de 48 horas cuando no existe mejoría clínica empeorará los resultados, dado el elevado riesgo de perforación. Existen trabajos donde se describe que la mortalidad pasa de un 5 % en pacientes intervenidos sin perforación, a cerca del 50 % en pacientes con perforación libre en el momento de la intervención.[4, 7, 8] En las diferentes series publicadas en la literatura existe controversia sobre el momento óptimo para la cirugía. Mientras algunos autores defienden el tratamiento conservador, para evitar la cirugía, otros defienden el tratamiento quirúrgico precoz debido a la observación de que más del 30 % de pacientes que presentan un megacolon tóxico requerirá tratamiento quirúrgico, incluso después de un tratamiento conservador eficaz.[9] Sin embargo, las indicaciones absolutas de cirugía en presencia de megacolon tóxico son la perforación, la presencia de rectorragias incontrolables y el deterioro clínico con progresiva dilatación del colon.

La hemorragia cólica secundaria a colitis ulcerosa raramente produce una inestabilidad hemodinámica que obligue a realizar una cirugía urgente, sólo un 4,5 % de los pacientes con CU presentarán una hemorragia masiva en el curso de su enfermedad. En el caso de aparecer una hemorragia, el tratamiento inicial consistirá en la aplicación de medidas de resucitación, con transfusiones sanguíneas y aporte de volumen, pero además deberá iniciarse un tratamiento médico adecuado para la CU, con el objetivo de que la disminución de la inflamación de la mucosa controle la hemorragia. Sin embargo, si a pesar de un tratamiento médico adecuado el paciente presenta inestabilidad hemodinámica, deberá ser intervenido inmediatamente. Por otro lado, si tras el comienzo del tratamiento, el paciente permanece hemodinámicamente estable, pero la hemorragia persiste más de 48 horas, sin presentar mejoría, también deberá indicarse cirugía urgente.[4]

Entre las indicaciones no urgentes de cirugía en los pacientes con colitis ulcerosa, la aparición de displasia y cáncer de colon son indicaciones absolutas para la cirugía. La incidencia de cáncer colorrectal se estima en un 5,7 % y se considera que el riesgo de cáncer en los pacientes con colitis ulcerosa no aumenta hasta los ocho o diez años de evolución de la enfermedad. Este riesgo es del 43 % transcurridos 35 años desde el inicio de la enfermedad.[10,11] El riesgo relativo de desarrollar cáncer en los pacientes con colitis ulcerosa también está determinado por la localización de la afectación: es del 1,7 % en pacientes con afectación limitada al recto, del 2,8 % cuando la enfermedad se localiza en el colon izquierdo y aumenta hasta el 14,8 % cuando el paciente presenta una pancolitis. En un paciente diagnosticado de CU, la presencia de displasia de cualquier grado en las biopsias de control debería ser motivo para recomendar la intervención quirúrgica, ya que aquélla es indicativa de un alto riesgo de presentar un cáncer sincrónico.[12] En un estudio de piezas de colectomía de pacientes con CU, se observó que un 34 % de los pacientes con cáncer en la pieza definitiva sólo tenían displasia de bajo grado en la biopsia previa.[13] También se ha observado correlación entre la aparición de colangitis esclerosante y el desarrollo de displasia y cáncer colorrectal en pacientes con CU. La incidencia de colangitis esclerosante en pacientes con CU es del 2-5 % y más de un 75 % de los pacientes con colangitis esclerosante tienen o desarrollarán CU.[14]

La otra gran indicación quirúrgica es el fracaso del tratamiento médico, ya sea porque no consigue el control de la sintomatología o, porque para lograrlo, se requieren altas dosis de tratamiento con efectos secundarios inaceptables, o bien el paciente presenta una corticodependencia, es decir, la retirada o disminución de la dosis de corticoides desencadena un brote agudo de la enfermedad.

Estas dos son las indicaciones de tratamiento en la población adulta. En los niños, además de éstas, se añade el retraso en la curva de crecimiento, ya sea por la propia enfermedad o como efecto colateral del uso prolongado de corticoides.

En la unidad de cirugía gastrointestinal del Hospital Clínic de Barcelona, la proporción de pacientes intervenidos de manera urgente representa el 35 % de los casos, mientras que el 65 % son cirugías electivas.

2.2 *Indicación quirúrgica en la enfermedad de Crohn*

El tratamiento quirúrgico de la EC ha experimentado importantes cambios durante la última década como resultado de los avances que se han producido en el tratamiento médico. Sin embargo, debe tenerse en cuenta que, aunque un número considerable de pacientes con EC (entre un 75 y un 90 % tras 20-30 años de enfermedad) requerirán tratamiento quirúrgico en el curso evolutivo de su enfermedad, el tratamiento de la EC está, en la actualidad, principalmente en manos de los gastroenterólogos.[14] Esto significa que los gastroenterólogos deben conocer cuándo estará indicada la cirugía, con el objetivo de mejorar los síntomas en el momento óptimo.

Dado que el tratamiento quirúrgico de esta enfermedad no es definitivo, la tendencia en los últimos años es realizar una cirugía resectiva limitada al tramo de enfermedad macroscópica. Esta estrategia quirúrgica reduce ostensiblemente la aparición del síndrome de intestino corto y marca la gran diferencia con el tratamiento quirúrgico de la CU.[15, 16]

La dificultad en la comprensión de las indicaciones quirúrgicas de la enfermedad de Crohn radica inicialmente en el gran número de técnicas existentes, ya que la enfermedad puede afectar a cualquier tramo del tracto intestinal y su presentación puede ser variable (fistulizante o estenosante). Aunque la localización más frecuente es el íleon distal (30 %), la enfermedad puede afectar al colon en un elevado porcentaje (25 %), con una menor incidencia en el tracto digestivo superior y la región perineal (5 %).[15]

Indicaciones clínicas de tratamiento quirúrgico en la EC
Fracaso del tratamiento médico.
Clínica oclusiva.
Abscesos/fístulas.
Perforación intestinal.
Hemorragia grave.
Efectos secundarios importantes de la medicación.

Tabla 2. Indicaciones quirúrgicas en la enfermedad de Crohn.

Las indicaciones quirúrgicas en la EC se establecen cuando el paciente presenta complicaciones de la enfermedad, como la suboclusión u oclusión intestinal por estenosis, la presencia de hemorragia o de fístulas o abscesos.

El síndrome oclusivo es la indicación más frecuente, con un riesgo superior al 50 % cuando la localización es ileocólica y sólo un 10 % en la cólica. Generalmente, el paciente no presenta un cuadro de oclusión intestinal completa, sino que requiere varios ingresos por cuadros suboclusivos. En estadios precoces, los síntomas obstructores son consecuencia del edema mural y pueden ser tratados médicamente, pero con el tiempo, la fibrosis de la pared intestinal por brotes inflamatorios de repetición ocasiona una estenosis orgánica, que requerirá cirugía para su resolución. Debe indicarse la cirugía cuando el paciente presenta dos brotes de oclusión en un año, o cuando tras tres meses de tratamiento con altas dosis de corticoides no soluciona el cuadro.

Alrededor de un tercio de los pacientes llegan a la cirugía por presentar fístulas; éstas aparecen como resultado de la rotura de un absceso, secundario a la penetración de una úlcera transmural en un área estenótica. Las fístulas más habituales son las enterocutáneas y las enteroentéricas o enterocólicas y más raras son las enterovesicales y enterovaginales. Las más frecuentes son las fístulas enteroentéricas, que pueden ser asintomáticas durante años y pasar desapercibidas si no se realiza un estudio radiológico; si son asintomáticas, en principio no requieren cirugía.

Pero sin duda, la controversia aparece en el momento de decidir cuándo las complicaciones de la EC no pueden controlarse con tratamiento médico; es decir, cuándo el tratamiento médico ha fracasado. No existe consenso para esta definición y seguramente es uno de los motivos de máxima discrepancia entre gastroenterólogos y cirujanos. Lo que sí está claro es que debemos tener en cuenta tres aspectos, dos de ellos son comunes a la colitis ulcerosa: el primero es la ausencia de remisión de síntomas tras un período razonable de tratamiento médico y el segundo es cuando se consigue la remisión de los síntomas con dosis que producen efectos colaterales intolerables.

El tercero de los puntos, característico de la enfermedad de Crohn y que debe ser tenido muy en cuenta antes de indicar una cirugía, es la existencia o no de antecedentes quirúrgicos. Este punto es importante para evitar la aparición de síndrome de intestino corto. Estos aspectos son fundamentales en el momento de indicar un tratamiento quirúrgico en estos pacientes.

Debemos recordar que un retraso innecesario del tratamiento quirúrgico tendrá como consecuencia que el paciente llegue a éste en peores condiciones, tanto generales y nutricionales como locales y anatómicas, con las dificultades técnicas que esto representa para el acto quirúrgico. Todo ello supone mayores complicaciones intra y posoperatorias y, por tanto, una disminución de las potenciales ventajas que el tratamiento quirúrgico puede ofrecer.[17] Así pues, la optimización de la indicación quirúrgica es, en nuestra consideración, uno de los puntos más importantes.

También existen situaciones clínicas en la EC que debemos considerar indicaciones quirúrgicas urgentes, como son la obstrucción intestinal completa, el megacolon, la perforación intestinal, la hemorragia masiva e incluso algunos abscesos con sepsis.

Según nuestra experiencia, la indicación más frecuente de cirugía electiva en la enfermedad de Crohn es la clínica oclusiva, que representa hasta el 65 % de los casos, seguida de un 22 % de pacientes con clínica fistulizante, ya sea en forma de fístulas propiamente dichas o de abscesos. El resto de casos presentan una sintomatología mixta.

3   Indicaciones de la cirugía en la EII

En este apartado desarrollaremos las diferentes técnicas quirúrgicas para el tratamiento de la EII, diferenciando, en el caso de la CU, entre la cirugía urgente y electiva y, en el caso de la EC, expondremos las técnicas quirúrgicas según la localización de la enfermedad.

3.1 Técnica quirúrgica en la colitis ulcerosa

Como hemos explicado anteriormente, el tratamiento de la colitis ulcerosa consiste en la exéresis de los órganos enfermos, que son el colon y el recto. Una vez realizada esta intervención, se considera curada la enfermedad en su aspecto intestinal, así como su riesgo potencial de desarrollar displasia o carcinoma. Estudios publicados en la literatura estiman que entre un 20-30 % de los pacientes diagnosticados de colitis ulcerosa requerirán tratamiento quirúrgico en algún momento de su vida.[18]

El tratamiento puede realizarse en una o dos etapas según la urgencia, las condiciones locales, anatómicas, generales, nutricionales y terapéuticas. A continuación, explicaremos con algo más de detalle las diferencias entre la cirugía electiva y la urgente.

3.1.1 Cirugía urgente en la colitis ulcerosa

En estos pacientes lo que prima es la situación de urgencia. Debemos resolver un estado séptico, inflamatorio u otras circunstancias que hemos descrito anteriormente. El tratamiento definitivo de la enfermedad lo dejaremos para un segundo tiempo en el que el paciente se encontrará en mejores condiciones.

La técnica de elección en estos pacientes se caracteriza por realizarse en dos tiempos. Un primer tiempo en el que se realiza una colectomía total y una ileostomía terminal, dejando la ampolla rectal intacta, y un segundo, cuando se ha controlado la actividad en el recto, en el que se completa la proctectomía y la realización del reservorio ileal.

El motivo para no realizar la proctectomía durante el mismo acto quirúrgico es la dificultad técnica de la disección del recto, en un momento de máxima inflamación que provoca una desestructuración de los planos quirúrgicos y que, por tanto, aumenta la posibilidad de lesionar los plexos nerviosos pélvicos, con una consecuente peor calidad de vida para el paciente (función urinaria, erección, etc.).[4] Además, las condiciones locales del recto podrían aumentar el riesgo de dehiscencia de sutura y de complicaciones infecciosas pélvicas en el postoperatorio.[9] Estos dos motivos, junto con la observación de que dejar una pequeña parte de intestino enfermo no empeora el curso de la enfermedad, es lo que ha llevado a que este procedimiento sea, actualmente, el de referencia para la cirugía urgente de la colitis ulcerosa.

3.1.2 Cirugía electiva en la colitis ulcerosa

Desde que, en 1978, Parks y Nichols describieron la proctocolectomía total con reservorio ileal como la técnica que aseguraba la continencia en pacientes que requerían la extirpación completa del colon y el recto, esta técnica ha ido ganando aceptación, hasta convertirse en la técnica de elección en el tratamiento quirúrgico de los pacientes con colitis ulcerosa y poliposis cólica familiar.[19,20] Han quedado en desuso otras técnicas quirúrgicas utilizadas hasta entonces (proctocolectomía total con ileostomía terminal, proctocolectomía total con ileostomía continente de Kock y colectomía total con anastomosis ileorrectal).

La técnica quirúrgica consiste en la extirpación completa del colon y el recto y la realización de un reservorio con íleon, creando un neorrecto que se anastomosa al ano. Existen varios tipos de reservorios ileales: inicialmente se realizaron en forma de S, aunque ahora prácticamente no se utilizan debido a las complicaciones de este tipo de reservorio (dificultad en la evacuación debido a la excesiva longitud del asa eferente). Otros tipos son el reservorio en W, de difícil construcción técnica aunque con buenos resultados funcionales, y el más utilizado actualmente, que es el reservorio en J, de fácil realización y con buenos resultados funcionales. Sin embargo, diferentes estudios coinciden en que ninguno de estos reservorios aporta grandes ventajas respecto a los otros.[21]

Esta intervención quirúrgica ofrece las ventajas de la radicalidad en cuanto al tratamiento de la enfermedad, porque se consigue eliminar todo el tejido potencialmente enfermo, además de ofrecer unos buenos resultados funcionales, ya que mantiene la continencia, ofrece una buena calidad de vida y una gran satisfacción del paciente.[22] Esta intervención evita la necesidad de portar una ileostomía terminal, tan rechazada por el paciente por las complicaciones que comporta un estoma funcionando de forma continuada y altamente irritante. La no necesidad de un estoma definitivo y la buena calidad de vida tras la intervención podría justificar el adelanto del momento de la indicación quirúrgica.

Un punto de controversia en la ejecución de la proctocolectomía total con reservorio ileal es la necesidad de realizar una ileostomía lateral de protección para proteger la anastomosis ileorrectal.[19] Las indicaciones para realizar una ileostomía de protección son claras cuando se trata de pacientes malnutridos o que han requerido preoperatoriamente elevadas dosis de inmunosupresores o corticoides. Sin embargo, no son tan claras en el caso de pacientes «sanos»; es decir, pacientes que sólo presentan una mala evolución de la colitis ulcerosa. Debe tenerse en cuenta, como en otras anastomosis colo-cólicas o colorrectales, que la realización de una ileostomía no consigue disminuir la incidencia de la dehiscencia de la sutura, aunque sí logra reducir las consecuencias sépticas de la misma.[23] No obstante, la ileostomía y su cierre no son procedimientos inocuos, sino que también añaden morbilidad al procedimiento (dermatitis periestoma, oclusión intestinal, dehiscencias de anastomosis tras el cierre del estoma...). Algunos autores consideran que la proctocolectomía total con reservorio ileal en un tiempo, es decir, sin estoma de protección, es la nueva técnica de elección, mientras que otros creen que ésta sólo se halla indicada en un grupo seleccionado de pacientes.[24]

Otro de los puntos de controversia es la necesidad de realizar una mucosectomía distal. Esta técnica sería necesaria en aquellos casos con grave afectación distal del recto. La ventaja radica en la total eliminación del tejido enfermo, ya que la mucosa remanente puede desencadenar síntomas propios de la enfermedad o incluso displasia y cáncer, si bien este riesgo puede ser eliminado con un control anuscópico periódico. Su principal inconveniente es que produce una lesión de las terminaciones sensitivas responsables del reflejo inhibitorio recto-anal y de la discriminación entre sólido, líquido y gaseoso, todo ello implicado en la continencia. Otro inconveniente de esta técnica es que obliga a realizar una anastomosis manual, con el mayor riesgo de dehiscencia anastomótica que ello supone.[25] Sin embargo, en nuestra Unidad y coincidiendo con numerosos autores, creemos que los inconvenientes de un control estricto del remanente de mucosa no justifican las complicaciones en el posoperatorio inmediato ni tampoco a largo plazo, consecuencia de la mucosectomía.

La realización de una proctocolectomía total con reservorio ileoanal estaría contraindicada en pacientes con disfunción esfinteriana grave, con irradiación pélvica previa o con discapacidad psíquica importante, por los malos resultados en cuanto a calidad de vida. También deben considerarse contraindicaciones relativas la edad superior a 60-70 años y la obesidad importante.[21]

En los pacientes en los que está contraindicada la proctocolectomía total con reservorio, las alternativas técnicas son:

a) Proctocolectomía total con ileostomía terminal. Es una técnica igual de eficaz en cuanto a radicalidad, pero tiene la desventaja de que el paciente será portador de una ileostomía terminal permanente. Para disminuir los inconvenientes de la ileostomía, se han introducido variaciones técnicas, como son la realización de una ileostomía tipo Brooke, que consiste en dejar un tetón de mucosa en el exterior para disminuir las lesiones cutáneas periostomía, o la práctica de una ileostomía continente tipo Kock descrita por este autor en 1969, y que consiste en realizar un reservorio con los últimos 12-15 cm de íleon terminal y crear una válvula mediante la intususpección del asa eferente: el reservorio se distiende y para evacuar es necesario introducir una sonda varias veces al día. Esta última ha sido prácticamente abandonada por las complicaciones que conlleva (reservoritis, disfunción de la válvula responsable de la continencia, fístulas, estenosis) que obligaban a reintervenciones en un 10 % de los casos. Sin embargo, en casos seleccionados (pacientes que no aceptan el estoma, o a los que se les extirpa el reservorio) podría estar indicada.[26]

b) Colectomía total e ileorrectostomía. Este planteamiento es opuesto al de la proctocolectomía total e ileostomía permanente, ya que se apuesta más por el resultado funcional que por la radicalidad en el tratamiento de la enfermedad. Ambas situaciones son consecuencia de la no exéresis del recto. Actualmente, esta intervención debería ser abandonada excepto en pacientes muy seleccionados.

3.2 Técnica quirúrgica en la enfermedad de Crohn

El principio básico para comprender el tipo de cirugía en la EC es que ésta no constituye un tratamiento definitivo y que existe una elevada incidencia de recidiva y de que un paciente deba ser intervenido varias veces, por lo que resulta imprescindible aplicar tratamientos lo más restrictivos posible.

Las diferentes técnicas que se utilizan en esta patología son las resecciones, las plastias, las técnicas de derivación o *bypass* y las ostomías de descarga.

Para una mejor comprensión, dividiremos el tratamiento quirúrgico de la EC según la localización de la enfermedad en el tracto digestivo.

3.2.1 Cirugía de la enfermedad de Crohn de intestino delgado

La técnica más empleada en el tratamiento de la EC de intestino delgado es la resección intestinal. Con respecto a la extensión de la resección, existe unanimidad en que deben realizarse resecciones intestinales lo más cortas posible, dejando unos 2-5 cm de margen libre de enfermedad macroscópica en ambos bordes de resección, ya que se admite que la mayor radicalidad de la resección no influye en la evolución de la enfermedad ni disminuye la posibilidad de recidiva. En la afectación ileal, con mucha frecuencia, la válvula ileocecal no puede preservarse al no existir un margen distal suficiente y bien vascularizado.[27]

La resección intestinal con anastomosis está contraindicada en pacientes con antecedentes quirúrgicos de la enfermedad que hayan requerido resecciones de más de un metro de intestino delgado, evidencia radiológica de una afectación extensa, recurrencia rápida tras la cirugía o existencia de síndrome del intestino corto.

En la década 1980, se describió así la estricturoplastia: es una técnica muy conservadora que se indica en el caso de lesiones cortas, salteadas y múltiples. También se recomendaría en los casos en que esté contraindicada la ejecución de una resección intestinal. La estricturoplastia consiste en realizar una incisión longitudinal sobre la zona estenótica del asa de intestino y la sutura transversal de la misma; se consigue así una dilatación de la estenosis. Aunque inicialmente se indicó sólo en el caso de estenosis cortas, los buenos resultados obtenidos han hecho que su indicación se amplíe a estenosis más largas, de hasta 30 cm. La realización de una estricturoplastia como técnica aislada es excepcional: generalmente, se emplea como técnica asociada a la resección, cuando se detectan intraoperatoriamente lesiones salteadas en el intestino, que obligarían a una resección de intestino superior a 60 cm.[28] Existen varias modalidades de estricturoplastias: la más utilizada es la de Heinecke-Mikulicz, que se realiza del mismo modo que la piloroplastia con el mismo nombre y que es la técnica descrita inicialmente. Otro tipo es la estricturoplastia de Finney, que se realiza en estenosis más largas y consiste en la incisión longitudinal sobre la zona estenótica y, tras plegar el asa sobre sí misma, realizar una sutura laterolateral y, por último, de la anastomosis laterolateral isoperistáltica para segmentos largos de intestino estenosado.[21]

Las contraindicaciones de la estricturoplastia incluyen la cirugía sobre segmentos intestinales que presenten inflamación aguda y que estén asociados a abscesos o trayectos fistulosos.

La yeyunoileítis difusa es una variedad rara de la EC, que afecta a múltiples segmentos del yeyuno y del íleon. El tratamiento quirúrgico de esta variedad se asociaba inicialmente a una elevada mortalidad, debido fundamentalmente al síndrome del intestino corto que desarrollaban los pacientes como consecuencia de las múltiples resecciones y elevadas dosis de corticoides. La aparición de la estricturoplastia combinada con la resección intestinal mejoró el pronóstico de estos pacientes al reducir el síndrome del intestino corto.[21]

Uno de los problemas que puede plantear la EC estenosante es la localización de las zonas de estenosis cuando éstas son múltiples y salteadas. En estos casos se realizará una cateterización intraluminal con una sonda de Foley. Tras la introducción de la sonda se procede a la insuflación del balón con 5 cc de aire y se desplaza por la luz intestinal hasta que se interrumpe la progresión del mismo debido a la existencia de una zona estenótica.

En el caso de grandes masas inflamatorias que engloban varias asas intestinales y se encuentran adheridas a la pelvis o al retroperitoneo, puede plantearse la realización de una derivación intestinal. Sin embargo, la derivación intestinal ha sido actualmente abandonada en el tratamiento de la EC, debido a la progresión del proceso inflamatorio en la zona abandonada intraabdominal. Se aconseja siempre la resección de la zona inflamatoria, sin realizar anastomosis, si ello supone un mayor riesgo de complicaciones en el período posoperatorio.[29]

3.2.2 Cirugía de la enfermedad de Crohn de colon

En la cirugía de colon en la EC, actualmente, también se sigue el criterio de realizar una cirugía lo más conservadora posible, con resecciones segmentarias de colon. En caso de que fuera necesaria la ejecución de una proctocolectomía total, en esta patología está prácticamente contraindicada la realización de reservorios ileales. Por lo tanto, la resección de todo el colon y el recto obliga a practicar una ileostomía terminal permanente.[21, 29]

El estudio preoperatorio del paciente debe caracterizar perfectamente la extensión y la enfermedad que le afecta. Los exámenes preoperatorios constan de pruebas radiológicas, analíticas y, sobre todo, endoscópicas. A pesar de esto, el tipo de cirugía que finalmente se lleve a cabo dependerá mucho de los hallazgos intraoperatorios; tiene una gran importancia iniciar todas las cirugías con una laparoscopia exploradora.

A continuación, se enumeran las diferentes posibilidades quirúrgicas que existen sobre el colon en la EC:

a) Ileostomía de descarga. Esta cirugía se realiza en pacientes que requieren cirugía abdominal urgente y en los que se encuentran unas condiciones locales muy adversas que impiden practicar una cirugía conservadora. Se realiza una ileostomía de descarga y, posteriormente, con el paciente en mejores condiciones generales se cierra la ileostomía y se trata el segmento colónico responsable de la sintomatología.

b) Colectomía segmentaria. Esta cirugía consiste en la resección del tramo de colon causante de la enfermedad. Los resultados funcionales son mucho mejores que en una colectomía subtotal y, además, cumple con los criterios de cirugía conservadora de toda cirugía de la EC. Estas resecciones se realizan reconstruyendo posteriormente el tránsito con anastomosis terminoterminal, que en caso de presentar una estenosis, es fácilmente tratable con dilataciones endoscópicas.

c) Colectomía subtotal con ileostomía. Es apropiada para pacientes con indicación de intervención de urgencia (colitis o megacolon tóxicos) en los que existen elevados factores de comorbilidad, cuando hay un elevado componente inflamatorio del recto y cuando el diagnóstico de enfermedad de Crohn es incierto. En estos casos debe tenerse en cuenta que en el 70 % de los afectados será necesaria la realización de una proctectomía a los diez años y que deberá efectuarse un control endoscópico del recto.

d) Colectomía subtotal con ileorrectostomía. Esta cirugía reconstructiva del tránsito rectal está indicada en aquellos pacientes en los que la patología ha respetado la zona de la ampolla rectal, y está absolutamente contraindicada cuando existe una afectación ileal y enfermedad perianal. Debe tenerse en cuenta que existe un elevado porcentaje de recidiva de EC en la zona de la anastomosis (50-80 %), aunque el tratamiento médico permite el control de los síntomas y la conservación de la anastomosis.

e) Proctocolectomía total e ileostomía terminal. Es la cirugía más agresiva en la enfermedad de Crohn. Ésta no es una cirugía de urgencias, sino que se realiza de manera electiva, en aquellos pacientes que presentan enfermedad colónica grave y difusa. Esta intervención, poco aceptada por los pacientes, ya que resulta necesaria una ileostomía definitiva, es, a la vez, la que menos recurrencias posoperatorias presenta.

f) Proctocolectomía total y reservorio ileal en J. Es una indicación controvertida, debido al elevado porcentaje de fracaso del reservorio. Por tanto, esta técnica se reserva para un grupo muy seleccionado de pacientes en los que se descarta enfermedad perianal e ileal y aceptan los riesgos del fracaso de la intervención.[30]

g) Estricturoplastia. Puede realizarse de la misma manera descrita para la enfermedad ileal e ileocólica. De todos modos, ésta es mucho menos utilizada que las mencionadas.

3.2.3 Cirugía de la enfermedad de Crohn fistulizante

En la enfermedad de Crohn fistulizante, tras el tratamiento con resección intestinal o mediante estricturoplastia, debemos plantear el tratamiento de la propia fístula. Ésta puede cerrarse por primera intención en la víscera penetrada. En las fístulas enteroentéricas, la mayoría de veces se realiza una resección en bloque de las dos asas fistulizadas, recordando siempre el principio de cirugía conservadora. En cambio, en las fístulas enterocólicas, tras la resección del intestino delgado se procede a la del segmento cólico o a la resección en cuña y sutura del defecto en el colon, esto último asociado a un importante riesgo de dehiscencia.[29]

Por otro lado, en las fístulas enterocutáneas frecuentemente posquirúrgicas, se inicia un tratamiento conservador (tratamiento médico, curas tópicas, restitución de los parámetros nutricionales). Cuando este tratamiento no tiene el efecto esperado, puede tratarse quirúrgicamente mediante la resección del asa de intestino delgado causante de la complicación.

3.2.4 Cirugía de la enfermedad de Crohn perianal

La enfermedad perianal se define como la presencia de lesiones persistentes en el canal anal (úlceras, fístulas, abscesos, estenosis, fisuras).

La incidencia de esta patología de manera aislada es cercana al 5 % del total; sin embargo, asociada a otras localizaciones de la misma enfermedad puede alcanzar incluso el 34 % de los pacientes.

Aquí también es válido el principio de cirugía conservadora, tratar los síntomas y no la enfermedad. Es preferible realizar intervenciones mínimas de drenaje de los abscesos, debido a la dificultad con que cicatrizan estas lesiones y al riesgo muy elevado de lesionar los esfínteres.

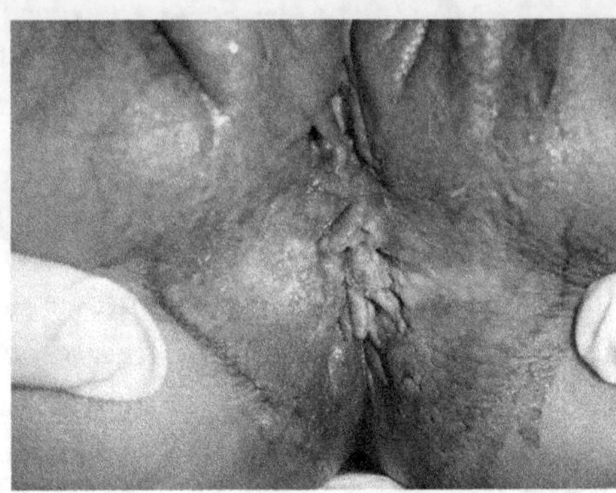

Figura 1. Enfermedad de Crohn perianal complicada.

A continuación, se explican brevemente los diferentes tratamientos según la patología perianal existente:[31]

a) *Abscesos.* Éstos deben ser tratados mediante desbridamiento quirúrgico. Es importante que se realice tempranamente para evitar la progresión de la sepsis local.

b) *Fístulas.* En las fístulas superficiales o interesfinterianas sintomáticas, el tratamiento de elección es la fistulotomía; en el resto de fístulas complejas, el tratamiento de elección es la colocación de un setón a modo de drenaje. Este setón debe ser colocado sin tracción y debe permanecer un largo tiempo. De este modo, evitaremos que la fístula se complique con abscesos de repetición. Además, el setón facilita la fibrosis alrededor del trayecto fistuloso, disminuye la supuración y preserva la función esfinteriana.

c) *Fístulas anovaginales.* Estas fistulas son especialmente invalidantes en estas pacientes. El tratamiento se inicia mediante la colocación de setones, pero si éstos no son efectivos o la paciente no los tolera existen otras alternativas. Estos tratamientos deben ser realizados siempre en un momento en el que la enfermedad no esté activa. La técnica más frecuentemente utilizada es la plastia de avance mucoso endoanal.

d) *Estenosis anales.* Suelen ser bien toleradas por los pacientes. Sólo se tratarán las estenosis sintomáticas y se hará con dilataciones progresivas. Si éstas no son efectivas, deberá tratarse mediante dilatación con sonda de Hegar bajo anestesia.

e) *Hemorroides.* Debe evitarse al máximo el tratamiento quirúrgico de las mismas. Trataremos los prolapsos hemorroidales.

f) *Fisuras.* Sólo debemos tratar aquellas que producen sintomatología y preferentemente con un tratamiento conservador.

g) *Enfermedad de Crohn perianal resistente incluso a tratamientos quirúrgicos.* En estos casos está indicada una ileostomía derivativa. Evitando el tránsito por la zona anal esta enfermedad tiende a curarse rápidamente. Sin embargo, en el momento en el que se restituye el tránsito intestinal, existe una alta incidencia de recaída de la misma. En estos casos, estaría indicada la cirugía resectiva.

4 Papel de la laparoscopia en la EII

Sin duda alguna, uno de los avances más importantes que se han producido en el ámbito quirúrgico en la última década ha sido la introducción de las técnicas de cirugía laparoscópica. La principal diferencia entre la cirugía laparoscópica y la que podemos denominar cirugía convencional es que en la primera no es preciso realizar grandes incisiones en la pared abdominal. Es necesario insuflar gas en la cavidad abdominal para convertir un espacio virtual en uno real que nos permita, mediante la colocación de pequeñas puertas de trabajo (trócares), introducir el material quirúrgico para realizar cualquier intervención intraabdominal.

Desde que en 1991 se realizó la primera colectomía laparoscópica,[32] la experiencia en cirugía intestinal por laparoscopia ha aumentado de forma considerable. Recientemente, se han publicado estudios aleatorizados institucionales y multicéntricos que han demostrado que la cirugía laparoscópica puede realizarse de forma segura y aceptable en el tratamiento de patología colorrectal, tanto benigna como maligna.[33,34]

Se han publicado gran número de trabajos que demuestran que la cirugía laparoscópica representa una serie de ventajas respecto a la cirugía convencional, ventajas que aparecen principalmente en el período posoperatorio y que están relacionadas con la menor agresión quirúrgica que supone dicha cirugía. Estas ventajas son el menor dolor posoperatorio, la no desaparición del peristaltismo intestinal, la menor incidencia de complicaciones y la más rápida movilización del paciente, entre otras; todo lo cual conlleva una más rápida recuperación del paciente y una temprana incorporación a sus actividades habituales. Otra de las ventajas de la cirugía laparoscópica que, con una importancia relativa en pacientes intervenidos por patología neoplásica, tiene gran relevancia en el tratamiento de enfermedades benignas como la EII, es el mejor resultado estético, hecho importante cuando se trata de pacientes jóvenes como son la mayoría de los pacientes con EII.

La cirugía laparoscópica no sólo representa ventajas a corto plazo, sino que éstas también aparecen a largo plazo; una de las más importantes es la disminución en la formación de adherencias posoperatorias.[19] Este hecho es importante en pacientes en los que se prevé que precisarán más de una intervención a lo largo de su vida: se calcula que aproximadamente un 40-50 % de los pacientes con enfermedad de Crohn serán intervenidos en más de una ocasión.[35] Además, la reducción en la formación de adherencias debilita los cuadros suboclusivos adherenciales posteriores, con disminución de los cuadros de dolor abdominal crónico, hecho de gran relevancia en pacientes con EII. Sin embargo, no existen estudios prospectivos aleatorizados multicéntricos que confirmen o contradigan estas ventajas a largo plazo.[36]

Pero no todo son ventajas en la cirugía laparoscópica. También existen desventajas en relación con esta técnica, como son la dificultad técnica que conlleva, lo cual requiere equipos quirúrgicos especializados y la necesidad de superar la curva de aprendizaje por los cirujanos; la mayor duración de la intervención, que está en relación directa con la dificultad técnica y con la experiencia del grupo quirúrgico, y cuando hablamos concretamente de EII, debemos añadir la complejidad de estos pacientes. Esta mayor complejidad de los pacientes con EII se debe a que, al tratarse de una enfermedad con un gran componente inflamatorio, dificulta considerablemente la localización de los planos anatómicos, y la existencia de mesos engrosados y friables hace difícil la maniobra de disección y hemostasia. Además, es frecuente la existencia de trayectos fistulosos que engloban más de un asa intestinal, pueden existir diferentes segmentos intestinales afectados y un elevado porcentaje de pacientes presentan antecedentes de cirugía previa (la mayoría de veces, cirugía convencional), lo cual significa la existencia de gran cantidad de adherencias que dificultan la cirugía y obligan en un elevado porcentaje de casos a no poder completar la intervención por técnicas laparoscópicas (conversión). Todo esto ha propiciado que muchos cirujanos hayan «desterrado» la cirugía laparoscópica en el tratamiento de estos pacientes, ya que los índices de conversión son elevados. En un trabajo publicado por el grupo de la Cleveland Clinic, la enfermedad de Crohn fue la segunda causa más común de conversión (después de la enfermedad diverticular) en una serie de 51 pacientes, intervenidos de patología colorrectal por laparoscopia, que requirieron conversión a cirugía convencional.[37] Sin embargo, los pacientes con EII necesitarán, en un alto porcentaje, una intervención quirúrgica en algún momento de su enfermedad, por lo cual es importante poder realizarla ocasionando la menor agresión quirúrgica, es decir, con la menor incisión y la menor lesión intraabdominal, ventajas propias de la técnica laparoscópica.

Existen determinadas situaciones que pueden considerarse contraindicaciones relativas, ya que dependerán de la experiencia del grupo quirúrgico, para realizar cirugía laparoscópica, como son la presencia de hemorragia activa que conlleve una inestabilidad hemodinámica del paciente, la presencia de un cuadro de *shock* séptico por una peritonitis difusa, un cuadro oclusivo completo con gran distensión de asas intestinales y la existencia de una gran distensión del marco cólico por el riesgo de perforación, la presencia de una coagulopatía no corregible en el momento de la intervención o la presencia de hipertensión portal.[17] En los últimos años, se han publicado numerosas series prospectivas e incluso estudios aleatorizados que prueban que la cirugía laparoscópica es técnicamente factible y segura en el tratamiento de la EII, demostrando que se mantienen todas las ventajas ya demostradas para la cirugía laparoscópica en el tratamiento de otras patologías intraabdominales.[38-42] Incluso existen grupos quirúrgicos que apoyan que la cirugía laparoscópica debe ser considerada la técnica de elección en el tratamiento de pacientes con EII, siempre que sea realizada por equipos con experiencia en técnicas de cirugía laparoscópica avanzada.[43]

BIBLIOGRAFÍA

1. Hancock L, Windsor AC, Mortensen NJ. Inflammatory bowel disease: the view of the surgeon. Colorectal Dis. 2006; 8:10-14.
2. McLeod RS, Baxter NN. Quality of life of patients with inflammatory bowel disease after surgery. World J Surg 1998; 22:375-81.
3. McLeod. Surgery for inflammatory bowel diseases. Dig Surg 2003; 21(2): 168-79.
4. Cima RR, Pemberton JH. Medical and surgical management of chronic ulcerative colitis. Arch Surg 2005; 140 (3):300-10.
5. Farmer RG, Easley KA, Rankin B. Clinical patterns, natural history and progression of ulcerative colitis: A long-term follow-up of 1116 patients. Dig Dis Sci 1993; 38:1137-46.
6. Fleshner PR, Michelassi F, Rubin M, Hanauer SB, Plevy SE, Targan SR. Morbidity of subtotal colectomy in patients with severe ulcerative colitis unresponsive to cyclosporine. Dis Colon Rectum 1995; 38:1241-45.
7. Becker JM. Surgical therapy for ulcerative colitis and Crohn's disease. Gastroenterol Clin North Am 1999; 28:371-90.
8. Binderow SR, Wexner SD. Current surgical therapy for mucosal ulcerative colitis. Dis Colon Rectum 1994; 37:610-24.
9. Ausch C, Madoff RD, Gnant M, Rosen HR, Garcia Aguilar J, Hölbling N, Herbst F, Buxhofer V, Holzer B, Rothenberger DA, Schiessel R. Aetiology and surgical management of toxic megacolon. Colorectal Disease. 20055; 8:195-201.
10. Lewis JD, Deren JJ, Lichenstein GR. Cancer risk in patients with inflammatory bowel disease. Gastroenterol Clin North Am. 1999; 28:459-77.
11. Solomon MJ, Schnitzler M. Cancer and inflammatory bowel disease: bias, epidemiology, surveillance and treatment. World J Surg 1998; 22: 352-58.
12. Gorfine SR, Bauer JJ, Harris MT. Dysplasia complicating chronic ulcerative colitis: is immediate colectomy warranted? Dis Colon Rectum 2000; 43:1575-81.
13. Taylor BA, Pemberton JH, Carpenter HA, Levin KE, Schroeder KW, Welling DR, Spencer MP, Zinsmeister AR. Dysplasia in chronic ulcerative colitis: implications for colonoscopy surveillance. Dis Colon Rectum. 1992; 35:950.
14. Gurbuz AK, Giardiello FM, Bayless TM. Colorectal neoplasia in patients with ulcerative colitis and primary sclerosing cholangitis. Dis Colon Rectum. 1995; 38: 37.
15. Carter MJ, Lobo AJ, Travis SP. Guidelines for the management of inflammatory bowel disease in adults. Gut 2004; Suppl V: v1-v16.
16. Travis SP, Stange EF, Lémann M, Öresland T, Chowers Y, Forbes A *et al.* European evidence based consensus on the diagnosis and management of Crohn's disease: current management. Gut 2006; 55 (Suppl I):i16-i35.
17. Milson JW. Laparoscopic surgery in the treatment of Crohn's disease. Surg Clin N Am. 2005; 85:25-34.
18. Lee EC, Trueove S. Proctocolectomy for ulcerative colitis. World J Surg 1980; 4:195-99.
19. Casillas S, Delaney CP. Laparoscopic surgery for inflammatory bowel disease. Dig Surg 2005; 22:135-42.
20. Bach SP, Mortensen NJ. Revolution and evolution: 30 years of ileoanal pouch surgery. Inflammatory bowel diseases 2006; 12 (2):131-45.
21. J de Oca Burguete, J Martí Rague, R Sánchez Santos. Enfermedad inflamatoria del intestino delgado, del colon y del recto. En Guías AEC. Manual de la Asociación Española de Cirujanos. P Parrilla, E J Aurrieta, M Moreno. Ed. Panamericana. Madrid; 41:341-53.
22. Delaney CP, Fazio VW, Remzi FH, Hammel J, Church JM, Hull TL Senagore AJ, Strong SA, Lavery IC. Prospective, age-related analysis of surgical results, functional outcome, and quality of life after ileal pouch-anal anastomosis. Ann Surg 2003; 17:716-20.
23. Shukla PJ, Pandey D. Protective defunctioning stoma in low anterior resection for rectal carcinoma. Br J Surg 2005; 92:1137-42.
24. Ikeuchi H, Nakano H, Uchino M, Nakamura M, Noda M, Yanagi H, Yamamura T. Safety of one-stage restorative proctocolectomy for ulcerative colitis. Dis Colon Rectum 2005; 48 (8):1550-55.
25. Kayaalp C, Nessar G, Akoglu M, Atalay F. Elimination of mucosectomy during restorative

proctocolectomy in patients with ulcerative colitis may provide better results in low-volume centres. Am J Surg 2003; 185:268-72.

26. Nessar G, Fazio VW, Tekkis P, Connor J, Wu J, Bast J, Borkowski A, Delaney C, Remzi FH. Long-term outcome and quality of life after continent ileostomy. Dis colon rectum 2006; 49:336-44.

27. Fazio VW. Regional enteritis (Crohn's disease): indications for surgery and operative strategy. Surg ClinN Am. 1983; 63:27-48.

28. Michelassi F, Finco C. Indications for surgery in inflammatory bowel disease: The surgeon's perspective. In Krsner JB, Shorter RG (eds): Inflammatory bowel disease, ed. 4 Baltimore, Williams & Wilkins, 1995:771-83.

29. Enfermedad de Crohn. En Cirugía colorrectal. Guías Clínicas de la AEC. Salvador Lledó. Ed. Arán. 2000; Cap15:205-30.

30. Bruch HP, Schwandner O, Farke S, Nolde J. Pouch reconstruction in the pelvis. Langengecks Arch Surg. 2003; 388:60-75.

31. Management of perianal Crohn's disease. Can J Gastroenterol 2000; 14 (Suppl): 7C-12C.

32. Jacobs M, Verdeja JC, Goldstein HS. Minimmally invasive colon resection (laparoscopic colectomy). Surg Laparosc endosc 1991; 1;114-50.

33. Lacy AM, Garcia Valdecasas JC, Delgado S. Laparoscopy-assisted colectomy versus open colectomy for treatment of non-metastatic colon cancer: a randomized trial. Lancet 2002; 359:2224-29.

34. A comparison of laparoscopically assisted and open colectomy for colon cancer. N Engl J Med 2004; 350:2050-59.

35. WA. Bemelman *et al.* Laparoscopic assisted vs ileocolic resection for Crohn's disease. Surgical endoscopy 2000; 14:721-25.

36. Rosman AS, Melis M, Fichera A. Metaanalysis of trials comparing laparoscopic and open surgery for Crohn's disease. Surg Endosc. 2005; 19: 1549-55.

37. Casillas S, Delaney CP, Senagore AJ, Brady K, Fazio VW. Does conversion of a laparoscopic colectomy adversely affect patient outcome? Dis Colon Rectum 2004; 47:168-1685.

38. Milson JW, Hammerhofer KA, Boehm B *et al.* A prospective randomized trial comparing laparoscopic versus conventional surgery in refractory ileocolic Crohn's disease. Dis Colon Rectum 2001; 44 (1):1-19.

39. Maartense S., Dunker MS, Slors JF, Cuesta MA, Pierik EG, Gouma DJ, Hommes DW, Sprangers MA, Bemelman WA. Laparoscopic-assisted versus open ileocolic resection for Crohn's disease. A randomized trial. Annals Surgery 2006; 243 (2):143-49.

40. Marcello PW, Milsom JW, Wong SK, Brady K, Goormastic M, Fazio VW. Laparoscopic total colectomy for acute colitis: A case-control study. Dis Colon Rectum 2001; 44:1441-45.

41. Meijerink WJ, Eijsbouts QA, Cuesta MA, van Hogezand RA, Ringers J, Meuwissen SGM, Griffioen G, Benelman WA. Laproscopically assisted bowel surgery for inflammatory bowel disease. Surg Endosc 1999; 13:882-86.

42. Maartense S, Dunker MS, Slors JF, Cuesta MA, Pierik EG, Gouma DJ, Hommes DW, Sprangers MA, Benelman WA. Laparoscopic-assisted versus open ileocolic resection for Crohn's disease. A Randomized trial. Ann Surg. 2006; 243 (2):143-49.

43. Benelman WA, Dunker MS, Slors JF, Gouma DJ. Laparoscopic surgery for inflammatory bowel disease: current concepts. Scand J Gastroenterol. 2002; 236:54-59.

Chapter 11

Pouchitis

D. S. Pardi, W. J. Sandborn

Mayo Clinic College of Medicine
Division of Gastroenterology and Hepatology
Rochester, Minnesota

Dirección para correspondencia
Mayo Clinic College of Medicine
Dr. D. S. Pardi
pardi.darrell@mayo.edu

1 Background and epidemiology

Total proctocolectomy with restorative ileal pouch anal anastomosis (IPAA) is the surgery most often performed on patients with medically refractory ulcerative colitis or a complication such as dysplasia.[1,2] Approximately 30% of patients with ulcerative colitis eventually require colectomy, and the majority will have an IPAA. Pouchitis is an idiopathic inflammatory condition that occurs in the ileal pouch in up to 60% of patients after IPAA for ulcerative colitis.[1-7] In some studies, most cases of pouchitis occur within the first few years after IPAAN,[8] while in others, the risk continues to increase with a longer follow up.[3] In contrast, pouchitis rarely occurs in patients who have IPAA for familial adenomatous polyposis (FAP).

Patients with pouchitis can be classified according to symptom duration, disease pattern or response to antibiotics.[9] Duration can be classified arbitrarily as acute (< 4 weeks) or chronic (≥ 4 weeks). Disease pattern can be classified as infrequent (1-2 acute episodes per year), relapsing (≥ 3 acute episodes per year, or recurrence within one month of stopping antibiotics), or continuous. Relapsing pouchitis is also considered a form of chronic pouchitis, even if the symptoms do not last for four weeks on therapy. Finally, response to antibiotics can be classified as responsive, dependent or refractory.

2 Clinical features

After an IPAA, patients typically have four to eight bowel movements per day.[3,5,6,10] Pouchitis causes an increase in stool frequency and liquidity, cramping, urgency, tenesmus, and occasionally rectal bleeding. Fecal incontinence is not uncommon, and is a major contributor to impaired quality of life. Patients uncommonly present with acute severe pouchitis requiring hospitalization for IV rehydration and antibiotics. Extraintestinal manifestation also can be seen.[11,12] The majority of patients have acute pouchitis that responds to antibiotics. Approximately 40% of this group will have a single episode of pouchitis, and up to 60% have at least one recurrence.[11,13] Approximately 5-10% of patients develop chronic pouchitis that requires long-term therapy, and a small subset has medically refractory pouchitis that may require pouch excision or exclusion.[4,13]

3   Pathophysiology and risk factors

The pathophysiology of pouchitis is not known. The fact that pouchitis occurs almost exclusively in patients who had IPAA for ulcerative colitis and not for FAP suggests an underlying genetic predisposition. The fact that pouchitis typically does not occur until the diverting ileostomy is closed, and that pouchitis typically responds to antibiotic therapy, suggest that bacterial antigens stimulate the inflammation.

It is not clear whether pouchitis occurs due to overgrowth of normal bacteria or the presence of abnormal bacteria.[1,14-19] Levels of *Lactobacilli, Bifidobacterium, Bacteroides, C. Perfringens, enterococci,* and *coliform* bacteria from pouches in ulcerative colitis patients were similar to that in FAP in one study,[14] and may resemble normal colonic flora,[15] while other studies have showed that the flora in pouch effluent has a higher ratio of anaerobes to aerobes, or an increase in strict anaerobes compared to facultative anaerobes,[16] or more Bacteroides and Bifidobacteria, than effluent from subjects with an end ileostomy.[8,20] Sulfate-producing bacteria have been seen exclusively in pouches of ulcerative colitis patients.[14,16] Despite these findings, one study showed that the increase in strict anaerobes did not correlate with pouch mucosal inflammation or morphology.[16] In pouchitis, total aerobes and some pathogenic bacteria *(C. Perfringens* and hemolytic strains of *E. Coli)* may be increased, while total anaerobes may be decreased.[15] Yet another study showed that patients developing pouchitis had low bacterial and high fungal diversity.[17]

Antibiotic therapy decreases total bacterial counts and may eradicate certain pathogens,[15,18,19] while probiotic therapy increases bacterial and decreases fungal diversity and increases anaerobic species,[17] suggesting that the constituents of the bacterial flora may be more important in the pathogenesis of pouchitis than total bacterial counts. However, other investigators have shown no difference in the bacterial milieu in those with or without pouchitis after IPAA and little change in this ecology after antibiotic therapy.[8,12,19] Given these disparate data, the role of specific bacteria, or ratios of different types of bacteria, in the pathogenesis of pouchitis is not clear.

Reported risk factors for the development of pouchitis include extensive[2,21] or severe[2] ulcerative colitis, young age at diagnosis of colitis,[22] gender,[3] backwash ileitis,[21,23] the presence of extraintestinal manifestations of IBD,[12,24] primary sclerosing cholangitis (PSC),[25] NSAID consumption,[26,27,28] non-smoking status,[28] perinuclear anti-neutrophil cytoplasmic antibody (pANCA) positivity[29] and polymorphisms of the interleukin-1 receptor antagonist gene,[30,31] the TNF gene[31] and the CARD15 gene.[32] However, these various risk factors have not been consistently demonstrated. In one study, the presence of PSC increased the risk of post-operative pelvic sepsis.[33] Smoking and fulminant colitis as an indication for colectomy may decrease the risk of developing pouchitis.[26,34]

4   Diagnostic testing

4.1 Pouchoscopy

A clinical suspicion of pouchitis should be confirmed by endoscopy and mucosal biopsy of the pouch since conditions other than pouchitis can cause similar symptoms.[35] Endoscopy is useful for assessing the degree of inflammation in the pouch (edema, granularity, friability, loss of vascular pattern, hemorrhage and ulceration)[36,37] and for assessment of the prepouch ileum and rectal cuff (if present). A few ulcers along the staple line in the pouch are common and on their own they do not represent a diagnosis of pouchitis. The endoscopy is usually performed with a gastroscope because of its smaller size and greater flexibility. Although a recent cost-effectiveness analysis suggested that endoscopy without biopsy is the most cost-effective approach to diagnosis,[38] some recommend that, at the initial endoscopic evaluation of symptoms of pouchitis, biopsies of the pouch be performed to distinguish between pouchitis, Crohn's disease, CMV pouchitis, and ischemia.[35] The pouch should be biopsied even if the mucosa appears normal at endoscopy, since some patients with mildly symptomatic pouchitis may have clear evidence of active inflammation on biopsy with little or no visible mucosal abnormalities. When biopsying the pouch, the mucosa around the staple line should be avoided.

In pouchitis, histologic examination shows acute inflammation (neutrophil infiltration, crypt abscesses and mucosal ulceration), often superimposed on a background of chronic mucosal changes (including villous atrophy, crypt distortion or hyperplasia, and chronic inflammatory cell infiltration).[37,39] These chronic changes are common in ileal pouches and likely result from chronic fecal stasis.[10,37,39] Thus, pouchitis should not be diagnosed in the absence of acute inflammation. Once a diagnosis of pouchitis is established, repeated biopsies during future endoscopies are not routinely required.

In patients with a stapled pouch-anal anastomosis, a rim of rectal mucosa is left in place. This rectal cuff should be carefully examined for evidence of inflammation (cuffitis). For patients with endoscopic evidence of cuffitis, the diagnosis can be confirmed with cuff biopsies. It should be noted that patients can have both pouchitis and cuffitis simultaneously. The prepouch ileum should also be inspected, and biopsied only if there are endoscopic findings of inflammation, in order to confirm a diagnosis of Crohn's disease.

Measurement of fecal lactoferrin has been suggested as a sensitive and specific indication of inflammatory causes of symptoms in subjects with IPAA.[40] However, an elevated lactoferrin level does not distinguish between pouchitis, cuffitis and Crohn's disease, and a normal level does not distinguish between various non-inflammatory causes of pouch dysfunction.[41] Thus, further research is necessary to clarify the role of fecal lactoferrin in the assessment of bowel symptoms in patients with IPAA.

4.2 Stool for enteric pathogens

There is only one case in the literature of C. difficile infection of the ileoanal pouch,[42] and no reported cases of other specific bacterial or parasitic pathogens. Thus, there is little value in routinely testing for these organisms in patients with symptoms of pouchitis, unless exposure history or current epidemiologic circumstances suggest otherwise.

4.3 Radiology studies

A contrast X-ray of the pouch (pouchogram) is useful in evaluating for Crohn's disease, strictures, decreased pouch compliance, a long efferent limb, and decreased pouch emptying.[43] Crohn's disease is suggested by fistulas arising from the pouch, prepouch ileitis, or stricturing in the pouch. Ischemia can also cause stricturing, as can torsion or kinking of the pouch due to adhesions or surgical errors. Decreased pouch compliance, usually due to scarring or compression from prior or ongoing pelvic infection, is diagnosed by a small contracted pouch. Patients with an S pouch or lateral pouch have an efferent limb referred to as a spout. The spout can become elongated and intermittently kink, leading to functional obstruction of the outlet of the pouch[10] that may be demonstrated on pouchogram.

Pelvic MRI, usually together with examination under anesthesia, should be performed when the patient has perianal fistulas or indirect evidence of a fistula such as pelvic or perianal pain, vaginal drainage, pneumaturia, fecaluria, frequent or polymicrobial urinary tract infections.[44] These exams define fistula anatomy and any associated abscesses or pelvic sepsis, if present. Fistulas may arise from the pouch or prepouch ileum, suggesting Crohn's disease, or from the anastomosis, which is more compatible with a technical complication from the surgery.

4.4 Tests of pouch emptying

Some patients develop difficulty with pouch emptying, either because the pouch is too large, from damage to enteric nerves during pouch construction, or from pelvic floor dysfunction. A nuclear medicine scintigraphic pouch emptying study can quantitate pouch emptying, and anorectal manometry with balloon expulsion can be useful in diagnosing pelvic floor dysfunction. Patients with pelvic floor dysfunction may benefit from pelvic floor retraining with biofeedback therapy. Others with impaired emptying may benefit from regular pouch irrigation, but occasionally, pouch reconstruction is necessary. Anorectal manometry is also useful for evaluating sphincter pressures in patients with significant fecal incontinence, particularly in the absence of pouchitis. Anal ultrasound may also be helpful in this setting to assess anal sphincter anatomy.

4.5 *Therapeutic trial*

Some clinicians make an empiric diagnosis of pouchitis in a patient with an IPAA and increased stool frequency, and treat with antibiotics, given that pouchitis is the most common cause of inflammatory symptoms in this setting. This strategy may lead to an incorrect diagnosis of pouchitis in patients who have another cause of pouch dysfunction. Furthermore, since symptoms tend to recur in many patients, others feel that it is important to make an accurate diagnosis before committing a patient to multiple courses of antibiotics, and that empiric therapy is not appropriate as a diagnostic test. Once pouchitis has been established by endoscopy and biopsy, it may be reasonable to treat symptomatic relapse with empiric antibiotics, reserving repeat endoscopy for patients who fail to respond.

4.6 *Differential diagnosis of symptoms of pouch dysfunction*

The differential diagnosis of symptoms of pouch dysfunction is shown in table 1. The most common cause of pouch dysfunction is pouchitis. Other causes of symptoms after IPAA can be classified as inflammatory (cuffitis, Crohn's disease, specific infection of the pouch) and non-inflammatory (decreased pouch compliance, irritable pouch syndrome, strictures in the pouch or at the anastomosis, long efferent limb, decreased pouch emptying, pelvic floor dysfunction and adhesions).[9,27] Cuffitis occurs in patients with a stapled pouch-anal anastomosis, where a cuff of rectal mucosa is left and becomes inflamed.[45,46] Cuffitis thus represents a recurrence of colitis in the residual mucosa and is distinguished from pouchitis by endoscopy. Approximately 10-15% of patients with ulcerative colitis who undergo IPAA will eventually have a change in diagnosis to Crohn's disease,[1,47] which is suggested by prepouch ileitis, pouch fistulas or rarely by granulomas on pouch biopsy. Fistulas that arise from the anastomosis often result from an anastomotic leak, while fistulas that arise from the pouch or prepouch ileum are usually indicative of Crohn's disease.

Infection of the pouch with cytomegalovirus (CMV) or C. difficile rarely occurs and should be suspected when patients who have endoscopic findings consistent with pouchitis fail to respond to antibiotic therapy.[48-50] Diagnosis is made by pouch biopsy and stool studies.

Decreased pouch compliance typically occurs in patients with previous or ongoing pelvic infection, and can be diagnosed by pouchogram or pelvic MRI. Irritable pouch syndrome is diagnosed in patients with symptoms of pouch dysfunction who have a negative pouch endoscopy and biopsy,[51] if other non-inflammatory causes of pouch dysfunction have been excluded. Anastomotic strictures are diagnosed by digital examination, while pouch strictures are diagnosed by endoscopy or pouchogram.[52] A functionally obstructed long efferent limb should be suspected in patients who have obstructive symptoms with S-pouches or lateral pouches,[10] and is diagnosed by pouchogram. Decreased pouch emptying, pelvic floor dysfunction, and pouch stricture should be considered in patients with bloating and difficulty with

Etiology	Primary symptoms	Diagnosis	Treatment
Pouchitis	Increased stool frequency	Pouch endoscopy with biopsy	Antibiotics
Crohn's disease	Increased stool frequency Abdominal pain, bloating Fistulas	Pouch endoscopy with biopsy CT enterography Small bowel x-ray Pouchogram Pelvic MRI	Antibiotics Corticosteroids (including budesonide) Azathioprine, 6-mercaptopurine, Methotrexate Infliximab
Specific infection - CMV - C. difficile	Increased stool frequency	Biopsy for CMV Stool for C. difficile toxins	Gancyclovir Metronidazole Vancomycin
Bacterial overgrowth	Increased stool frequency Bloating	Small bowel bacterial culture Therapeutic trial	Antibiotics
Decreased pouch compliance	Increased stool frequency	Pouchogram Pelvic MRI (to exclude infection)	Diet Anti-diarrheal therapy
Pelvic sepsis	Increased stool frequency Pelvic pain Fever	Pelvic MRI Exam under anesthesia	Antibiotics Drainage Diversion
Irritable pouch syndrome	Increased stool frequency Abdominal pain, bloating	Diagnosis of exclusion (other tests negative)	Antispasmodics Anti-diarrheal therapy Fiber Anti-depressants
Cuffitis	Tenesmus, urgency Bleeding	Pouch endoscopy with cuff biopsies	Topical or oral mesalamine or steroids
Anastomotic stricture	Difficulty evacuating	Physical examination	Exam under anesthesia with dilation
Long efferent limb (S-pouch, lateral pouch)	Difficulty evacuating	Pouchogram	Pouch revision
Decreased pouch emptying	Difficulty evacuating	Pouchogram Nuclear scintigraphic emptying study	Tap water enemas
Pelvic floor dysfunction	Difficulty evacuating	Anorectal manometry	Biofeedback
Pouch stricture - Ischemic - Crohn's disease - Torsion	Difficulty evacuating	Pouch endoscopy Pouchogram Small bowel x-ray Mesenteric angiogram (rarely)	Exam under anesthesia with dilation Endoscopic balloon dilation Stricturoplasty Pouch revision
Adhesions	Abdominal pain, bloating	Small bowel x-ray	Lysis of adhesions
Anal Sphincter Dysfunction	Fecal incontinence	Anorectal manometry Anal ultrasound	Biofeedback Sphincter repair Diverting ileostomy

Table 1. Differential diagnosis of symptoms of ileoanal pouch dysfunction. Pardi DS, Sandborn WJ. Review article: Management of Pouchitis. Aliment Pharmacol Ther 2006; 23:1087-96. Modified with the permission of Blackwell Publishing.

evacuation. These conditions are diagnosed by pouchogram, nuclear scintigraphic emptying study, and anorectal manometry.

Finally, other conditions that can cause diarrhea, such as lactose intolerance, celiac disease, bacterial overgrowth, and irritable bowel syndrome can occur in patients with IPAA, with or without pouchitis.

5 Treatment

5.1 Antibiotics

Most patients with pouchitis respond promptly to antibiotic therapy, usually with metronidazole or ciprofloxacin.[1,8,10,13] However, few randomized controlled antibiotic trials have been performed.[53-55] A small crossover trial showed that oral metronidazole was superior to placebo for improving diarrhea, although there was no difference in endoscopic or histologic improvement.[53] A second trial compared metronidazole to ciprofloxacin. Both drugs significantly reduced the Pouchitis Disease Activity Index, but ciprofloxacin had a greater reduction and fewer side effects.[54] A third trial comparing metronidazole to budesonide enemas is described below.[55] In an uncontrolled study, most patients who did not respond to or tolerate metronidazole responded to ciprofloxacin.[13] Patients who fail to respond to a single antibiotic may respond to combination therapy with two antibiotics.[18,56] Several other antibiotics have been reported to be effective in uncontrolled series of patients with pouchitis, including topical metronidazole (enemas or suppositories), erythromycin, tetracycline, rifaximin and amoxicillin/clavulanate.[1,8,10,57]

Most patients with pouchitis will show a symptomatic improvement after a few days of therapy with antibiotics. Patients with relapsing or chronic pouchitis may need continuous maintenance antibiotics (termed antibiotic dependent chronic pouchitis). Adverse effects with even short term use of metronidazole occur in 33-57% of patients, including nausea, vomiting, dysgeusia, abdominal discomfort, headache, and skin rash.[53-55] The incidence of these side effects, and others such as peripheral neuropathy, increases with chronic use. Thus, patients who require chronic antibiotic therapy are often treated with ciprofloxacin. Some patients with chronic antibiotic dependent pouchitis can maintain remission on less than full doses of antibiotics *(e.g.* ciprofloxacin 250-500 mg QD).

5.2 Probiotics

Recent studies have suggested that altering the pouch flora with probiotic bacteria can maintain remission in chronic pouchitis[58,59] or prevent the development of pouchitis in the first place.[60] One study randomized forty patients with chronic pouchitis in remission to placebo or an oral probiotic preparation (VSL # 3).[58] At nine months, the relapse rate was 15% in the VSL # 3 group and 100% in the placebo group. In a second trial, 36 patients with recurrent or refractory pouchitis were treated with antibiotics and then randomized to maintenance therapy with VSL # 3 or placebo for one year. The relapse rates were 15% in the VSL-3 group and 94% in the placebo group.[59]

However, an open-label study of VSL # 3 in patients with antibiotic-dependent chronic pouchitis treated at a referral center was less encouraging.[61] In this uncontrolled study, < 20% were able to maintain remission on VSL # 3 during eight months of follow up.

In another controlled trial, VSL # 3 or placebo were given after IPAA.[60] The incidence of pouchitis was 10% in the VSL # 3 group and 40% in the placebo group after one year. In this study, VSL # 3 also reduced the stool frequency of patients without pouchitis.

5.3   Other therapies

Uncontrolled studies have reported that oral and rectal corticosteroids may be beneficial in active pouchitis.[8,10,12,47] A small trial of budesonide enemas showed efficacy similar to oral metronidazole.[55] However, 57% of metronidazole treated patients had adverse events compared to 25% of those treated with budesonide. Open-label clinical experience also suggests that oral budesonide is beneficial for pouchitis[62,63] In patients who require oral steroids for induction of remission, maintenance therapy with immune modulators (azathioprine or 6-mercaptopurine) or perhaps low-dose oral budesonide should be considered.

Topical or oral therapy with mesalamine may also be effective in patients with antibiotic-refractory pouchitis.[47,64] In severe, treatment-refractory pouchitis, infliximab[65] or tacrolimus[66] may be of benefit.

Several topical therapies have been studied in pouchitis with mixed results, including bismuth enemas,[67] bismuth tablets,[68] short chain fatty acid enemas, and glutamine suppositories.[69] However, a controlled trial of bismuth enemas was negative,[70] the study of short chain fatty acids and glutamine had no placebo group, and the oral bismuth results have not been replicated. Other therapies with uncertain benefit include cyclosporin enemas and azathioprine. Thus, the role for these drugs in the treatment of pouchitis remains to be clarified.

5.4   Treatment algorithm

An algorithm for the treatment of pouchitis is shown in figure 1. Acute pouchitis is usually treated with metronidazole or ciprofloxacin for 10-14 days. Most patients respond to these or other antibiotics. Patients who experience frequent relapses (three times in one year or within one month of discontinuation of antibiotics) and those with chronic pouchitis require

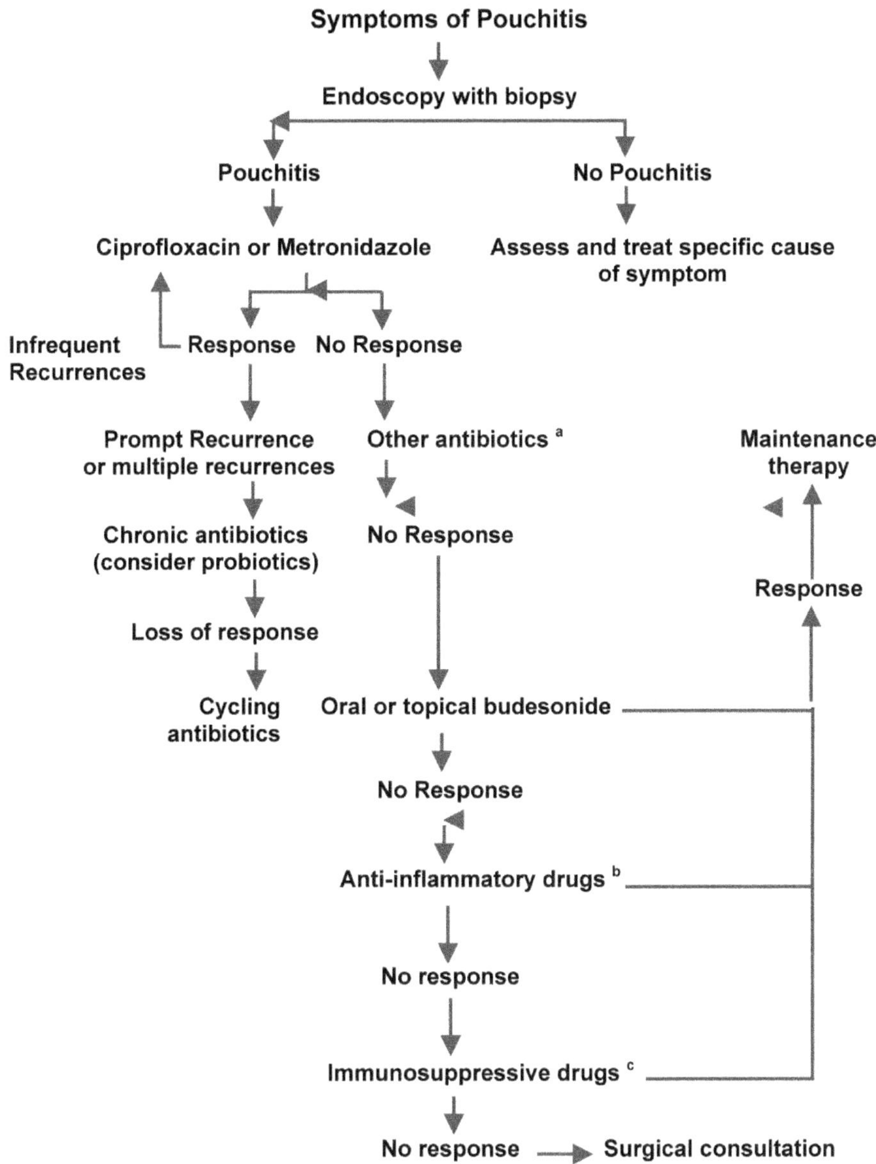

Figure 1. Treatment algorithm for pouchitis. Other antibiotics[a] includes rifaximin, tinidazole, clarithromycin, doxycycline, amoxicillin/clavulanate, erythromycin, tetracycline and combination/cycling of multiple antibiotics. Anti-inflammatory drugs[b] includes oral bismuth subsalicylate, mesalamine enemas, suppositories or tablets, and sulfasalazine. Immunosuppressive Drugs[c] includes other steroids, azathioprine, 6-mercaptopurine, infliximab and tacrolimus. Pardi DS, Sandborn WJ. Review article: Management of Pouchitis. Aliment Pharmacol Ther 2006; 23:1087-96. Modified with the permission of Blackwell Publishing.

maintenance antibiotics. Probiotics may be considered as an alternate to chronic antibiotics for maintenance of remission in chronic antibiotic-dependent pouchitis, although further study is warranted to clarify the role of probiotics in these patients. For patients receiving maintenance antibiotics who lose benefit after prolonged treatment, rotation of three or four antibiotics in one week intervals may be beneficial.

Patients who do not improve with single antibiotics may respond to combination antibiotics. If not, they can be treated with topical or oral budesonide. Other options include topical mesalamine (enemas or suppositories), oral sulfasalazine or mesalamine, other topical or oral steroids, and possibly oral bismuth, azathioprine, 6-mercaptopurine, or infliximab. However, there is little base evidence or clinical experience for these therapies. A small number of patients will be refractory to all medical therapy. These patients should be referred to a colorectal surgeon for consideration of permanent ileostomy with pouch exclusion or excision, assuming the alternative diagnoses discussed above have been excluded.

6   Conclusions

Patients with pouch dysfunction should be evaluated initially with pouch endoscopy and biopsy before a diagnosis of pouchitis is made, since other conditions can produce similar symptoms and are often misdiagnosed as pouchitis. Small controlled trials have reported efficacy of metronidazole, ciprofloxacin and budesonide enemas for active pouchitis, and clinical experience has supported the effectiveness of these therapies. Two placebo controlled trials reported that probiotic bacteria are effective for maintaining remission in patients with chronic pouchitis, although an open-label report of clinical practice suggests limited efficacy in this setting. Some patients with chronic pouchitis require maintenance therapy with antibiotics or other therapies, and few will require permanent ileostomy with pouch exclusion or excision.

REFERENCE

1. Sandborn WJ. Pouchitis following ileal pouch-anal anastomosis: definition, pathogenesis and treatment. Gastroenterology 1994;107:1856-60.

2. Fazio VW, Ziv Y, Church JM, *et al.* Ileal pouch-anal anastomosis: complications and function in 1005 patients. Ann Surg 1995;222:120-7.

3. Simchuk EJ, Thirlby RC. Risk factors and true incidence of pouchitis in patients after ileal pouch-anal anastomoses. World J Surg 2000;24:851-6.

4. Salemans JM, Nagengast FM, Lubbers EJ, Kuijpers JH. Postoperative and long-term results of ileal pouch-

anal anastomosis for ulcerative colitis and familial polyposis coli. Dig Dis Sci 1992;37:1882-9.

5. Marcello PW, Roberts PL, Schoetz DJ Jr, *et al.* Long-term results of the ileoanal pouch procedure. Arch Surg 1993;128:500-3.

6. Meagher AP, Farouk R, Dozois RR, *et al.* J ileal pouch-anal anastomosis for chronic ulcerative colitis: complications and long-term outcome in 1310 patients. Br J Surg 1998;85:800-3.

7. Svaninger G, Nordgren S, Oresland T, Hulten L. Incidence and characteristics of pouchitis in the Kock

continent ileostomy and the pelvic pouch. Scand J Gastroenterol 1993;28:695-700.

8. Shepherd NA, Hulten L, Tytgat GN, *et al.* Workshop: Pouchitis. Int J Colorectal Dis 1989;4: 205-29.

9. Sandborn WJ, Pardi DS. Clinical management of pouchitis. Gastroenterology 2004;127:1809-14.

10. Sagar PM, Pemberton JH. Ileo-anal pouch function and dysfunction. Dig Dis 1997;15:172-88.

11. Lohmuller JL, Pemberton JH, Dozois RR, *et al.* Pouchitis and extraintestinal manifestations of inflammatory bowel disease after ileal pouch-anal anastomosis. Ann Surg 1990;211:622-7; discussion 627-9.

12. Tytgat GN, van Deventer SJ. Pouchitis. Int J Colorectal Dis 1988;3:226-8.

13. Hurst RD, Molinari M, Chung TP, *et al.* Prospective study of the incidence, timing and treatment of pouchitis in 104 consecutive patients after restorative proctocolectomy. Arch Surg 1996;131: 497-500; discussion 501-2.

14. Duffy M, O'Mahony L, Coffey JC, *et al.* Sulfate-reducing bacteria colonize pouches formed for ulcerative colitis but not for familial adenomatous polyposis. Dis Colon Rectum 2002;45:384-8.

15. Gosselink MP, Schouten WR, van Lieshout LM, *et al.* Eradication of pathogenic bacteria and restoration of normal pouch flora: comparison of metronidazole and ciprofloxacin in the treatment of pouchitis. Dis Colon Rectum 2004;47:1519-25.

16. Smith FM, Coffey JC, Kell MR, *et al.* A characterization of anaerobic colonization and associated mucosal adaptations in the undiseased ileal pouch. Colorectal Dis. 2005;7:563-70.

17. Kuhbacher T, Ott SJ, Helwig U, *et al.* Bacterial and fungal microbiota in relation to probiotic therapy (VSL # 3) in pouchitis. Gut. 2006;55:833-41.

18. Gionchetti P, Rizzello F, Venturi A, *et al.* Antibiotic combination therapy in patients with chronic, treatment-resistant pouchitis. Aliment Pharmacol Ther 1999;13:713-8.

19. Kmiot WA, Youngs D, Tudor R, *et al.* Mucosal morphology, cell proliferation and faecal bacteriology in acute pouchitis. Br J Surg 1993;80:1445-9.

20. Nasmyth DG, Godwin PG, Dixon MF, *et al.* Ileal ecology after pouch-anal anastomosis or ileostomy. A study of mucosal morphology, fecal bacteriology, fecal volatile fatty acids, and their interrelationship. Gastroenterology 1989;96:817-24.

21. Schmidt CM, Lazenby AJ, Hendrickson RJ, Sitzmann JV. Preoperative terminal ileal and colonic resection histopathology predicts risk of pouchitis in patients after ilealanal pull-through procedure. Ann Surg 1998;227:654-62.

22. Stahlberg D, Gullberg K, Liljeqvist L, *et al.* Pouchitis following pelvic pouch operation for ulcerative colitis. Incidence, cumulative risk, and risk factors. Dis Colon Rectum 1996;39:1012-8.

23. Abdelrazeq AS, Wilson TR, Leitch DL, *et al.* Ileitis in ulcerative colitis: is it a backwash? Dis Colon Rectum. 2005;48:2038-46.

24. Hata K, Watanabe T, Shinozaki M, Nagawa H. Patients with extraintestinal manifestations have a higher risk of developing pouchitis in ulcerative colitis: multivariate analysis. Scand J Gastroenterol 2003; 38:1055-8.

25. Penna C, Dozois R, Tremaine W, *et al.* Pouchitis after ileal pouch-anal anastomosis for ulcerative colitis occurs with increased frequency in patients with associated primary sclerosing cholangitis. Gut 1996;38:234-9.

26. Achkar JP, Al-Haddad M, Lashner B, *et al.* Differentiating risk factors for acute and chronic pouchitis. Clin Gastroenterol Hepatol 2005;3:60-6.

27. Shen B, Fazio VW, Remzi FH, *et al.* Comprehensive evaluation of inflammatory and noninflammatory sequelae of ileal pouch-anal anastomoses. Am J Gastroenterol 2005;100:93-101.

28. Shen B, Fazio VW, Remzi FH, *et al.* Risk factors for diseases of ileal pouch-anal anastomosis after restorative proctocolectomy for ulcerative colitis. Clin Gastroenterol Hepatol. 2006;4:81-9.

29. Sandborn WJ, Landers CJ, Tremaine WJ, Targan SR. Antineutrophil cytoplasmic antibody correlates with chronic pouchitis after ileal pouch-anal anastomosis. Am J Gastroenterol 1995;90:740-7.

30. Carter MJ, Di Giovine FS, Cox A, *et al.* The interleukin 1 receptor antagonist gene allele 2 as a predictor of pouchitis following colectomy and IPAA in ulcerative colitis. Gastroenterology 2001; 121: 805-11.

31. Aisenberg J, Legnani PE, Nilubol N, *et al.* Are pANCA, ASCA, or cytokine gene polymorphisms associated with pouchitis? Long term follow-up in 102 ulcerative colitis patients. Am J Gastroenterol 2004;432-41.

32. Meier CB, Hegazi RA, Aisenberg J, *et al.* Innate immune receptor genetic polymorphisms in pouchitis: is CARD15 a susceptibility factor? Inflamm Bowel Dis. 2005;11:965-71.

33. Gorgun E, Remzi FH, Manilich E, *et al.* Surgical outcome in patients with primary sclerosing cholangitis undergoing ileal pouch-anal anastomosis: a case-control study. Surgery. 2005;138:631-639.

34. Merrett MN, Mortensen N, Kettlewell M, Jewell DO. Smoking may prevent pouchitis in patients with restorative proctocolectomy for ulcerative colitis. Gut 1996;38:362-4.

35. Shen B, Achkar JP, Lashner BA, *et al.* Endoscopic and histologic evaluation together with symptom assessment are required to diagnose pouchitis. Gastroenterology 2001;121:261-7.

36. Di Febo G, Miglioli M, Lauri A, *et al.* Endoscopic assessment of acute inflammation of the ileal reservoir after restorative ileo-anal anastomosis. Gastrointest Endosc 1990;36:6-9.

37. Moskowitz RL, Shepherd NA, Nicholls RJ. An assessment of inflammation in the reservoir after restorative proctocolectomy with ileoanal ileal reservoir. Int J Colorectal Dis 1986;1:167-74.

38. Shen B, Shermock KM, Fazio VW, *et al.* A cost-effectiveness analysis of diagnostic strategies for symptomatic patients with ileal pouch-anal anastomosis. Am J Gastroenterol 2003;98:2460-7.

39. Shepherd NA, Jass JR, Duval I, *et al.* Restorative proctocolectomy with ileal reservoir: pathological and histochemical study of mucosal biopsy specimens. J Clin Pathol 1987;40:601-7.

40. Parsi MA, Shen B, Achkar JP, *et al.* Fecal lactoferrin for diagnosis of symptomatic patients with ileal pouch-anal anastomosis. Gastroenterology 2004;126: 1280-6.

41. Johnson MW, Dewar DH, Ciclitira P, *et al.* Use of fecal lactoferrin to diagnose irritable pouch syndrome: a word of caution. Gastroenterology 2004;127: 1647-8.

42. Mann SD, Pitt J, Springall RG, Thillainayagam AV. Clostridium difficile infection –an unusual cause of refractory pouchitis: report of a case. Dis Colon Rectum 2003;46:267-70.

43. Seggerman RE, Chen MY, Waters GS, Ott DJ. Radiology of ileal pouch-anal anastomosis surgery. AJR Am J Roentgenol 2003;180:999-1002.

44. Libicher M, Scharf J, Wunsch A, *et al.* MRI of pouch-related fistulas in ulcerative colitis after restorative proctocolectomy. J Comput Assist Tomogr 1998;22:664-8.

45. Shen B, Lashner BA, Bennett AE, *et al.* Treatment of rectal cuff inflammation (cuffitis) in patients with ulcerative colitis following restorative proctocolectomy and ileal pouch-anal anastomosis. Am J Gastroenterol 2004;99:1527-31.

46. Thompson-Fawcett MW, Mortensen NJ, Warren BF. «Cuffitis» and inflammatory changes in the columnar cuff, anal transitional zone, and ileal reservoir after stapled pouch-anal anastomosis. Dis Colon Rectum. 1999;42:348-55.

47. Keighley MRB. Review article: the management of pouchitis. Aliment Pharmacol Ther 1996;10: 449-57.

48. Munoz-Juarez M, Pemberton JH, Sandborn WJ, *et al.* Misdiagnosis of specific cytomegalovirus infection of the ileoanal pouch as refractory idiopathic chronic pouchitis: report of two cases. Dis Colon Rectum 1999;42:117-20.

49. Moonka D, Furth EE, MacDermott RP, Lichtenstein GR. Pouchitis associated with primary cytomegalovirus infection. Am J Gastroenterol 1998; 93:264-6.

50. Salfiti N, Loftus EV, Tremaine WJ, *et al.* Clinical features and outcomes of cytomegalovirus colitis or pouchitis in patients with inflammatory bowel disease. Am J Gastroenterol 2005;100:S316.

51. Shen B, Achkar JP, Lashner BA, *et al.* Irritable pouch syndrome: a new category of diagnosis for symptomatic patients with ileal pouch-anal anastomosis. Am J Gastroenterol 2002;97:972-7.

52. Prudhomme M, Dozois RR, Godlewski G, Mathison S, Fabbro-Peray P. Anal canal strictures after ileal pouch-anal anastomosis. Dis Colon Rect 2003; 46:20-3.

53. Madden MV, McIntyre AS, Nicholls RJ. Double-blind crossover trial of metronidazole versus placebo in chronic unremitting pouchitis. Dig Dis Sci 1994;39: 1193-6.

54. Shen B, Achkar JP, Lashner BA, *et al.* A randomized clinical trial of ciprofloxacin and metronidazole to treat acute pouchitis. Inflamm Bowel Dis 2001;7: 301-5.

55. Sambuelli A, Boerr L, Negreira S, *et al.* Budesonide enema in pouchitis –a double-blind, double-dummy, controlled trial. Aliment Pharmacol Ther 2002;16:27-34.

56. Mimura T, Rizzello F, Helwig U, *et al.* Four-week open-label trial of metronidazole and ciprofloxacin for the treatment of recurrent or refractory pouchitis. Aliment Pharmacol Ther 2002;16909-17.

57. Nygaard K, Bergan T, Bjorneklett A, *et al.* Topical metronidazole treatment in pouchitis. Scand J Gastroenterol 1994;29:462-7.

58. Gionchetti P, Rizzello F, Venturi A, *et al.* Oral bacteriotherapy as maintenance treatment in patients with chronic pouchitis: a double-blind, placebo-controlled trial. Gastroenterology 2000;119:305-9.

59. Mimura T, Rizzello F, Helwig U, *et al.* Once daily high dose probiotic therapy (VSL # 3) for maintaining remission in recurrent or refractory pouchitis. Gut 2004;53:108-14.

60. Gionchetti P, Rizzello F, Helwig U, *et al.* Prophylaxis of pouchitis onset with probiotic therapy: a double-blind, placebo-controlled trial. Gastroenterology 2003;124:1202-9.

61. Shen B, Brzezinski A, Fazio VW, *et al.* Maintenance therapy with a probiotic in antibiotic-dependent pouchitis: experience in clinical practice. Aliment Pharmacol Ther 2005;22:721-8.

62. Chopra A, Pardi DS, Loftus EV, *et al.* Budesonide in the treatment of inflammatory bowel disease: the first year of experience in clinical practice. Inflamm Bow Dis 2006;12:29-32.

63. Gionchetti P, Rizzello F, Morselli C, *et al.* Eight-week trial of oral budesonide for the treatment of refractory pouchitis. Gastroenterology 2004;126: A123.

64. Miglioli M, Barbara L, Di Febo G, *et al.* Topical administration of 5-aminosalicylic acid: a therapeutic proposal for the treatment of pouchitis. N Engl J Med 1989;320:257.

65. Viscido A, Habib FI, Kohn A, *et al.* Infliximab in refractory pouchitis complicated by fistulae following ileo-anal pouch anastomosis for ulcerative colitis. Aliment Pharmacol Ther 2003;17:1263-71.

66. Baumgart DC, Pintoffl JP, Sturm A, *et al.* Tacrolimus is safe and effective in patients with severe steroid-refractory or steroid-dependent inflammatory bowel disease –a long-term follow-up. Am J Gastroenterol. 2006;101:1048-56.

67. Gionchetti P, Rizzello F, Venturi A, *et al.* Long-term efficacy of bismuth carbomer enemas in patients with treatment-resistant chronic pouchitis. Aliment Pharmacol Ther 1997;11:673-8.

68. Tremaine WJ, Sandborn WJ, Kenan ML. Bismuth subsalicylate tablets for chronic antibiotic-resistant pouchitis. Gastroenterology 1998;114: A1101.

69. Wischmeyer P, Pemberton JH, Phillips SF. Chronic pouchitis after ileal pouch-anal anastomosis: responses to butyrate and glutamine suppositories in a pilot study. Mayo Clin Proc 1993;68: 978-81.

70. Tremaine WJ, Sandborn WJ, Wolff BG, *et al.* Bismuth carbomer foam enemas for active chronic pouchitis: a randomized, double-blind, placebo-controlled trial. Aliment Pharmacol Ther 1997; 11: 1041-6.

Capítulo 12

Nuevas opciones terapéuticas en la enfermedad inflamatoria intestinal

G. Bastida, P. Nos

Hospital Universitario La Fe
Servicio de Aparato Digestivo
Valencia

Dirección para correspondencia
Hospital Universitario La Fe
Dra. P. Nos
pnosm@meditex.es

1 Enfermedad de Crohn

La historia natural de la enfermedad de Crohn y su pronóstico se hallan modificados por las diferentes opciones de tratamiento médico y quirúrgico que pueden ofrecerse actualmente. Los objetivos primordiales del tratamiento consisten en lograr y mantener la remisión completa de la enfermedad y en evitar y tratar las posibles complicaciones que acontecen durante el transcurso de la misma. La importante heterogeneidad clínica de la enfermedad de Crohn requiere un enfoque terapéutico individualizado y éste depende de la localización y actividad inflamatoria de las lesiones y del patrón clínico evolutivo.

Los tres patrones evolutivos de la enfermedad, inflamatorio o no estenótico, no fistulizante, estenótico y fistulizante, han sido recientemente redefinidos en el consenso de Montreal,[1] modificando así la previa clasificación de Viena.[2] En las formas estenóticas establecidas, en ausencia de componente inflamatorio y en presencia de cuadros suboclusivos, está indicada la cirugía. Para el control de la actividad inflamatoria, se utilizan sobre todo los corticoides, ya sean de acción local (budesonida) o sistémica. En el patrón fistulizante, el tratamiento se fundamentará en la administración de antibióticos, inmunosupresores y anti-TNF.

La secuencia temporal de aparición en el mercado de las distintas alternativas farmacológicas se representa en la figura 1.

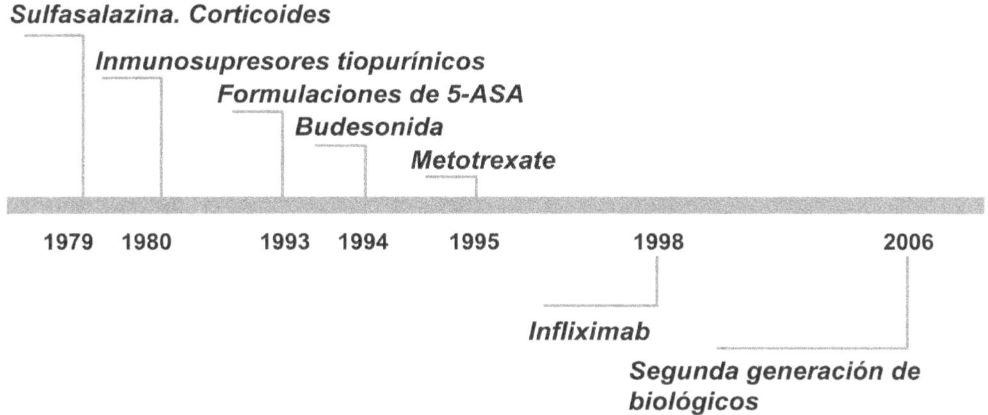

Figura 1. Secuencia cronológica de la introducción de los distintos fármacos utilizados en la enfermedad de Crohn.

La aportación más reciente al arsenal terapéutico de la enfermedad la ha supuesto la incorporación de nuevos fármacos biotecnológicos; en concreto, las nuevas moléculas anti-TNF. La granulocitoaféresis ha comenzado también a valorarse en estudios piloto en algunas situaciones concretas de la enfermedad.

1.1 Terapias biológicas en la enfermedad de Crohn

El mejor conocimiento de la etiopatogenia de la enfermedad y del papel de determinadas moléculas y citoquinas en el desarrollo y autoperpetuación del proceso inflamatorio en la lámina propia intestinal, ha sido crucial en la investigación de nuevos tratamientos biológicos.[3]

La compleja relación entre los factores genéticos y el microambiente intraluminal del tracto intestinal favorece una activación sostenida de la respuesta inmune y no inmune de la mucosa. En situaciones normales, esta mucosa intestinal se encuentra en un estado de «inflamación controlada», regulada por un fino balance entre las citoquinas proinflamatorias (TNF-α, IFN-γ, IL-1, IL-6 e IL-12) y las antiinflamatorias (IL-4, IL-10, IL-11). Los agentes biotecnológicos desarrollados para actuar sobre ciertos componentes de este proceso inflamatorio, de los que se ha sugerido o mostrado su eficacia en la enfermedad y que se comentarán en este capítulo, se esquematizan en la tabla 1.

Mecanismo de acción	Nombre de la molécula
Bloqueo del factor de necrosis tumoral (Anti-TNFα).	
IgG1 isotipo 75 % humanizado.	Infliximab.
IgG1 isotipo 100 % humanizado.	Adalimumab.
Fragmento FAP pegilado 100 % humanizado.	Certolizumab.
Bloqueo del interferón gamma (Anti-IFNγ).	Fontolizumab.
Inhibidor de moléculas de adhesión.	Natalizumab.
Estimulación de colonias de granulocitos-macrófagos.	Sargramostim.

Tabla 1. Agentes biotecnológicos en la enfermedad de Crohn.

En los próximos años, asistiremos al desarrollo de muchas otras moléculas biológicas y, quizás, a la generalización en la práctica clínica de su empleo sistemático. Actualmente, se nos presentan algunos aspectos cruciales que deberán resolverse o valorarse en el futuro próximo: *a)* controlar y prevenir la posibilidad de desarrollar complicaciones tumorales e infecciosas, *b)* valorar la posibilidad de invertir la pirámide de tratamiento y modificar la historia natural de la enfermedad, *c)* interpretar el significado clínico de la «curación mucosa» conseguida por estos fármacos y *d)* optimizar su tratamiento, identificando para ello los grupos (perfiles inflamatorios o genéticos) de pacientes que responden adecuadamente.

Estos nuevos tratamientos han supuesto un indudable avance, al ofrecer a los pacientes refractarios a la terapia «convencional» nuevas opciones terapéuticas que han mejorado el curso de su enfermedad y su calidad de vida. Es probable que, en el futuro, podamos conseguir, con la asociación de varios fármacos y actuando sobre distintos puntos de la cascada inflamatoria, un mejor control de la enfermedad.

1.1.1 Agentes anti-TNF

El factor de necrosis tumoral es una citoquina proinflamatoria que desempeña un papel fundamental en el proceso inflamatorio y su autoperpetuación, y cuyos niveles están aumentados en suero y mucosa intestinal en la enfermedad. Su bloqueo supuso la primera de las estrategias biológicas y el infliximab ha sido el primer fármaco, y hasta el momento el único, de este grupo aprobado para uso clínico en la enfermedad de Crohn.

1.1.1.1 Infliximab

Es un anticuerpo monoclonal quimérico IgG1. Es sobradamente conocida su eficacia en la inducción y en el mantenimiento de la remisión de la enfermedad de Crohn luminal; además, facilita la retirada de los corticoides e induce y mantiene la curación de la mucosa intestinal.[4-6] El fármaco ha mostrado también su utilidad clínica en la enfermedad fistulizante.[7-8] Se utiliza en la dosis de 5 mg/kg de peso en infusión en las semanas cero, dos y seis para inducir la remisión. Los pacientes que no obtengan respuesta no se beneficiarán de la continuación del tratamiento con nuevas infusiones, por lo que éstas deberán suspenderse. En el tratamiento de mantenimiento se pauta una infusión cada ocho semanas tras la inducción.

El tratamiento debe individualizarse en función de varios factores: patrón evolutivo, localización, consumo de tabaco, resecciones previas, respuesta previa, fracaso a inmunosupresores, cotratamientos, etc. Una tercera parte de los tratados mantienen la respuesta inicial, durante un período mínimo de un año, tras las tres primeras infusiones de la pauta de inducción;[9] no conocemos, por el momento, si existen factores predictivos de respuesta mantenida. En la enfermedad luminal, puede intentarse el mantenimiento posterior sólo con inmunosupresores; es aconsejable el tratamiento de mantenimiento con infliximab a 5 mg/kg cada ocho semanas y durante un año en los casos de pérdida de la respuesta inicial o en pacientes con intolerancia o contraindicación a la azatioprina y al metrotrexato. En las formas fistulizantes, la actitud más razonable es administrar tratamiento durante un año en todos los pacientes con enfermedad perianal compleja o en aquellos con intolerancia o contraindicación de inmunomoduladores. En el resto de los casos, tendría que evaluarse la pauta que debe seguirse de forma individualizada, en función de los cambios inducidos por el tratamiento en las técnicas de imagen (ecografía endoanal o resonancia magnética) tras las tres primeras infusiones.

Tanto en las formas luminales inflamatorias como en la enfermedad perianal, en caso de pérdida de la respuesta inicial durante el tratamiento de mantenimiento, puede incrementarse la dosis a 10 mg/kg o disminuir el período de administración a cada cuatro semanas, aunque estos aspectos no han sido evaluados en ensayos clínicos controlados. Los inmunosupresores se mantienen durante el tratamiento de mantenimiento, porque se ha sugerido que mejoran la eficacia y comportan una menor pérdida de respuesta al disminuir la producción de anticuerpos frente al fármaco; este aspecto está actualmente debatido y se ha sugerido que podrían retirarse tras seis meses de tratamiento combinado.[10]

La tendencia desde que se incorporó el infliximab en el tratamiento de la enfermedad ha sido hacia la ampliación de sus indicaciones y su utilización cada vez en estadios más tempranos. Recientemente, se ha sugerido el beneficio de la introducción precoz de estos fármacos en lo que se ha llamado terapia *top-down* (infliximab previo a corticoides), frente al tratamiento escalonado clásico *step-up*.[11]

Entre las limitaciones del tratamiento con infliximab, están la atenuación o pérdida de respuesta, la posibilidad de desarrollar reacciones posinfusión y los efectos secundarios graves (infecciones y tumores). Las dos primeras limitaciones se han relacionado con la aparición de anticuerpos contra el infliximab (ATI) y podrían atenuarse con la premedicación con corticoides. Estas limitaciones han propiciado el desarrollo de nuevos fármacos anti-TNF, como el certolizumab o el adalimumab, con la comodidad de su administración subcutánea. Otros anti-TNF ensayados (CDP 571, etanercept y onercept) no han mostrado, en las dosis valoradas hasta el momento, eficacia clínica.

1.1.1.2 Certolizumab

El CDP 870 o certolizumab pegol es un fragmento Fab anticuerpo monoclonal humanizado ligado a una molécula de polietilenglicol para incrementar su vida media. En el primer ensayo clínico realizado, el certolizumab a 400 mg subcutáneo cada cuatro semanas mostró ventajas frente a placebo en los pacientes con niveles más elevados de PCR en la inclusión.[12] Los datos más recientes presentados (publicados en forma de resumen) son los estudios PRECiSE. En el estudio PRECiSE 1,662 pacientes con enfermedad moderada o grave fueron aleatorizados para recibir placebo o certolizumab a 400 mg en las semanas cero, dos y cuatro (fase de inducción) y cada cuatro semanas (fase de mantenimiento). La respuesta clínica en la semana seis fue de 26 % en el grupo placebo frente a 37,2 % (*p* < 0,05) en el de certolizumab. En las semanas seis y 26, la respuesta clínica fue del 12,3 y del 21,5 % (*p* < 0,05), respectivamente. La seguridad del fármaco fue aceptable. Los resultados de este estudio han sido comunicados recientemente.[13]

En el estudio PRECiSE 2,[14] 668 pacientes con enfermedad moderada y grave (CDAI ≥ 220) recibieron 400 mg de certolizumab subcutáneo (semanas cero, dos y cuatro). En la semana seis, 428 pacientes (64 %) habían obtenido respuesta clínica y fueron randomizados para recibir placebo *vs.* certolizumab cada cuatro semanas hasta la semana 24. Se evaluaron en la semana 26. La respuesta clínica se definió como un descenso de al menos cien puntos en el CDAI. En el 62,8 % de los pacientes que recibieron certolizumab se mantuvo la respuesta, comparado al 36,2 % de los que recibieron placebo (*p* < 0,001). Un 47,9 % de los pacientes con certolizumab obtuvieron la remisión clínica (CDAI < 150) a la semana 26 frente al 28,6 % con placebo (*p* < 0,001).

1.1.1.3 Adalimumab

El adalimumab es un anticuerpo monoclonal IgG1 frente al TNF completamente humanizado. El fármaco es de administración subcutánea. Los estudios que han valorado su eficacia en la inducción de la remisión son los CLASSIC *(Clinical Assessment of Adalimumab Safety and Efficacy Studied as an Induction Therapy in Crohn's)*. Los resultados del CLASSIC I han sido recientemente publicados.[15] En el estudio, se comparan tres pautas de inducción en pacientes anti-TNF *naïve* con enfermedad de moderada a grave: 1) 40 mg seguidos de 20 mg a las dos semanas, 2) 80 mg seguidos de 40 mg a las dos semanas y 3) 160 mg seguidos de 80 mg a las dos semanas. Se valoró la remisión clínica (CDAI < 150) en la semana cuatro. Los resultados en los tres grupos fueron del 18, 24 y 36 % frente al 12 % en el grupo placebo. El fármaco ya había sugerido previamente su eficacia en pacientes con pérdida de respuesta o con intolerancia a infliximab.[16]

Los pacientes del CLASSIC I en los que se obtuvo respuesta fueron seguidos en el estudio CLASSIC II, que demostró la eficacia de 40 mg de adalimumab cada dos semanas para mantener la remisión durante un año.[17] Los resultados del ensayo clínico CHARM *(Crohn's trial of the fully human antibody adalimumab for remission maintenance)*[18] han sido presentados recientemente. En este estudio, se valoró la eficacia y seguridad del adalimumab a 40 mg semanalmente frente a cada dos semanas y frente a placebo en el mantenimiento de la remisión clínica. Los porcentajes de éxito fueron del 40, 47 y 17 %, respectivamente, en la semana 26, y del 36, 41 y 12 % en la semana 56. Los porcentajes de pacientes libres de esteroides y en remisión y de curación de fístulas fueron superiores en los grupos tratados que en el grupo placebo. En el estudio se incluyeron pacientes previamente tratados anti-TNF.

Recientemente, se ha valorado la seguridad y eficacia del adalimumab en un estudio abierto en los pacientes con enfermedad fistulizante a la dosis de 160 mg en la semana cero, 80 mg en la semana dos y 40 mg en la semana cuatro, con porcentajes en pacientes con pérdida de respuesta o intolerancia a anti-TNF.[19] En la semana cuatro, el 41 % de los pacientes han experimentado respuesta y en el 23 % se han cerrado las fístulas.

1.1.2 Otras terapias biológicas

1.1.2.1 Fontolizumab

Los datos clínicos más recientes sobre nuevas terapias biológicas han sido los reportados con fontolizumab, un anticuerpo frente al interferón gamma que parece eficaz y seguro en la enfermedad. Los estudios, en el momento de la redacción de este texto, sólo están disponibles por vía electrónica.[20-21] Están ensayándose las posibles dosis terapéuticas para averiguar cuál puede ser la dosis eficaz y parece que su inmunogenidad es mínima. El fármaco es de administración subcutánea.

1.1.2.2 Natalizumab

Otra molécula que había mostrado su eficacia en la enfermedad es el natalizumab, un inhibidor de las moléculas de adhesión; en concreto, antiintegrina α_4. Los ensayos preliminares con el fármaco mostraron su eficacia, pero se destacó como efecto secundario grave la posibilidad de desarrollar leucoencefalopatía multifocal progresiva y el fármaco fue retirado del mercado en marzo de 2005.[22]

Los estudios que valoraron la eficacia del fármaco en la inducción (ENACT-1) y mantenimiento (ENACT-2) evaluaron la dosis de 300 mg intravenosa en las semanas cuatro y ocho. El fármaco fue, en algunos objetivos secundarios, más eficaz que placebo, especialmente en el mantenimiento de la remisión inducida con el mismo.[23]

Recientemente, se ha documentado que, tras los tres casos estudiados de leucoencefalopatía, dos de ellos en esclerosis múltiple y uno en enfermedad de Crohn, no ha habido ningún paciente que haya desarrollado más lesiones desmielinizantes en el seguimiento.[24]

Otras terapias biológicas de este grupo, como el MLN-02 (antegren), un anticuerpo monoclonal humanizado IgG1 frente a integrina $\alpha_4\beta_7$, se encuentran actualmente en investigación en fase II. ISIS 2302 (alicaforsen), un oligonucleótido antisentido frente a ICAM, no mostró eficacia a la dosis valorada en fase III.

1.1.2.3 Sargramostim

Sargramostim es un factor recombinante humano estimulador de las colonias de granulocitos y macrófagos que se ha investigado para su uso clínico en la enfermedad, con el fundamento de estimular al sistema inmune innato. Recientemente, se ha publicado un ensayo aleatorizado en el que 124 pacientes con EC activa moderada-grave recibieron 6 µg/kg subcutáneos de sargramostim frente a placebo durante 56 días.[25] Si bien no hubo diferencias significativas entre los grupos en cuanto a la respuesta clínica, en el grupo tratado disminuyó la gravedad clínica y mejoró la calidad de vida.

1.2 Granulocitoaféresis

La aféresis extracorpórea de leucocitos es una tecnología novedosa popularizada en Japón. Su fundamento fisiológico se basa en que la movilización del *pool* de granulocitos activados mejora el componente inflamatorio tisular y facilita la reparación. Existen tres tipos de técnicas de citoaféresis: la *linfocitoaféresis,* en la que, por medio de técnicas de centrifugación, se extraen linfocitos y granulocitos; la *granulocitoaféresis* (GCAP), que extrae granulocitos y monocitos mediante el filtrado por diacetato de celulosa, y la *leucocitoaféresis,* que extrae granulocitos, monocitos y linfocitos. Hasta el momento, al margen de los resultados de los estudios realizados en Japón, los estudios piloto realizados en Europa, incluido el del grupo español de trabajo GETECCU,[26] sugieren que la granulocitoaféresis es un método eficaz en el tratamiento de los pacientes que no han respondido a otros tratamientos o han tenido efectos secundarios como consecuencia de los mismos. En el estudio piloto más recientemente publicado, nueve de cada quince pacientes con enfermedad de Crohn respondieron tras una sesión semanal durante cinco semanas.[27]

Aunque hay muchas dudas respecto a las pautas de realización de aféresis (número de las mismas, intervalos entre ellas, necesidad o no de reaféresis para mantener la remisión) y a sus potenciales indicaciones (manifestaciones extraintestinales, enfermedad perianal, terapia de primera línea en la infancia), las perspectivas que ofrece como posibilidad de tratamiento son interesantes. La adquisición de experiencia en su uso, la cuidadosa valoración de los resultados de los distintos estudios y de la práctica clínica y los estudios de coste-efectividad permitirán su posicionamiento en el tratamiento de los pacientes de la enfermedad de Crohn.

2   Colitis ulcerosa

En la colitis ulcerosa (CU), al igual que en la enfermedad de Crohn, el tratamiento se encamina a conseguir y mantener la remisión completa de la enfermedad y a evitar y tratar las posibles complicaciones que acontecen durante el transcurso de la misma. Al contrario de lo que sucede en la enfermedad de Crohn, la cirugía en la colitis ulcerosa supone una opción «curativa». Actualmente, la técnica quirúrgica de elección es la colectomía total con la construcción de un reservorio ileoanal. Sin embargo, se reserva la cirugía para aquellos pacientes en los que ha fracasado el tratamiento médico, debido a la posible aparición de problemas del reservorio tras la intervención, principalmente reservoritis.

El tratamiento en los pacientes con colitis ulcerosa se adecua en función de la gravedad de la enfermedad y de la localización. La localización de la enfermedad se ha redefinido en el consenso de Montreal,[1] al clasificar la colitis ulcerosa en proctitis ulcerosa, colitis izquierda y colitis extensa. De esta forma, para los brotes leves-moderados de proctitis o colitis izquierda se prefiere el tratamiento tópico, mientras que los tratamientos sistémicos se reservan para aquellas localizaciones más extensas o con brotes más graves. Los aminosalicilatos han sido el tratamiento de elección para inducir y mantener la remisión en brotes leves o moderados; sin embargo, son ineficaces en brotes más graves y sus formulaciones clásicas requieren varias tomas al día, por lo que su uso está asociado a un elevado porcentaje de incumplimiento y, por tanto, de disminución en su efectividad. En los brotes más graves, los esteroides son el tratamiento de elección. Como inconvenientes en su empleo, hay que reseñar la aparición de efectos secundarios y la posibilidad de la aparición de corticodependencia o corticorresistencia. Faubion *et al,* cuando evaluaron la evolución clínica de los pacientes a los treinta días de la administración de corticoides, describieron que un 16 % de ellos no habían obtenido respuesta y que un 30 % adicional sólo había obtenido una respuesta parcial.[28] Por tanto, un elevado porcentaje de pacientes son candidatos potenciales para recibir un tratamiento de rescate por falta de eficacia de los esteroides. En caso de que se trate de una situación leve-moderada, los inmunosupresores tiopurínicos son la elección. Es importante señalar que la evidencia disponible en el uso de azatioprina o 6-mercaptopurina en la colitis ulcerosa es menor que en la enfermedad de Crohn. En este sentido, se ha publicado recientemente un ensayo clínico controlado, cuyo objetivo fue valorar la eficacia de la azatioprina para inducir la remisión clínica y endoscópica en pacientes con colitis ulcerosa corticodependiente.[29] Este estudio llevado a cabo con 72 pacientes demostró que la azatioprina es más efectiva que los aminosalicilatos para inducir la remisión clínica y endoscópica en pacientes con corticodependencia, OR 4,78 (IC 95 %, 1,57-14,5). En caso de que se trate de una situación moderada o grave con resistencia a esteroides, el tratamiento de rescate más aceptado hasta el momento para evitar la colectomía había sido el uso de ciclosporina; sin embargo, en los últimos meses hemos asistido a la irrupción del primer tratamiento biológico con eficacia demostrada en la colitis ulcerosa, infliximab. Este fármaco se ha erigido en una nueva alternativa terapéutica en pacientes con colitis ulcerosa y ha abierto las puertas a una nueva familia terapéutica: los fármacos biológicos. Estos tratamientos biológicos van dirigidos al bloqueo de moléculas inflamatorias e inmunológicas importantes en la fisiopatología de la enfermedad inflamatoria intestinal. Muchos de ellos estarán disponibles en breve entre el arsenal terapéutico para el tratamiento de pacientes con colitis ulcerosa refractarios a «tratamientos clásicos». Los agentes biotecnológicos desarrollados para el tratamiento de la colitis ulcerosa y que se comentarán en este capítulo se esquematizan en la tabla 2.

Mecanismo de acción	Nombre de la molécula
Bloqueo del factor de necrosis tumoral (Anti-TNFα)	
IgG1 isotipo 75 % humanizado.	Infliximab.
Fragmento FAP pegilado 100 % humanizado.	Certolizumab.
Citoquinas antiinflamatorias	
Interleucina 10.	
Terapias antiadhesión leucocitarias	
IgG4 contra integrina 4.	Natalizumab.
IgG1 contra integrina α4-β7.	MLN-02.
Oligonucleótido antisentido contra ICAM.	Alicaforsén.
Inhibidor de la proliferación de células T	
IgG1 contra receptor de IL-2.	Daclizumab.
Anticuerpo quimérico contra receptor IL-2.	Basiliximab.
Terapias anti-CD3	
Anticuerpo anti-CD3.	Visilizumab.
Restitución y reparación epitelial	
Factor de crecimiento epidérmico.	
Factor de crecimiento de queratinocitos.	Repifermin.

Tabla 2. Agentes biotecnológicos en la colitis ulcerosa.

2.1 Tratamientos convencionales

2.1.1 Nuevas formulaciones de 5-ASA

Como se ha comentado anteriormente, los aminosalicilatos son el tratamiento de elección para el tratamiento de la colitis ulcerosa leve o moderada. Recientemente, se han publicado varios estudios con una nueva formulación de 5-ASA, el SPD476, con un nuevo sistema de liberación denominado MMX o sistema *multimatrix,* que consigue una adecuada y extensa liberación continua del fármaco en el colon. Los estudios ASCEND, publicados recientemente, comparaban 4,8 g/día de mesalazina frente a 2,4 g/día y mostraron la eficacia de la dosis más alta en el control de los síntomas (evaluación a las seis semanas) con un perfil similar de tolerancia y seguridad.[30] Con la premisa de que la administración de dosis altas conlleva una menor adherencia, al aumentar el número de comprimidos y tomas al día, se ha diseñado esta nueva formulación de mesalazina.

Los resultados combinados de dos ensayos clínicos han sido publicados recientemente en forma de *abstract*.[31] Los datos presentados concluyen que el fármaco es bien tolerado y es más efectivo, tanto a la dosis de 2,4 g como de 4,8 g, que el placebo. En ambos casos, no hay diferencias entre repartir la dosis en una o dos tomas al día. La dosis de 4,8 g/día parece que es más eficaz en los pacientes que ya han recibido otros compuestos con mesalazina previamente. La gravedad de la enfermedad (leve frente a moderada) no parece ser un predictor de respuesta, así como tampoco la extensión de la enfermedad, aunque los pacientes con enfermedad moderada responden mejor a dosis más altas.

2.2 Tratamientos biológicos

2.2.1 Tratamientos anti-TNF: infliximab

Aunque, actualmente, se reconoce que el TNF-α desempeña un papel importante en la patogénesis de la colitis ulcerosa, los estudios con infliximab en pacientes con esta enfermedad habían mostrado resultados discrepantes en relación con su eficacia. Esta situación ha cambiado tras la reciente publicación de los resultados de dos estudios en fase III, ACT1 y ACT2, diseñados para valorar la eficacia del infliximab para inducir y mantener la remisión en pacientes con colitis ulcerosa.[32] En ambos se incluyeron 364 pacientes con colitis ulcerosa activa, que fueron tratados con placebo o infliximab (5 o 10 mg/kg) en las semanas cero, dos y seis y, posteriormente, cada ocho semanas hasta la semana 46 en el ACT1 o la semana 22 en ACT2. La remisión clínica se definió como una puntuación Mayo total de dos puntos o menos, y la curación mucosa como una subpuntuación absoluta por endoscopia de 0 o 1.

En el ACT1, los pacientes eran no respondedores a corticoides, azatioprina o 6-mercaptopurina. A la semana 8, el 39 % de los pacientes que recibieron 5 mg/kg y el 32 % de los que recibieron 10 mg/kg estaban en remisión frente a un 15 % de los que recibieron placebo. En la semana 54, se mantenían en remisión más pacientes de los grupos tratados con infliximab, 35 % en el grupo tratado con 5 mg/kg y 34 % en el grupo tratado con 10 mg/kg, que los tratados con placebo (17 %). En el ACT2, los pacientes eran resistentes al menos a uno de los siguientes fármacos: 5-ASA, esteroides, azatioprina o 6-mercaptopurina. En la semana 8, el 65 % de los pacientes que recibieron 5 mg/kg y el 69 % de los que recibieron 10 mg/kg estaban en remisión clínica, mientras que el porcentaje en los tratados con placebo fue del 29 %. En la semana 30, el 47 % de los tratados con 5 mg/kg y el 60 % de los tratados con 10 mg/kg se mantenían en remisión frente a un 26 % de los tratados con placebo. El número de pacientes con curación mucosa en las semanas ocho y treinta de ambos estudios y en la semana 54 del estudio ACT1 fue significativamente mayor en los grupos tratados con infliximab que en los grupos que recibieron placebo.

Otro artículo reciente que apoya el uso de infliximab en pacientes con colitis ulcerosa es el publicado por Jarnerot *et al.*[33] En este estudio, se seleccionaron pacientes con criterios de CU fulminante a los tres días de tratamiento con esteroides. Se incluyeron 45 pacientes que fueron tratados con placebo o con infliximab 4-5 mg/kg. La probabilidad de mantenerse libre de colectomía a los tres meses fue del 71 % en el grupo de pacientes tratados con infliximab por un 33 % del grupo placebo, OR 4,9 (IC 95 %, 1,4-17). Es importante señalar que el beneficio terapéutico de infliximab en este estudio fue independiente de la afectación endoscópica.

Por tanto, a partir de estos estudios recientemente publicados puede apoyarse el uso de infliximab en pacientes con colitis ulcerosa refractaria. Queda por resolver el lugar exacto que debe ocupar el uso de infliximab en el algoritmo terapéutico de pacientes con colitis ulcerosa.

2.2.2 RDP-58

El RDP-58 es un decapéptido que bloquea la p38 y las vías de la p38 MAPK y de la JNK; además, inhibe la producción de TNF-α, interferón-γ, IL-2 e IL-12. Un estudio analizó a 127 pacientes con colitis ulcerosa activa leve-moderada distribuidos para recibir placebo o RDP-58 a dosis de 100, 200 o 300 mg/día durante 28 días.[34] Los pacientes tratados con 200 y 300 mg alcanzaron la remisión clínica en el 72 y el 70 %, respectivamente, en comparación con el 40 % del grupo tratado con placebo.

2.2.3 Tratamientos antiadhesión leucocitaria

2.2.3.1 Alicaforsén

El alicaforsén es un oligonucleótido antisentido de primera generación que está dirigido específicamente contra ICAM-1. El alicaforsén se ha utilizado en forma de enemas para el tratamiento de formas distales y de reservoritis crónica refractaria a tratamientos de primera línea. El fármaco es bien tolerado con baja absorción sistémica del principio activo. Se han publicado dos ensayos clínicos controlados para evaluar la eficacia de alicaforsén en enema.[35-36] En uno de ellos, se comparó el principio activo a distintas dosis con placebo. El objetivo primario evaluó el descenso en el índice de actividad. A las seis semanas, no se observaron diferencias estadísticamente significativas entre los distintos brazos, aunque se observó una remisión más prolongada en aquellos pacientes tratados con 240 mg. En el segundo ensayo clínico, se comparó el alicaforsén a distintas dosis con 4 g de mesalazina en enemas. Se incluyeron 159 pacientes en total; tras seis semanas, no se observaron diferencias en relación con la eficacia, aunque los pacientes tratados con alicaforsén permanecieron más tiempo en remisión.

2.2.4 Inhibidores de la proliferación de las células T. Anticuerpos dirigidos frente a receptor de la IL-2

La IL-2 es una interleucina secretada por los linfocitos Th1 y que está en relación con la expansión clonal de células T efectoras. Se ha especulado sobre un hipotético papel de la IL-2 en la resistencia a esteroides. La experiencia en la utilización de ciclosporina, inhibidora de la IL-2 por la acción de la calcineurina, en brotes graves de colitis ulcerosa ha llevado a la producción de anticuerpos monoclonales que bloqueen el receptor de la IL-2. Actualmente, hay dos en estudio: daclizumab y basiliximab.

2.2.4.1 Daclizumab

Es un anticuerpo monoclonal tipo IgG1 recombinante humano que se une con elevada afinidad al receptor de la IL-2. Un ensayo clínico controlado con afectados de colitis ulcerosa moderada, recientemente publicado, no ha logrado mostrar su utilidad.[37] En este estudio, se incluyeron 159 pacientes que fueron tratados con daclizumab a 1 mg/kg en las semanas cero y cuatro, o 2 mg/kg en las semanas cero, dos, cuatro y seis, o placebo. Sólo el 2 % de los pacientes tratados con 1 mg/kg y el 7 % de los tratados con 2 mg/kg estaban en remisión en la semana ocho.

2.2.4.2 Basiliximab

Es un anticuerpo monoclonal quimérico que se une también al receptor de la IL-2. Para probar su eficacia en pacientes con colitis ulcerosa, se diseñó un estudio abierto no controlado en el que se incluyeron pacientes con colitis ulcerosa corticorresistente, trece con actividad moderada y siete con actividad grave.[38] Todos los pacientes fueron tratados con una única dosis de 40 mg de basiliximab. A las ocho semanas, diez (50 %) estaban en remisión, siete de los trece con actividad moderada y tres de los siete con actividad grave. El porcentaje de pacientes en remisión en la semana 24 fue del 65 % (trece de veinte). Cinco pacientes requirieron colectomía durante el seguimiento. Estos resultados sugieren una posible utilidad en pacientes con brotes moderado-graves pero deben ser corroborados por futuros estudios con grupo control.

2.2.5 Tratamientos dirigidos contra CD3

2.2.5.1 Visilizumab

Es un anticuerpo monoclonal IgG2 humanizado dirigido contra la región CD3 del receptor de células T. Tras la unión, induce apoptosis de las células T activadas. La información disponible en relación con la utilidad de visilizumab es escasa. En una serie de siete pacientes con colitis ulcerosa grave resistente a esteroides que fueron tratados con

15 µg/kg/día, cinco alcanzaron la remisión clínica y endoscópica.[39] Uno de los mayores inconvenientes de su uso es la elevada frecuencia de aparición de un síndrome de liberación de citoquinas. Se necesitan más estudios para esclarecer el papel de este fármaco en el tratamiento de la colitis ulcerosa.

2.3 Otros tratamientos

2.3.1 Aféresis leucocitaria

Se ha aplicado en cuatro escenarios clínicos en pacientes con colitis ulcerosa: corticodependencia, corticorresistencia, como mantenimiento de la remisión y en pacientes que no habían recibido previamente corticoides. En la actualidad, la aféresis leucocitaria se utiliza preferentemente en pacientes con corticodependencia en los que han fracasado, bien por ineficacia o por mala tolerancia, los inmunosupresores tiopurínicos (azatioprina o 6-mercaptopurina).[40]

Es importante señalar de nuevo que la evidencia científica que avala la eficacia de la aféresis en la enfermedad inflamatoria intestinal se basa, sobre todo, en estudios de baja calidad por el escaso número de pacientes o por la ausencia del grupo control. Además, la interpretación de los datos se ve dificultada por las distintas definiciones de corticorrefractariedad o corticodependencia utilizadas en los distintos estudios.

Se han realizado tres estudios controlados en los que se ha aplicado la aféresis en pacientes con reagudización clínica durante la retirada de esteroides (corticodependencia).[41-43] La media ponderada de la proporción de pacientes en remisión tras el tratamiento es del 72 % (IC 95 %, 56-88 %) por 49 % (IC 95 %, 30-62 %) en el grupo convencional. Además, se han publicado numerosas series no controladas con una proporción de respuesta similar a la descrita en los estudios controlados: media ponderada de respuesta del 74,8 % (IC 95 %, 61-89 %). En un estudio multicéntrico español, Domènech *et al* valoraron a catorce pacientes con colitis ulcerosa corticodependiente que fueron tratados con granulocitoaféresis más prednisona.[26] A la sexta semana, un 75 % de los pacientes habían respondido y un 62 % estaban en remisión.

Varios estudios no controlados han evaluado la eficacia de aféresis en los pacientes sin respuesta a corticoides (corticorresistencia). Aproximadamente, el porcentaje de pacientes que obtuvieron respuesta terapéutica fue del 70 %, mientras que el porcentaje de pacientes que alcanzaron la remisión completa fue del 45 %. Hanai *et al* evaluaron 31 pacientes en esta situación.[44] La remisión fue definida en función a criterios clínicos y endoscópicos. A las doce semanas, se observó remisión en un 81 % de los pacientes y se mantuvo en un 79 % de los casos a los doce meses.

Uno de los aspectos que más han animado al uso de aféresis es su perfil de seguridad. En la mayoría de los estudios, el porcentaje de pacientes con efectos adversos es bajo (5-6 %): en su mayor parte son leves y no obligan a interrumpir el tratamiento.

La pauta habitual de tratamiento es la realización de una aféresis semanal durante cinco semanas. Sin embargo, no está clara cuál es la pauta más apropiada. La pauta intensiva (dos o tres sesiones por semana) obtiene un beneficio terapéutico más precoz que la pauta habitual y podría ser de elección en aquellos casos en los que los pacientes presenten resistencia a los corticoides.[45]

BIBLIOGRAFÍA

1. Gasche C, Scholmerich J, Brynskov J, D'Haens G, Hanauer SB, Irvine EJ *et al.* A simple classification of Crohn's disease: report of the Working Party for the World Congresses of Gastroenterology, Vienna 1998. Inflamm Bowel Dis 2000; 6:8-15.

2. Silverberg M, Satsangi J, Ahmad T, Arnott I, Bernstein Ch, Brandt SR *et al.* Toward and integrated clinical, molecular, and serological classification of inflammatory bowel disease: report or a working party of the Montreal World Congress of Gastroenterology. Can J Gastroenterol 2005; 19 (Suppl A): 5A-36A.

3. Ardizzone S, Bianchi Porro G. Biologic therapy for inflammatory bowel disease. Drugs 2005; 65: 2253-86.

4. Targan SR, Hanauer SB, van Deventer SJ, Mayer L, Present DH, Braakman T *et al.* A short-term study of chimeric monoclonal antibody cA2 to tumor necrosis factor alpha for Crohn's disease. Crohn's Disease cA2 Study Group. N Engl J Med 1997; 337:1029-35.

5. Hanauer SB, Feagan BG, Lichtenstein GR Mayer LF, Schreiber S, Colombel JF *et al.* Maintenance infliximab for Crohn's disease: the ACCENT I randomised trial. Lancet 2002; 359:1541-49.

6. D'Haens G, Van Deventer S, Van Hogezand R, Chalmers D, Kothe C, Baert F *et al.* Endoscopic and histological healing with infliximab anti-tumor necrosis factor antibodies in Crohn's disease: A European multicenter trial. Gastroenterology 1999; 116:1029-34.

7. Present DH, Rutgeerts P, Targan S, Hanauer SB, Mayer L, van Hogezand RA *et al.* Infliximab for the treatment of fistulas in patients with Crohn's disease. N Engl J Med 1999; 340:1398-405.

8. Sands BE, Anderson FH, Bernstein CN Chey WY, Feagan BG, Fedorak RN *et al.* Infliximab maintenance therapy for fistulizing Crohn's disease. N Engl J Med 2004; 350:876-85.

9. Domènech E, Hinojosa J, Nos P, Garcií-Planella E, Cabré E, Bernal I *et al.* Clinical evolution of luminal and perianal Crohn's disease after inducing remission with infliximab: how long should patients be treated? Aliment Pharmacol Ther 2005; 22:1107-13.

10. Hommes D, Baert F, van Assche G, Caenepeel F, Vergauwe P, Tuynman H *et al.* The ideal management of Crohn's Disease: top down versus step up strategies, a randomized controlled trial. Gastroenterology 2006; 130:A108-09.

11. Van Assche GA, Paintaud G, D'Haens G, Baert F, Vermiere S, Noman M *et al.* Continuation of immunomodulators is not required to maintain adequate infliximab efficacy in patients with Crohn's disease but may improve pharmacokinetics. Gastroenterology 2006; 130:A142.

12. Schreiber S, Rutgeerts P, Fedorak RN, Khaliq-Kareemi M, Kamm MA, Boivin M *et al.* A randomized, placebo-controlled trial of certolizumab pegol (CDP870) for treatment of Crohn's disease. Gastroenterology 2005; 129:807-18.

13. Sandborn WJ, Feagan BG, Stoinov S, Honiball PJ, Rutgeerts P, McColm JA *et al.* Certolizumab pegol administered subcutaneously is effective and well tolerated in patients with active Crohn's disease: results from a 26-week, placebo-controlled phase III study (PRECiSE 1). Gastroenterology 2006; 130:A107.

14. Schreiber S, Khaliq-Kareemi M, Lawrance I *et al.* Certolizumab pegol, a humanised anti-TNF pegylated FAb' fragment, is safe and effective in the maintenance of response and remission following induction in active Crohn's disease: a phase III study (Precise). Gut. 2005;54(suppl VII):A82.

15. Hanauer SB, Sandborn WJ, Rutgeerts P, Fedorak RN, Lukas M, MacIntosh D *et al.* Human anti-tumor necrosis factor monoclonal antibody (adalimumab) in Crohn's disease: the CLASSIC-I trial. Gastroenterology 2006; 130:323-33.

16. Sandborn WJ, Hanauer S, Loftus EV Tremaine WJ, Kane S, Cohen R *et al.* An open-label study of the human anti-TNF monoclonal antibody adalimumab in subjects with prior loss of response or intolerance to infliximab for Crohn's disease. Am J Gastroenterol. 2004; 99:1984-89.

17. Sandborn WJ, Hanauer SB, Lukas M, Wolf DC, Isaacs KL, McIntosh DG *et al.* Maintenance of remission over 1 year in patients with active Crohn's disease treated with adalimumab: results of a blinded, placebo-controlled trial. Am J Gastroenterol. 2005; 100: S311.

18. Colombel J, Sandborn WJ, Rutgeerts P, Enns R, Hanauer SB, Remo P *et al.* Adalimumab induces and maintains clinical response and remission in patients with active Crohn's disease: results of the CHARM trial. Gastroenterology 2006; 130 (in press).

19. Hinojosa J, Gomollón F, Nos P, Peñate M, Ceballos D, Gassull MA. Four-week results of adalimumab treatment in subjects with fistulizing Crohn's disease who have failed response or showed intolerance to infliximab. Gastroenterology 2006; 130:A120.

20. Reinisch W, Hommes DW, Van Assche G, Colombel JF, Gendre JP, Oldenburg B *et al.* A dose-escalating, placebo-controlled, double-blind, single-dose and multi-dose, safety and tolerability study of fontolizumab, a humanised anti-interferon-gamma antibody, in patients with moderate-to-severe Crohn's disease. Gut 2006 Feb 21; [Epub ahead of print].

21. Hommes DW, Mikhajlova TL, Stoinov S, Stimac D, Vucelic B, Lonovics J *et al.* Fontolizumab, a humanised anti-interferon-gamma antibody, demonstrates safety and potential clinical activity in patients with moderate-to-severe Crohn's disease. Gut 2006 Feb 28; [Epub ahead of print].

22. Lanzarotto F, Carpani M, Chaudhary R, Ghosh S. Novel Treatment Options for Inflammatory Bowel Disease: Targeting alpha4 Integrin. Drugs 2006; 66:1179-89.

23. Sandborn WJ, Colombel JF, Enns R, Feagan BG, Hanauer SB, Lawrance IC *et al.* Natalizumab induction and maintenance therapy for Crohn's disease. N Engl J Med 2005; 353:1912-25.

24. Yousry TA, Major EO, Ryschkewitsch C, Fahle G, Fischer S, Hou J *et al.* Evaluation of patients treated with natalizumab for progressive multifocal leukoencephalopathy. N Engl J Med 2006; 354: 924-33.

25. Korzenik JR, Dieckgraefe BK, Valentine JF, Hausman DF, Gilbert MJ. Sargramostim for active Crohn's disease. N Engl J Med 2005; 352: 2193-201.

26. Domènech E, Hinojosa J, Esteve-Comas M, Gomollón F, Herrera JM, Bastida G *et al.* Granulocyteaphaeresis in steroid-dependent inflammatory bowel disease: a prospective, open, pilot study. Aliment Pharmacol Ther 2004; 20:1347-52.

27. Sands BE, Sandborn WJ, Wolf DC, Katz S, Safdi M *et al.* Pilot feasibility studies of leukocytapheresis with the Adacolumn apheresis system in patients with active ulcerative colitis or Crohn disease. J Clin Gastroenterol 2006; 40:482-89.

28. Faubion WA Jr, Loftus EV Jr, Harmsen WS, Zinsmeister AR, Sandborn WJ. The natural history of corticosteroid therapy for inflammatory bowel disease: a population-based study. Gastroenterology. 2001;121:255-60.

29. Ardizzone S, Maconi G, Russo A, Invesi V, Colombo E, Bianchi Porro G. Randomised controlled trial of azathioprine and 5-aminosalicylic acid for treatment of steroid dependente ulcerative colitis. Gut 2006;55:47-53.

30. Hanauer SB, Sandborn WJ, Kornbluth A, Katz S, Safdi M, Woogen S *et al.* Delayed-release oral mesalamine at 4,8 g/day (800 mg tablet) for the treatment of moderately active ulcerative colitis: the ASCEND II trial. Am J Gastroenterol 2005; 100:2478-85.

31. Sandborn WJ, Kamm MA, Lichtenstein GR, Gassull M, Schreiber S, Jackowski L *et al.* Combined data from two pivotal, randomized, placebo-controlled, phase III studies that SPD476, a novel mesalamine formulation given once or twice-daily, is effective for the induction remission of mild-to-moderate ulcerative colitis. Gastroenterology 2006; 130:813.

32. Rutgeerts P, Sandborn WJ, Feagan BG, Reinisch W, Olson A, Johanns J *et al.* Infliximab for induction and maintenance therapy for ulcerative colitis. N Engl J Med. 2005;353:2462-76.

33. Jarnerot G, Hertervig E, Friis-Liby I, Blomquist L, Karlen P, Granno C *et al.* Infliximab as rescue therapy in severe to moderately severe ulcerative colitis: a randomized, placebo-controlled study. Gastroenterology. 2005;1281805-11.

34. Travis S, Yap L, Hawkey C, *et al.* RDP58: novel and effective therapy for ulcerative colitis: results of

parallel, prospective, placebo-controlled trials [abstract]. Am J Gastroenterol 2003;98:S239.

35. Miner PB, Wedel MK, Xia S, Baker BF. Safety and efficacy of two dose formulations of alicaforsen enema for treatment of mild to moderate left-sided ulcerative colitis: a randomized, doble-blind, active-controlled trial. Aliment Pharmacol Ther 2006; 23:1403-13.

36. Van Debenter S, Wedel MK, Baker BF, Xia S, Chunag G, Miner PB. A phase II ranging, double-blind, controlled-study of alicaforsen enema in subjects with acute exacerbation of mild to moderate left-sided ulcerative colitis. Aliment Pharmacol Ther 2006;23:1415-25.

37. Van Assche G, Sandborn WJ, Feagan BG, Salzberg B, Silvers D, Monroe P *et al.* Daclizumab, a humanized monoclonal antibody to the interleukin-2 receptor (CD25), for the treatment of moderately to severely active ulcerative colitis: a randomised, doble-blind, placebo-controlled, dose-ranging trial. Gut. 2006 Apr 7; [Epub ahead of print].

38. Creed TJ, Probert CS, Norman MN, Moorghen M, Shepherd NA, Hearing SD *et al.* Basiliximab for the treatment of steroid-resistant ulcerative colitis: further experience in moderate and severe disease. Aliment Pharmacol Ther. 2006 15;23:1435-42.

39. Plevy SE, Salzberg BA, Regueiro M, Sandborn WJ, Hanauer SB, Targan S *et al.* A humanizad anti-CD3 antibody, visilizumab, for treatment of severe steroid-refractory ulcerative colitis: preliminary results of a phase I study [abstract]. Gastroenterology 2003:124, A7.

40. Cabriada JL, Domènech E, Gomollón F, González-Carro P, González-Lara V, Hinojosa J *et al.* Documento de consenso en el uso de la granulocitoaféresis en pacientes con enfermedad inflamatoria intestinal. Gastroenterol Hepatol. 2006;29: 85-92.

41. Sawada K, Muto T, Shimoyama T, Satomi M, Sawada T, Nagawa H *et al.* Multicenter randomized controlled trial for the treatment of ulcerative colitis with a leukocytapheresis column. Curr Pharm Des. 2003;9:307-21.

42. Hanai H, Watanabe F, Yamada M, Sato Y, Takeuchi K, Iida T *et al.* Adsorptive granulocyte and monocyte apheresis versus prednisolone in patients with corticosteroid-dependent moderately severe ulcerative colitis. Digestion. 2004;70:36-44.

43. Sawada K, Hiwatashi N, Munakata A, Asakura H, Muto T, Izikura B, *et al.* A multicenter randomized controlled study of safety and efficacy of adsorptive granulocyte and monocyte apheresis in patients with active ulcerative colitis. Gastroenterology. 2004;126;A462.

44. Hanai H, Watanabe F, Takeuchi K, Iida T, Yamada M, Iwaoka Y *et al.* Leukocyte adsorptive apheresis for the treatment of active ulcerative colitis: a prospective, uncontrolled, pilot study. Clin Gastroenterol Hepatol. 2003;1:28-35.

45. Panés J, Aceituno M, Domènech E, Hinojosa J. Aféresis leucocitaria en el tratamiento de la enfermedad inflamatoria intestinal. Gastroenterología y hepatología continuada 2005;5:227-31.

Capítulo 13

Enfermedad inflamatoria intestinal y embarazo

D. MONFORT,* D. BUSQUETS, E. RICART

* Hospital del Mar
Servicio de Digestivo
Barcelona

Hospital de la Santa Creu i Sant Pau
Servicio de Patología Digestiva
Barcelona

Dirección para correspondencia
Hospital del Mar
Dr. D. Monfort
dmonfort@santpau.es

La enfermedad inflamatoria intestinal (EII) presenta una distribución de edad bimodal entre los 15-25 años y un segundo pico de incidencia entre los 50-80 años. Además, la enfermedad de Crohn (EC) ha aumentado su incidencia en los últimos años; no así la colitis ulcerosa (CU), que ha permanecido estable.[1]

Debido a que la EII puede afectar a mujeres jóvenes, serán frecuentes las situaciones en que nos preguntemos, o bien nos pregunten las pacientes, cómo la EII afecta a la fertilidad, la gestación, la salud de la gestante o la salud sexual, así como acerca del riesgo de heredabilidad de la enfermedad. En los últimos años, se han publicado diversos artículos que hacen referencia a las implicaciones de la enfermedad en la fertilidad, la gestación y el puerperio, y también disponemos de más información del perfil de seguridad de los fármacos, tanto para la gestante como para el feto y el lactante.

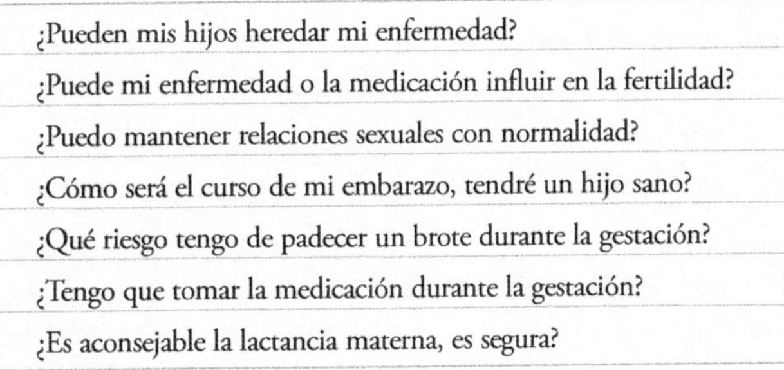

¿Pueden mis hijos heredar mi enfermedad?
¿Puede mi enfermedad o la medicación influir en la fertilidad?
¿Puedo mantener relaciones sexuales con normalidad?
¿Cómo será el curso de mi embarazo, tendré un hijo sano?
¿Qué riesgo tengo de padecer un brote durante la gestación?
¿Tengo que tomar la medicación durante la gestación?
¿Es aconsejable la lactancia materna, es segura?

Tabla 1. Preguntas frecuentes de pacientes con enfermedad inflamatoria intestinal.

1   Heredabilidad

La heredabilidad en la EII es muy compleja y no es posible explicarla mediante un modelo mendeliano simple[2, 3] De forma breve, puede afirmarse que los factores genéticos hacen que un sujeto esté inmunológicamente predispuesto a padecer la enfermedad cuando está expuesto a diversos factores ambientales.

En este sentido, los estudios con gemelos refuerzan este hecho. En la EC, la tasa de concordancia es de alrededor de un 50 % para los gemelos monocigotos y de un 0-3 % para los dicigotos. En la CU, esta diferencia en la tasa de concordancia no es tan evidente, entre el 6-15 % en monocigotos y de un 0-5 % en bicigotos.[4]

El riesgo de desarrollar una EII es mayor en hijos de padres afectos de la enfermedad que en la población general, en una proporción de cinco a quince veces superior. Las posibilidades de que un hijo de un paciente con EC desarrolle esta misma enfermedad son hasta de un 5 %. Si estamos ante aquellos casos en que ambos progenitores padecen la enfermedad, el riesgo de que el descendiente la desarrolle es, como mínimo, del 35 %. Estos valores son superiores si analizamos familias de judíos, donde el riesgo de desarrollar una EC es de alrededor del 5-8 % para la CU en los hijos de pacientes afectos de EII.[5] Todos estos datos indican que, muy especialmente en la EC pero también en la CU, los genes tienen un papel importante en la predisposición a padecer una EII.

2   Fertilidad

De forma global, las mujeres y los hombres afectos de EII no presentan una disminución de la fertilidad en comparación con la población general.[1,6] No obstante, los pacientes afectos de EII tienen menos hijos que la población general. Esta situación puede ser debida al miedo al embarazo y a la heredabilidad de la enfermedad, a la dificultad para mantener relaciones sexuales (por actividad de la enfermedad, dispareunia, problemas de imagen corporal, etc.) o incluso a la falta de información médica.[7,8]

En la CU, numerosos estudios han identificado algunas situaciones en las que se ha observado descenso de la fertilidad o infertilidad:

- Los pacientes varones en tratamiento con sulfasalazina presentan oligospermia y morfología espermática anormal. Este efecto es reversible en dos meses tras discontinuar el tratamiento.[9] En un estudio publicado recientemente, en pacientes que reciben tratamiento con infliximab se ha observado una disminución de la motilidad espermática, aunque se desconoce cómo puede afectar este hecho a la fertilidad.
- Mujeres con EII que han sido sometidas a proctocolectomía. En un estudio comparativo entre 343 pacientes con CU que precisaron una colectomía y 1.200 controles sanos, las pacientes presentaron tasas de disminución en el número de nacimientos del 80 %.[10] Otro estudio analizó a 662 mujeres con EII que habían sido sometidas a cirugía y observó en un 58 % de los casos alteraciones menstruales.[11]

En la EC, aunque los estudios iniciales no aclaraban una posible situación de infertilidad, parece ser que ésta se observa cuando la EC presenta actividad clínica.[8]

3   Gestación

3.1 Efecto de la EII en el embarazo

La impresión inicial de los múltiples estudios de gestantes con EII es que la evolución del embarazo es normal. No obstante, en un análisis más preciso se aprecia en esta cohorte de gestantes un mayor número de neonatos pretérmino y con bajo peso (< 1.500 g), algo que sucede especialmente en mujeres con EC.

En un amplio estudio epidemiológico realizado en Suecia durante un período de dos años, se observaron 756 de un total de 239.773 nacimientos de pacientes afectas de EII. Este estudio confirmó un aumento de prematuridad (*odds ratio* 1,81), de neonatos con bajo peso (*odds ratio* 2,13), y de necesidad de cesárea (15 % comparado con 10 %). No se observó un riesgo aumentado de anomalías congénitas ni de muerte fetal.[12]

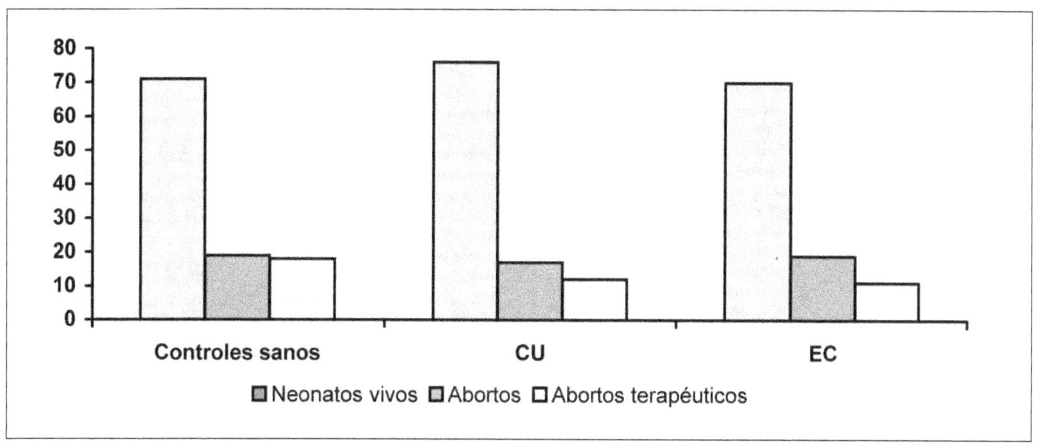

Figura 1. Efectos de la enfermedad inflamatoria intestinal en la gestación
C. Kornfeld. Am J Obstet Gynecol 1997).

Otro estudio, llevado a cabo en Dinamarca, confirmó que específicamente las pacientes con EC presentan un mayor riesgo de bajo peso neonatal y parto pretérmino.[13]

3.2 *Efecto del embarazo en la EII*

Tanto en la CU como en la EC, el curso de la enfermedad varía en función de la actividad en el momento de la concepción; es decir, que las pacientes inactivas tienden a seguir en remisión durante el embarazo con tasas de recidivas similares a las de las pacientes no gestantes.[14] Incluso en la EC existe un estudio que sugiere que la actividad puede ser más leve durante el embarazo en comparación con la del año previo a la concepción. Por el contrario, si la enfermedad está activa en el momento de la concepción, se observará una tendencia a mantener la actividad (entre 24-32 %) e incluso a empeorar (entre 33-45 %).

Por lo tanto, lo más recomendable en pacientes con una EII activa que planeen una gestación es esperar hasta que la enfermedad esté en remisión.[15] La evolución de la

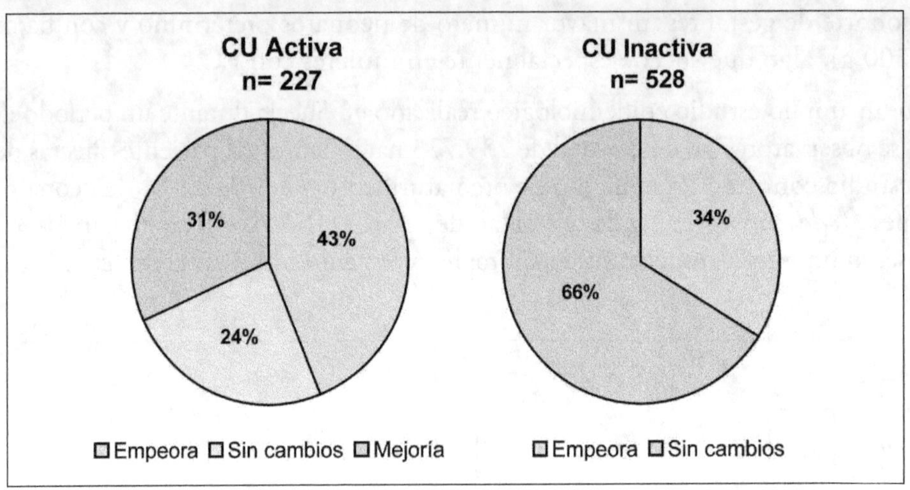

Figura 2. Evolución de la CU en el embarazo (Fonager. Am J Gastroenterol 1998).

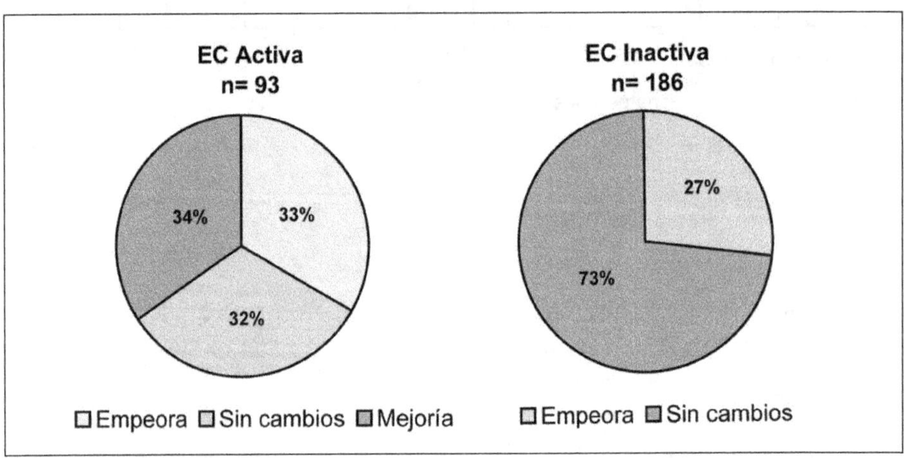

Figura 3. Evolución de la EC en el embarazo (Fonager. Am J Gastroenterol 1998).

CU y la EC durante un embarazo no se relaciona con futuras gestaciones. Cabe destacar también que el período posparto no implica mayor riesgo de presentar un brote de actividad.

En las pacientes con EC perianal activa, su enfermedad puede empeorar si son sometidas a un parto vaginal. No hay estudios suficientes hasta la fecha, pero lo más recomendable parece ser el parto mediante cesárea.

4   Exploraciones complementarias en EII en el embarazo

Las exploraciones complementarias son usadas con frecuencia para evaluar la presencia de actividad y el grado de severidad de la EII. Básicamente, son estudios radiológicos y endoscópicos.

4.1 Estudios radiológicos

Pueden subdividirse en dos categorías, en función de si emiten radiación ionizante o no. Los estudios con emisión de radiación ionizante incluyen radiografías simples, tomografía axial computerizada o estudios baritados. De forma general, no deberían usarse en pacientes gestantes, para evitar efectos teratogénicos, genéticos o carcinogénicos. Esta situación se observa especialmente si la exposición a la radiación sucede en el primer trimestre, por lo que lo más apropiado es utilizar otro tipo de exploraciones. En el segundo y tercer trimestres pueden usarse si resulta imprescindible para el tratamiento y manejo de la EII.[16]

Los estudios ecográficos y la resonancia magnética no emiten radiación ionizante y no se han documentado hasta el momento efectos adversos en el feto ni en la gestante. No obstante, el gadolinio, contraste utilizado en la resonancia magnética, puede cruzar la barrera placentaria con efectos desconocidos a largo plazo.

4.2 Endoscopia digestiva

Con frecuencia, la sigmoidoscopia es necesaria en la evaluación de las pacientes con EII y ha demostrado ser un procedimiento seguro. En ocasiones, la endoscopia de tracto digestivo superior es necesaria durante el embarazo e, igualmente, parece segura. Asimismo, puede usarse la sedación convencional durante la endoscopia.

Aunque, probablemente, es una buena idea evitar procedimientos endoscópicos durante el embarazo, si son necesarios o urgentes pueden realizarse. Los riesgos, beneficios y alternativas deben, como siempre, discutirse antes con la paciente.[17]

5   Tratamiento de la EII durante el embarazo y puerperio

El factor más importante para que la evolución del embarazo sea normal es la concepción en situación de inactividad de la enfermedad. Durante el embarazo, lo más aconsejable es seguir con el tratamiento de mantenimiento para evitar un brote.

5.1 Tratamiento médico

La elección del tratamiento depende en gran medida de su perfil de seguridad y riesgo teratogénico.

5.1.1 Sulfasalazina y aminosalicilatos

La sulfasalazina es un fármaco usado desde hace cincuenta años, del que se tiene una amplia experiencia, por lo que podemos afirmar que es un medicamento seguro durante el embarazo y la lactancia.[18] La sulfasalazina interfiere en la absorción de folato, que es fundamental para el desarrollo del tubo neural fetal, por ello son necesarios aportes de ácido fólico.

Los aminosalicilatos son fármacos también seguros en el embarazo, tanto en las formulaciones orales como en las tópicas. No obstante, en un estudio prospectivo controlado (165 pacientes y 165 controles sanos), se observó un aumento de partos prematuros (13 % en pacientes y 5 % en controles sanos) y con bajo peso neonatal (3,2 kg *vs.* 3,4 kg), sin apreciarse diferencias en malformaciones, abortos y nacimientos vivos. Se ha descrito un caso de nefritis intersticial en un neonato cuya madre recibía tratamiento con dosis altas de mesalazina.[19]

5.1.2 Antibióticos

Los antibióticos se utilizan frecuentemente en la EII, no sólo para tratar infecciones intercurrentes, sino como tratamiento de primera línea para la EC.

Tandas cortas de tratamiento con metronidazol para *Trichomonas vaginalis* en el primer trimestre del embarazo han demostrado ser seguras. Recientemente, se ha publicado un estudio prospectivo controlado con 228 pacientes que confirma este hecho. No hay estudios que evalúen el tratamiento a largo plazo, pero también parece ser seguro.[20]

El ciprofloxacino y el resto de quinolonas se han usado ampliamente en el embarazo y no se han observado efectos secundarios congénitos ni alteraciones musculoesqueléticas.[21]

5.1.3 Corticosteroides

Son bien tolerados en el embarazo y no se han asociado a malformaciones ni a riesgo de aborto.[12] Los corticosteroides pasan la barrera placentaria y, aunque es teóricamente posible, el riesgo teratogénico de insuficiencia suprarrenal es excepcional, sobre todo a dosis bajas (< 30 mg).[22] Los corticosteroides están indicados si la paciente presenta actividad de la enfermedad en grado moderado-severo. Inicialmente, es preferible evitar dosis totales.[18]

Las preparaciones rectales pueden usarse hasta el tercer trimestre, a menos que haya riesgo de parto prematuro o aborto, en cuyo caso estarían contraindicadas.

No hay datos que evalúen la seguridad de la budesonida, corticosteroide de actuación ileal empleado para la EC.

5.1.4 Azatioprina y 6-mercaptopurina

Existe una amplia experiencia en el uso de estos fármacos en gestantes con órganos trasplantados o con patologías reumáticas (como lupus eritematoso sistémico), sin que se haya demostrado riesgo teratogénico. Además, si lo esencial es mantener la enfermedad en fase de inactividad, lo más recomendable es continuar con estos fármacos durante la gestación.[23]

Recientemente, se ha presentado el primer estudio prospectivo con 70 pacientes gestantes en tratamiento con azatioprina o 6-mercaptopurina, en el que no se observaron diferencias en el riesgo de complicaciones respecto a la población de gestantes sanas.[24]

5.1.5 Ciclosporina

Es un potente inmunosupresor y existe muy poca información sobre el poder teratogénico de este fármaco, pero parece ser seguro y su uso durante el embarazo está permitido. Actualmente, estaría indicada en casos de brote grave para evitar la opción quirúrgica.[25] Hay un solo caso descrito en la literatura de uso de ciclosporina en una paciente gestante, sin que se observaran efectos secundarios.

5.1.6 Metotrexato

Su uso está absolutamente contraindicado por su alto poder mutagénico, teratogénico y abortivo. Las pacientes que reciben metotrexato y que desean una gestación, deben suspender su administración y usar medidas contraceptivas seis meses antes de la concepción.

5.1.7 Infliximab

Algunos estudios recientemente publicados demuestran que es un fármaco seguro, sin evidencia de aumento de riesgo teratogénico ni de la tasa de abortos.

En este sentido, hay dos estudios publicados en los últimos años. El primero analiza a 146 pacientes gestantes afectas de EC expuestas a infliximab, comparando esta cohorte con la población general, pacientes de EC no tratadas y pacientes tratadas con infliximab por algún otro motivo No se observan diferencias en cuanto al número de nacimientos vivos, abortos espontáneos o terapéuticos.[26]

El segundo estudio evalúa una cohorte de pacientes gestantes afectas de EC ($n = 10$) a las que se prescribe infliximab durante el embarazo por actividad de su enfermedad, bien como tratamiento de inducción ($n = 7$) o de mantenimiento ($n = 3$). En este estudio, se observaron tres partos prematuros y un caso de bajo peso y no se objetivaron malformaciones.[27] Probablemente, estas complicaciones podrían explicarse por la actividad de la enfermedad.

5.2 *Tratamiento quirúrgico*

El antecedente quirúrgico no supone un factor de riesgo de mala evolución durante el embarazo. Si es necesaria la intervención quirúrgica urgente, es mejor realizarla que mantener la EII activa.[28] No obstante, las series de cirugía urgente muestran un 60 % de partos pretérmino y abortos. La cirugía electiva debe posponerse hasta después del parto.

En aquellas pacientes portadoras de un reservorio ileoanal o afectas de EC con afectación fistulizante perianal, debe valorarse el parto vía cesárea: aunque no hay evidencia científica de esta afirmación, parece la opción más lógica. En cualquier caso, esta decisión debe individualizarse.

5.3 *Nutrición*

La nutrición es siempre importante en la gestación y en especial si se trata de una gestante afecta de EII. La intervención nutricionista de forma temprana está indicada cuando hay un déficit de ganancia ponderal y, en ocasiones, hay que utilizar la nutrición enteral en aquellas pacientes con actividad clínica.

Los suplementos de ácido fólico se recomiendan para todas las gestantes; si bien dosis más altas de ácido fólico pueden necesitarse en pacientes con EC ileal o que tomen sulfasalazina (antagonista del ácido fólico).

6   Lactancia materna

La lactancia materna debe ser recomendada vivamente por sus efectos globales beneficiosos. Algunos estudios han sugerido que la lactancia materna conlleva un riesgo de recidiva;[29] no obstante, este hecho puede ser debido a una discontinuación del tratamiento durante el período de la lactancia.

Los aminosalicilatos y la sulfasalazina se excretan en la leche materna en pequeñas cantidades, pero no se han descrito efectos tóxicos en los lactantes con las dosis usadas habitualmente. Los corticoides se excretan escasamente en la leche y también parecen ser seguros.

Hay poca información acerca de la azatioprina y, pese a que parece ser segura, recientemente ha aparecido un estudio que confirma la eliminación de metabolitos de azatioprina en la leche (ácido tioúrico y metilmercaptopurina).[30]

El ciprofloxacino, el metronidazol, la ciclosporina y el metotrexato están contraindicados en la lactancia por su alta excreción en la leche.

En la actualidad, no disponemos de datos que evalúen la seguridad del infliximab durante la lactancia.

7 Conclusiones

La EII afecta con frecuencia a mujeres y hombres en la etapa de deseo gestacional. Los genes desempeñan un papel importante en el desarrollo de estas enfermedades (parece que más en la EC que en la CU). En sí, la EII no afecta a la fertilidad; sin embargo, la tasa de infertilidad aumenta después de la cirugía. La medicación usada para la EII, en gran medida, no afecta a la fertilidad, a excepción de los efectos reversibles de la sulfasalazina en hombres. Si la concepción ocurre cuando la enfermedad está activa, supone un riesgo elevado para que esta actividad persista o, incluso, empeore durante la gestación. Es muy importante aconsejar la concepción en fases de inactividad clínica. La mayoría de fármacos usados para la EII son seguros durante la gestación y la lactancia; aquellos fármacos que están contraindicados se hallan bien establecidos. Si la enfermedad evoluciona con aumento de la actividad durante la gestación, lo mejor para la gestante y el feto es el tratamiento médico e, incluso, quirúrgico si es preciso.

BIBLIOGRAFÍA

1. Kane S. Managing pregnancy in IBD. Inflammatory bowel disease monitor. 2002;4:2-11.

2. Satasanahi J *et al.* Genetcis of inflammatory bowel disease. Gut 1994; 35:696-700.

3. Pavli P *et al.* Inflammatory bowel disease: germs or genes? Lancet 1996; 347: 1198.

4. Orholm M *et al.* Concordance of IBD among danish twins: results of nationwide study. Scand J Gastroenterol 2000;35:1075-31.

5. Yang H *et al.* Familial empirical risks for IBD: differences between jews and nojews. Gut 1993; 34: 517-24.

6. Alstead EM *et al.* Inflammatory bowel disease in pregnancy. Postgrad Med J 2002; 78:23-26.

7. Subhani JM *et al.* Review article: the management of IBD during pregnancy. Aliment Pharmacol Ther 1998; 12:220-24.

8. Baird S *et al.* Increased risk of preterm birth for women with inflammatory bowel disease. Gastroenterology. 1990 Oct;99(4):987-94.

9. Moody GA *et al.* The effects of chronic ill health and treatment with sulphasalazine on fertility amongst men and women with IBD in Leicester. Int J colorectal Dis 1997;12:220-24.

10. Ording Olsen L *et al.* Ulcerative colitis: female fecundity before diagnosis, during disease, and after surgery compared with a population sample. Gastroenterology. 2002 Jan;122(1):15-19.

11. Weber AM, *et al.* Gynecologic history of women with inflammatory bowel disease. Obstet Gynecol. 1995 Nov;86(5):843-47.

12. Korndfeld D *et al.* Pregnancy outcomes of a women with IBD. A population-cohort based study. Am J Obstr Gynecol. 1997; 177: 942-46.

13. Fonager K *et al.* Pregnancy outcome for woman with Crohn's disease. Gastroenterology 1998; 93:120-45.

14. Hanan IM *et al.* Inflammatory bowel disease in the pregnant woman. Compr Ther. 1998 Sep; 24(9):409-14.

15. Rogers RG *et al.* Course of Crohn's disease during pregnancy and its effect on pregnancy outcome: a retrospective review. Am J Perinatol. 1995 Jul;12(4):262-64.

16.Toppenberg KS *et al.* Safety of radiographic imaging during pregnancy. Am Fam Physici 1999; 59: 1813-18.

17. Cappell MS *et al.* Endoscopy in pregnancy. Dig Dis Sci 1996; 41:2353-61.

18. Mogadam M *et al.* Pregnancy in inflammatory bowel disease: effect of sulfasalazine and corticosteroids on fetal outcome. Gastroenterology. 1981 Jan;80(1):72-76.

19. Diav-Citrin *et al.* The safety of mesalamine in human pregnancy: a prospective controlled cohort study. Gastroenterology. 1998 Jan;114(1):23-28.

20. Caro T *et al.* Is metronidazole teratogenic? A meta-analysis. Br J Clin Pharmacol. 1997 Aug; 44(2):179-82.

21. Schade RR *et al.* Chronic idiopathic ulcerative colitis. Pregnancy and fetal outcome. Dig Dis Sci. 1984 Jul;29(7):614-19.

22. Effect of corticoesteroids for fetal maturation on perinatal outcome. Consensus developed panel on the effect of corticoesteroids for fetal maturations. JAMA 1995. 273:413.

23. Alstead EM *et al.* Safety of azathioprine in pregnancy in inflammatory bowel disease. Gastroenterology. 1990 Aug;99(2):443-46.

24. Francella A *et al.* The safety of 6-mercaptopurine for childbearing patients with inflammatory bowel disease: a retrospective cohort study. Gastroenterology. 2003 Jan;124(1):9-17.

25. Bertschinger A *et al.* IBD in pregnancy: review. Am J Gastroenterol 1995;18:55-68.

26. Katz A *et al.* Review IBD in pregnancy Am J Gastroenterol 2004; 17: 210-54.

27. Mahadevan U *et al.* Intentional infliximab use during pregnancy for induction or maintenance of remission in Crohn's disease. Aliment Pharmacol Ther. 2005 Mar 15;21(6):733-38.

28. Mahadevan U *et al.* Inflamm Bowel Dis. Review. 2005 Apr;11(4):395-99.

29. Kane S *et al.* The role of breastfeeding in postpartum disease activity in women with inflammatory bowel disease. Am J Gastroenterol. 2005 Jan;100(1):102-05.

30. Christensen D *et al.* Abstract Gut (UEGW) 2005.

Capítulo 14

Cáncer colorrectal y colitis ulcerosa: un tema polémico

A. Obrador, D. Ginard

Hospital Son Dureta
Servei de Digestiu
Palma, Mallorca.

Dirección para correspondencia
Hospital Son Dureta
Dr. A. Obrador
obrador@hsd.es

1   Introducción

La relación entre la colitis ulcerosa y el cáncer colorrectal está bien establecida desde
hace muchos años. Diferentes estudios epidemiológicos retrospectivos y prospectivos
concuerdan con esta relación. Sabemos actualmente que los estudios iniciales basados
en series hospitalarias y de grandes centros de referencia tenían sesgos de selección
que proporcionaron estimaciones del riesgo de cáncer colorrectal más elevadas que las
estimaciones observadas en estudios poblacionales, más recientes, realizados sobre un
gran número de pacientes. Con todo, debido al riesgo de cáncer colorrectal que implica el diagnóstico de una colitis extensa, diferentes sociedades científicas han planteado la conveniencia de crear programas de vigilancia para realizar el diagnóstico
precoz del cáncer colorrectal o de la lesión histológica preneoplásica conocida como
displasia.[1-3] En general, estas guías son muy similares y sólo se observan pequeñas variaciones. Por otra parte, parece que todos los gastroenterólogos y endoscopistas están
de acuerdo con las guías, ya que apenas aparecen en la literatura médica opiniones
discrepantes.[4] Siempre se ha dicho que no hay ningún estudio aleatorizado que de-
muestre la utilidad de los programas de vigilancia y que, probablemente, por razones
éticas, nunca podamos disponer de uno de estos estudios. Si buscamos en la base de
datos *PubMed* la bibliografía sobre el tema utilizando las palabras clave «*ulcerative colitis*» y «*colorectal cancer*», aparecen alrededor de 3.000 referencias. Si acotamos un
poco más la búsqueda añadiendo como palabra clave «*surveillance*», nos aparecen 700
citas. Pero la última revisión publicada de la *Cochrane Database of Systematic Reviews*[5]
sobre el cáncer colorrectal, la displasia y la colitis ulcerosa sólo incluye tres estudios
después de una selección sistemática de acuerdo con los criterios de inclusión. Por
otra parte, en la práctica clínica todos somos conscientes de las dificultades que existen para aplicar de una manera correcta las recomendaciones de las guías, por lo que
la adherencia a las mismas posiblemente no sea la deseable. Además, recientemente se
han introducido varias técnicas endoscópicas que suponen unos avances considera-
bles en el diagnóstico de pequeñas lesiones cólicas y que, de momento, no se han in-
corporado a las recomendaciones de vigilancia. En este capítulo vamos a comentar la
situación actual de la vigilancia de los pacientes con colitis ulcerosa y proponer una
nueva aproximación a este tema.

2   Guías, displasia y adherencia

Las guías publicadas sobre las recomendaciones de vigilancia en la colitis ulcerosa básicamente indican: *1)* La vigilancia debe empezar aproximadamente entre los ocho y diez años desde el inicio de la enfermedad si se trata de una colitis extensa y alrededor de los quince o veinte años en el caso de la colitis izquierda; *2)* Debe haber una reducción en los intervalos de las exploraciones de acuerdo con la duración de la enfermedad; *3)* Deben tomarse de manera aleatorizada entre dos y cuatro biopsias endoscópicas cada 10 centímetros de colon y recto y, además, biopsiar de manera específica todas las lesiones sospechosas; *4)* Los pacientes con colangitis esclerosante primaria presentan un riesgo más elevado de cáncer colorrectal.[1-3]

En la figura 1 se observan los resultados de entrevistas a diferentes colectivos sobre los conceptos de displasia y las prácticas de vigilancia relacionadas con el cáncer colorrectal y la colitis ulcerosa. El primer estudio realizado en Estados Unidos indica que sólo el 19 % de los entrevistados identifican correctamente el concepto de displasia.[6] Estas entrevistas se realizaron a los miembros de dos asociaciones regionales de gastroenterología. Un porcentaje elevado de entrevistados (48 %) identificaron correctamente la definición de displasia de grado elevado pero, en cambio, sólo un 16 % identificaron correctamente el concepto de displasia de grado bajo. La mayoría de gastroenterólogos recomendaban la colectomía cuando se diagnosticaba una displasia de grado elevado mientras que una tercera parte se inclinaban por seguir con la vigilancia. El segundo estudio presentado en el gráfico se realizó en el Reino Unido y el 94 % de gastroenterólogos consultados indican que realizan un programa de vigilancia del cáncer en la colitis ulcerosa, pero este porcentaje resulta menos optimista cuando descubrimos que estos programas no se llevan a cabo de manera sistemática.[7] Sólo el 53 % de gastroenterólogos británicos recomiendan la colectomía ante el diagnóstico de displasia de grado elevado. Otro estudio más reciente se realizó en Nueva Zelanda utilizando un cuestionario postal en el que participaron casi doscientos médicos y cirujanos.[8] También en esta encuesta el porcentaje de definición correcta de la displasia fue muy bajo, del 20 %. Hubo diferencias entre los grupos de especialistas, ya que los cirujanos colorrectales conocían mejor que los gastroenterólogos los conceptos de displasia y displasia de grado bajo. El cuarto trabajo citado en el gráfico procede del Congreso Americano del año 2005 y se realizó en Holanda.[9] A la pregunta de si seguían las recomendaciones de tomar cuatro biopsias cada 10 centímetros, sólo el 41 % lo hacían, mientras que el 52 % tomaban menos de cuatro biopsias en cada cuadrante y el 6 % no utilizaban un protocolo específico. Por todo ello, se tomaban menos de treinta biopsias por colonoscopia. Resumiendo, se indica que sólo el 27 % de los gastroenterólogos holandeses siguen las guías de la American Gastroenterological Association. Los autores de este trabajo señalan que la falta de adhesión a las guías es un fenómeno generalizado y que no cabe restringirlo a Holanda. El último estudio recogido en la figura 1 trata de un pequeño trabajo realizado en una muestra de 67 pacientes consecutivos de enfermedad inflamatoria intestinal en el que se evalúa si reciben el tratamiento adecuado.[10] Sólo tres de cada nueve recibían un seguimiento adecuado para descartar el cáncer colorrectal.

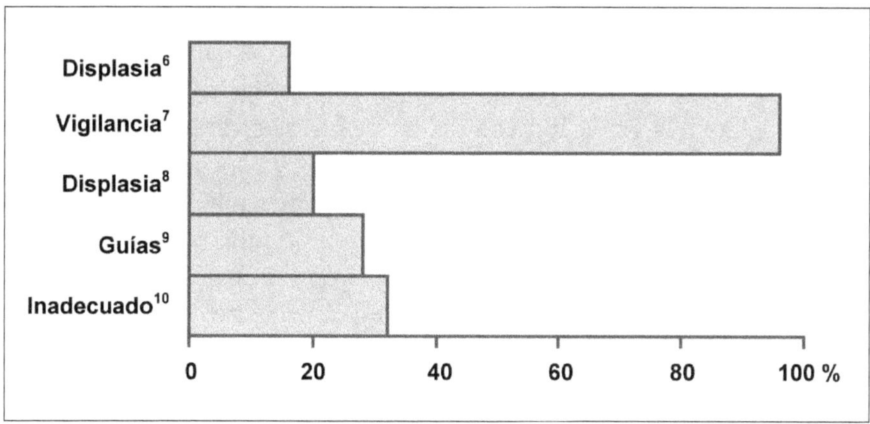

Figura 1. Estudios sobre displasia y vigilancia en la colitis ulcerosa.

Para explicar las posibles discrepancias entre las recomendaciones de las guías y los resultados de estos trabajos se aducen razones que se nos antojan demasiado simplistas. Por ejemplo: «… los gastroenterólogos confunden los conceptos de definición de displasia y de su implicación. Debería hacerse un llamamiento a la formación de los gastroenterólogos (y de los patólogos)»;[11] «Parece que se necesita una mayor formación continuada de los gastroenterólogos en relación con diferentes aspectos de la vigilancia y de sus dificultades.»;[7] «Las razones de las inconsistencias pueden deberse a falta de educación o, posiblemente, a una falta de datos que apoyen un algoritmo de vigilancia para la colitis ulcerosa fiable y efectivo (incluyendo coste-efectividad).»[12] Parece, si exceptuamos el último comentario, que la mayoría de autores atribuyen la discrepancia entre la práctica clínica y las guías recomendadas a una falta de formación de los gastroenterólogos.

3   Avances recientes en el riesgo de cáncer y en el diagnóstico de la displasia en la colitis ulcerosa

En la tabla 1 se recogen los factores de riesgo que se han asociado al cáncer colorrectal en la colitis ulcerosa.[13] Hasta hace relativamente poco tiempo, no se había considerado la gravedad de la inflamación como un factor de riesgo. De hecho, en el artículo que acaba de citarse, publicado en el año 2000, no se recoge esta variable. Una revisión reciente sobre este tema nos permite que no nos extendamos sobre esta cuestión.[14] En un estudio de casos y controles de pacientes con colitis ulcerosa extensa de larga evolución se analizaron diferentes factores potenciales de riesgo para la neoplasia colorrectal.[15] El análisis univariante encontró una correlación positiva entre la puntuación de los criterios colonoscópicos e histológicos de inflamación y el riesgo de neoplasia colorrectal. En el análisis multivariante sólo la puntuación histológica de inflamación se mantuvo significativa. Los autores concluyen que, en la colitis ulcerosa extensa, la gravedad de la inflamación cólica es una variable importante para determinar el riesgo de neoplasia colorrectal, y añaden que la gradación endoscópica e histológica de la inflamación puede permitir una mejor estratificación de los programas de vigilancia. Otro estudio comparó la inflamación macroscópica con la extensión microscópica de la colitis como factor de riesgo de la neoplasia en la colitis ulcerosa.[16] Este estudio muestra que la neoformación relacionada con la colitis puede aparecer en áreas en las cuales no hay una inflamación macroscópica, aunque no se observó en ningún paciente sin colitis microscópica. Para diseñar nuevas guías para la prevención del cáncer colorrectal en la colitis ulcerosa, posiblemente deba tenerse en cuenta la extensión de la colitis microscópica de acuerdo con los resultados de este estudio. Por otra parte, existen algunos trabajos experimentales que apoyan el papel de la inflamación como factor de riesgo de cáncer colorrectal.[17]

Factor de riesgo	Importancia relativa
Extensión de la enfermedad.	++++
Duración de la enfermedad.	++++
Gravedad de la inflamación.	+
Inicio precoz de la enfermedad.	++
Localización geográfica.	+
Tratamiento con aminosalicilatos.	+
Suplementos de ácido fólico.	+
Presencia de estenosis.	++
Colangitis esclerosante primaria.	+++
Historia familiar de cáncer colorrectal.	+

Tabla 1. Importancia relativa de varios factores de riesgo en el desarrollo del cáncer colorrectal en la colitis ulcerosa. Modificado de la referencia 13.

La historia natural de la displasia, especialmente de la displasia de grado bajo, muestra todavía aspectos controvertidos, de acuerdo con dos estudios relativamente recientes. El primero se realizó en Estados Unidos.[18] Los autores revisaron las historias clínicas, las colonoscopias y los informes quirúrgicos y de anatomía patológica de 46 pacientes diagnosticados de displasia de grado bajo y que seguían un programa de vigilancia mediante colonoscopias. Entre los 46 pacientes se diagnosticaron siete casos de cáncer colorrectal. Un dato inesperado fue el hallazgo de cuatro pacientes con cáncer de un total de 17 pacientes que se intervinieron con el diagnóstico de displasia de grado bajo. Las conclusiones de este estudio indican que el hallazgo de displasia de bajo grado en un paciente sometido a un programa de vigilancia es una variable altamente predictiva de progresión a neoplasia, por lo que debe indicarse una colectomía. El otro estudio se realizó en el Reino Unido en un grupo de 160 pacientes que seguían un programa de vigilancia debido a colitis ulcerosa extensa y de larga duración.[19] Al cabo de diez años de evolución se analizaron los resultados. De los 128 pacientes vivos y con el colon intacto al final del estudio, dos no se localizaron, 29 tenían displasia de bajo grado y 97 no tenían displasia y se utilizaron como grupo control. Al cabo de los diez años, se había desarrollado displasia de grado elevado o cáncer colorrectal en tres de los 29 pacientes con displasia de bajo grado (10 %) y en cuatro de los 97 pacientes del grupo control (4 %). El análisis de las curvas de supervivencia no muestra diferencias entre los dos grupos. De ahí que la conclusión del estudio europeo indique que el diagnóstico de displasia de grado bajo no justifica la realización de una colectomía profiláctica y que no debe descartarse un seguimiento más conservador en estos casos. En nuestra opinión, es importante conocer la historia natural de la displasia, especialmente la de bajo grado, ya que los resultados de ambos estudios no son biológicamente plausibles.

Como es conocido, el diagnóstico histológico de displasia presenta algunos problemas. En algunos estudios, la concordancia interobservador es débil.[20-22] Es importante recordar que las biopsias cólicas deben tomarse en una etapa quiescente de la colitis, ya que la inflamación produce cambios regenerativos que pueden llevar a confusión. Dos aspectos menos conocidos son los cambios histológicos asociados al tratamiento de la ciclosporina intravenosa que pueden confundirse con la displasia.[23] Este aspecto debe tenerse en cuenta en los países en los cuales es habitual utilizar la ciclosporina en el tratamiento de la colitis ulcerosa grave. Asimismo, conviene tener en cuenta que en la colitis isquémica pueden aparecer cambios histológicos que pueden confundirse con la displasia de la colitis ulcerosa.[24]

4   Nuevos métodos endoscópicos para el diagnóstico de la displasia: magnificación y cromoendoscopia

En los últimos años, se han producido avances importantes en el diagnóstico endoscópico de la displasia y se han publicado varias revisiones sobre este tema.[25-28] Vamos a comentar algunos de los trabajos que nos parecen más representativos. El primero se refiere a la importancia de la cromoendoscopia para tomar biopsias orientadas en las zonas de mucosa sospechosa en lugar de las biopsias aleatorias.[29] Se trata de una serie de cien pacientes con colitis ulcerosa extensa de larga evolución y que seguían un programa de colonoscopias de vigilancia. Se realizaron en cada paciente dos colonoscopias. La primera seguía las pautas recomendadas de tomar una biopsia en cada cuadrante del colon cada 10 centímetros y además en las zonas sospechosas. En la segunda colonoscopia, que se realizó a continuación, se utilizó como colorante índigo carmín y se biopsiaron las zonas de mucosa sospechosa. En la serie de colonoscopias convencionales se tomaron 2.904 biopsias y en ninguna de ellas se observó displasia. En cambio, en las biopsias orientadas tomadas en las exploraciones con cromoendoscopia sólo se tomaron 157 biopsias y se detectaron nueve lesiones displásicas. De ello cabe deducir que la revisión cuidadosa de la mucosa del colon con cromoendoscopia y la toma de biopsias orientadas a las zonas sospechosas puede ser un método de vigilancia mucho más efectivo que la toma de biopsias indiscriminada.

Otro trabajo importante en este sentido es un estudio en el que se realizaron colonoscopias convencionales y otras con magnificación y cromoendoscopia con azul de metileno.[30] Se trataba también de pacientes con colitis extensa de larga evolución. Se aleatorizaron 165 pacientes para realizar una colonoscopia convencional o una colonoscopia con magnificación y cromoendoscopia. Se tomaron muchas más biopsias orientadas y se diagnosticaron más neoplasias intraepiteliales en el grupo de cromoendoscopia que en el grupo de colonoscopia convencional (32 *vs.* 10; p = 0,003). La sensibilidad y la especificidad para diferenciar las lesiones neoplásicas de las no neoplásicas fue del 93 %. La conclusión de este trabajo es que la cromoendoscopia con azul de metileno es una nueva herramienta para la detección precoz de la neoplasia intraepitelial en pacientes con colitis ulcerosa. Se han publicado recientemente unas guías conocidas con el acrónimo de SURFACE para utilizar correctamente la cromoendoscopia en la colitis ulcerosa.[31] Las recomendaciones son las siguientes (véase la tabla 2): *1)* Selección estricta de los pacientes; *2)* Limpieza exhaustiva de la mucosa colorrectal; *3)* Reducir los movimientos peristálticos; *4)* Teñir toda la mucosa colorrectal; *5)* Utilizar colorantes vitales; *6)* Análisis de la arquitectura de las criptas, y *7)* tomar biopsias orientadas.

---

1. *Selección estricta de los pacientes.* Los pacientes tienen que estar diagnosticados histológicamente de colitis ulcerosa, llevar más de ocho años de evolución de la enfermedad y estar en remisión clínica. Hay que evitar estas exploraciones en los pacientes con actividad de la enfermedad.

2. *La superficie mucosa debe quedar completamente limpia.* Se necesita una preparación excelente del colon. Hay que retirar todos los restos de moco y de líquido que puedan quedar.

3. *Reducir los movimientos peristálticos.* Si se necesita hay que utilizar un espasmolítico.

4. *Hay que teñir todo el colon.* Tiene que realizarse una pancromoendoscopia y no sólo tinciones locales.

5. *Aumentar la capacidad de detección con colorantes vitales.* Los más usados son el índigo carmín al 0,4 % y el azul de metileno al 0,1 %.

6. *Análisis de la arquitectura de las criptas.* Todas las posibles lesiones deben analizarse de acuerdo con la clasificación denominada *pit pattern.* Mientras que los tipos I–II sugieren que la lesion no es maligna, los tipos III–V sugieren la presencia de neoplasias intraepiteliales y carcinoma.

7. *Tomar biopsias endoscópicas orientadas.* Hay que tomar biopsias de todas las alteraciones mucosas sospechosas, especialmente en las zonas donde los patrones arquitecturales pueden indicar malignidad.

Tabla 2. Siete guías para la cromoendoscopia en la colitis ulcerosa.[31]

Existen nuevas técnicas endoscópicas: *narrow-band imaging, fluorescence endoscopy, optical coherence tomography* y *confocal laser endomicroscopy,* que pueden mejorar la detección de lesiones mucosas precoces en el colon y permitir la toma de biopsias orientadas. Sin embargo, los datos clínicos disponibles son mucho más escasos que los comentados sobre la cromoendoscopia. Quizá la técnica más prometedora sea la *narrow-band imaging,* ya que posiblemente los resultados pueden ser similares a la cromoendoscopia sin necesidad de utilizar colorantes y con una disminución del tiempo de exploración.[32,33] Hay otros métodos moleculares para el diagnóstico de la displasia que se escapan de los límites de esta revisión y que no vamos a mencionar.[34]

5　¿Es posible distinguir la displasia en una colonoscopia convencional?

Un estudio retrospectivo reciente indica que sí, ya que concluye que la mayoría de las displasias de colon pueden detectarse en una colonoscopia convencional.[35] Se trata de una serie en la que participaron 525 pacientes que seguían un programa de colonoscopias de vigilancia. Se analizaron los resultados de 2.204 colonoscopias en las que se detectaron 110 áreas neoplásicas y más del 75 % de éstas fueron visibles macroscópicamente. Casi el 90 % de las neoplasias fueron detectadas en la colonoscopia convencional. Pensamos que este trabajo tiene un mensaje muy claro para todos los gastroenterólogos y endoscopistas, ya que debe estimular la búsqueda intencionada de cambios sutiles en la coloración o en la rugosidad de la mucosa que podrían implicar la presencia de displasia. Un artículo reciente corrobora la importancia del examen meticuloso de todo el colon.[36] El objetivo del estudio era investigar los factores endoscópicos relacionados con el diagnóstico de displasia en la enfermedad inflamatoria intestinal. Se trata de un estudio retrospectivo realizado en 635 pacientes que seguían un programa de colonoscopias de vigilancia. El análisis de regresión logística permitió observar que a cada minuto añadido en el tiempo de colonoscopia se incrementaba un 3,5 % el diagnóstico de displasia. Asimismo, se detectó una correlación positiva entre la media de la duración de la colonoscopia por endoscopista y la frecuencia del diagnóstico de displasia.

En algunos aspectos, la historia de las pequeñas lesiones cancerosas planas del colon descritas por los autores japoneses nos hacen pensar en la detección de la displasia en la colitis ulcerosa.[37,38] Hace ya un cierto tiempo que los autores japoneses sugirieron la existencia de pequeñas lesiones planas o deprimidas que eran neoplasias que no seguían el esquema clásico de lesiones polipoideas. Inicialmente, estas lesiones malignas no se reconocían en el mundo occidental, por lo que parecía un hallazgo circunscrito al ámbito japonés. Ahora sabemos que estas lesiones existen también en Europa y América. El factor más importante para el diagnóstico de estas lesiones es aprender a ver estas pequeñas lesiones planas o deprimidas superficiales. Se ha indicado que es preciso un entrenamiento especial, ya que sin éste, un autor ha indicado que los protocolos de cribaje con colonoscopias pueden dejar de detectar entre un 20 y un 50 % de los posibles cánceres.[37] De acuerdo con las conclusiones de un estudio prospectivo para detectar lesiones planas en la población británica utilizando técnicas japonesas, los endoscopistas europeos requieren un entrenamiento especial para reconocer las pequeñas lesiones planas y detectar así neoplasias colorrectales en estadio inicial.[38]

Basándonos en los datos comentados anteriormente, pensamos que es importante conocer que la displasia puede identificarse con las técnicas de cromoendoscopia y magnificación e incluso con la colonoscopia convencional. En este sentido, siguiendo el símil apuntado de las lesiones planas «japonesas», tenemos que: *a)* aprender a ver estas lesiones en el colon; *b)* revisar exhaustivamente y con detenimiento toda la mucosa del colon, y *c)* identificar cambios sutiles en la mucosa que puedan indicar displasia.

6   Adherencia a las guías clínicas: ¿sólo un problema de formación?

Hay una abundante bibliografía sobre la adherencia de los médicos a las guías clínicas en diferentes entidades clínicas (asma, hipertensión, etc.). De acuerdo con la búsqueda bibliográfica realizada, no hemos encontrado ninguna referencia que haya analizado este problema en las guías recomendadas para el diagnóstico precoz del cáncer colorrectal en la colitis ulcerosa. En una revisión extensa[39] sobre las causas por las cuales los médicos no siguen las guías clínicas pudieron identificarse diferentes barreras: *a)* conocimiento de los médicos (falta de conocimiento o familiaridad); *b)* actitudes (falta de acuerdo con las propuestas, dudas sobre la eficacia, inercia de prácticas anteriores), y *c)* conducta (barreras externas). Otro estudio más reciente ha clasificado las barreras que impiden la adherencia de los médicos.[40] Entre las variables contempladas, podemos indicar: conducta anterior (grado de cambio, experiencias anteriores, actitud y norma subjetiva), control percibido, conducta y conducta percibida. Vemos de esta manera que las barreras que limitan la adherencia no se refieren únicamente a falta de conocimientos.

Pensamos que deben elaborarse nuevas guías que tengan en cuenta algunos aspectos que necesitan ser investigados más en profundidad: historia natural de la displasia, métodos pedagógicos más útiles para difundir la importancia de la displasia, difusión del conocimiento sobre la importancia de la prevención del cáncer colorrectal en la colitis ulcerosa, capacidad de las unidades de endoscopia para realizar las exploraciones indicadas, implementación de nuevas técnicas endoscópicas para el diagnóstico de la displasia y entrenamiento de los endoscopistas para la identificación de cambios sutiles en la mucosa colorrectal que pueden indicar displasia.

En resumen, podríamos decir que necesitamos nuevas guías para la vigilancia y el diagnóstico precoz del cáncer colorrectal en la colitis ulcerosa. Estas guías deben contemplar la inflamación como un factor de riesgo y, además, incorporar la nueva tecnología para el diagnóstico de la displasia. Por otra parte, la efectividad de las nuevas guías debe demostrarse científicamente. Asimismo, es recomendable investigar la adherencia de los gastroenterólogos y endoscopistas a las nuevas guías para superar las posibles barreras en relación con los conocimientos, las actitudes y la conducta.

BIBLIOGRAFÍA

1. Eaden JA, Mayberry JF. Guidelines for screening and surveillance of asymptomatic colorectal cancer in patients with inflammatory bowel disease. Gut 2002;51 Suppl 5:V10-12.
2. Barthet M, Gay G, Sautereau D *et al.* Endoscopic surveillance of chronic inflammatory bowel disease. Endoscopy 2005;37:597-99.
3. Itzkowitz SH, Present DH, Crohn's and Colitis Foundation of America Colon Cancer in IBD Study Group. Consensus conference: Colorectal cancer screening and surveillance in inflammatory bowel disease. Inflamm Bowel Dis 2005;11:314-21.
4. Moum B, Ekbom A. Ulcerative colitis, colorectal cancer and colonoscopic surveillance. Scand J Gastroenterol 2005;40:881-85.
5. Collins PD, Mpofu C, Watson AJ, Rhodes JM. Strategies for detecting colon cancer and/or dysplasia in patients with inflammatory bowel disease. Cochrane Database Syst Rev 2006;2:CD000279.
6. Bernstein CN, Weinstein WM, Levine DS, Shanahan F. Physicians' perceptions of dysplasia and approaches to surveillance colonoscopy in ulcerative colitis. Am J Gastroenterol 1995;90:2106-14.
7. Eaden JA, Ward BA, Mayberry JF. How gastroenterologists screen for colonic cancer in ulcerative colitis: an analysis of performance. Gastrointest Endosc 2000;51:123-28.
8. Gearry RB, Wakeman CJ, Barclay ML, Chapman BA, Collett JA, Burt MJ, Frizelle FA. Surveillance for dysplasia in patients with inflammatory bowel disease: a national survey of colonoscopic practice in New Zealand. Dis Colon Rectum 2004;47:314-22.
9. Van Rijn AF, Samsom M, Oldenburg B. Adherence To Surveillance Guidelines for Dysplasia and Colonic Carcinoma in Ulcerative and Crohn's Colitis Patients in the Netherlands. Gastroenterology 2005, 128 (Suppl 2): A-324 (abstract).

10. Reddy SI, Friedman S, Telford JJ, Strate L, Ookubo R, Banks PA. Are Patients with Inflammatory Bowel Disease Receiving Optimal Care? Am J Gastroenterol 2005;100:1357-61.
11. Cohen RD, Hanauer SB. Surveillance colonoscopy in ulcerative colitis: is the message loud and clear? Am J Gastroenterol 1995;90:2090-92.
12. Hanauer SB. Surveying surveillance: are gastroenterologists consistently inconsistent, inconsistently consistent, or poorly educated? Gastrointest Endosc 2000;51:240-42.
13. Eaden JA, Mayberry JF. Colorectal cancer complicating ulcerative colitis: a review. Am J Gastroenterol 2000;95:2710-19.
14. Itzkowitz SH, Yio X. Inflammation and cancer IV. Colorectal cancer in inflammatory bowel disease: the role of inflammation. Am J Physiol Gastrointest Liver Physiol 2004;287:G7-17.
15. Rutter M, Saunders B, Wilkinson K, Rumbles S, Schofield G, Kamm M *et al.* Severity of inflammation is a risk factor for colorectal neoplasia in ulcerative colitis. Gastroenterology 2004;126:451-59.
16. Mathy C, Schneider K, Chen YY, Varma M, Terdiman JP, Mahadevan U. Gross versus microscopic pancolitis and the occurrence of neoplasia in ulcerative colitis. Inflamm Bowel Dis 2003;9:351-55.
17. Chen R, Rabinovitch PS, Crispin DA, Emond MJ, Bronner MP, Brentnall TA. The initiation of colon cancer in a chronic inflammatory setting. Carcinogenesis 2005;26:1513-19.
18. Ullman T, Croog V, Harpaz N, Sachar D, Itzkowitz S. Progression of flat low-grade dysplasia to advanced neoplasia in patients with ulcerative colitis. Gastroenterology 2003;125:1311-19.
19. Lim CH, Dixon MF, Vail A, Forman D, Lynch DA, Axon AT. Ten year follow up of ulcerative colitis patients with and without low grade dysplasia. Gut 2003;52:1127-32.

20. Dixon MF, Brown LJ, Gilmour HM, Price AB, Smeeton NC, Talbot IC, Williams GT. Observer variation in the assessment of dysplasia in ulcerative colitis. Histopathology 1988;13:385-97.

21. Eaden J, Abrams K, McKay H, Denley H, Mayberry J. Inter-observer variation between general and specialist gastrointestinal pathologists when grading dysplasia in ulcerative colitis. J Pathol 2001;194:152-57.

22. Odze RD, Goldblum J, Noffsinger A, Alsaigh N, Rybicki LA, Fogt F. Interobserver variability in the diagnosis of ulcerative colitis-associated dysplasia by telepathology. Mod Pathol 2002;15:379-86.

23. Hyde GM, Jewell DP, Warren BF. Histological changes associated with the use of intravenous cyclosporin in the treatment of severe ulcerative colitis may mimic dysplasia. Colorectal Dis 2002; 4:455-58.

24. Zhang S, Ashraf M, Schinella R. Ischemic colitis with atypical reactive changes that mimic dysplasia (pseudodysplasia). Arch Pathol Lab Med 2001;125:224-27.

25. Dekker E, Fockens P. Advances in colonic imaging: new endoscopic imaging methods. Eur J Gastroenterol Hepatol. 2005;17:803-08.

26. Herfarth H, Rogler G. Inflammatory bowel disease. Endoscopy 2005;37:42-47.

27. Fefferman DS, Farrell RJ. Endoscopy in inflammatory bowel disease: indications, surveillance, and use in clinical practice. Clin Gastroenterol Hepatol 2005;3:11-24.

28. Rutter M, Bernstein C, Matsumoto T, Kiesslich R, Neurath M. Endoscopic appearance of dysplasia in ulcerative colitis and the role of staining. Endoscopy 2004;36:1109-14.

29. Rutter MD, Saunders BP, Schofield G, Forbes A, Price AB, Talbot IC. Pancolonic indigo carmine dye spraying for the detection of dysplasia in ulcerative colitis. Gut 2004;53:256-60.

30. Kiesslich R, Fritsch J, Holtmann M, Koehler HH, Stolte M, Kanzler S *et al.* Methylene blue-aided chromoendoscopy for the detection of intraepithelial neoplasia and colon cancer in ulcerative colitis. Gastroenterology 2003;124:880-88.

31. Kiesslich R, Hoffman A, Neurath MF. Colonoscopy, tumors, and inflammatory bowel disease-new diagnostic methods. Endoscopy 2006; 38:5-10.

32. Kuznetsov K, Lambert R, Rey JF. Narrow-band imaging: potential and limitations. Endoscopy 2006;38:76-81.

33. Dekker E, Van Deventer S, Hardwick J *et al.* The value of narrow band imaging for the detection of dysplasia in longstanding ulcerative colitis [resumen]. Gastroenterology 2004; 126: A77.

34. Risques RA, Rabinovitch PS, Brentnall TA. Cancer surveillance in inflammatory bowel disease: new molecular approaches. Curr Opin Gastroenterol 2006;22:382-90.

35. Rutter MD, Saunders BP, Wilkinson KH, Kamm MA, Williams CB, Forbes A. Most dysplasia in ulcerative colitis is visible at colonoscopy. Gastrointest Endosc 2004;60:334-39.

36. Toruner M, Harewood GC, Loftus EV Jr, Sandborn WJ, Tremaine WJ, Faubion WA *et al.* Endoscopic factors in the diagnosis of colorectal dysplasia in chronic inflammatory bowel disease. Inflamm Bowel Dis 2005;11:428-34.

37. Rembacken BJ. Flat and depressed colorectal neoplasia in England and Japan (Foundation for Promotion of Cancer, Japan and the British Council). Jpn J Clin Oncol 1997;27:447.

38. Fujii T, Rembacken BJ, Dixon MF, Yoshida S, Axon AT. Flat adenomas in the United Kingdom: are treatable cancers being missed? Endoscopy 1998;30:437-43.

39. Cabana MD, Rand CS, Powe NR, Wu AW, Wilson MH, Abboud PA, Rubin HR. Why don't physicians follow clinical practice guidelines? A framework for improvement. JAMA 1999;282: 1458-65.

40. Maue SK, Segal R, Kimberlin CL, Lipowski EE. Predicting physician guideline compliance: an assessment of motivators and perceived barriers. Am J Manag Care 2004;10:383-91.

Capítulo 15

Infecciones y enfermedad inflamatoria intestinal

I. VERA MENDOZA, L. ABREU GARCÍA

Hospital Universitario Puerta de Hierro
Servicio de Gastroenterología
Madrid

Dirección para correspondencia
Hospital Universitario Puerta de Hierro
Dra. I. Vera Mendoza
isabel.vera@supportfactory.net

Los pacientes con enfermedad inflamatoria intestinal (EII) son susceptibles de presentar complicaciones relacionadas con su propia enfermedad o con el tratamiento inmunomodulador recibido. Entre estas complicaciones se incluyen las infecciones.

Aunque los pacientes con EII no tienen un riesgo de mortalidad superior al de la población general, la distribución de las causas de muerte en estos pacientes sí que difiere de la del resto de la población. Entre estas causas de muerte se encuentran las infecciones, que incluyen las sepsis por gram negativos, estafilococos, anaerobios y las peritonitis bacterianas.[1] En un estudio poblacional llevado a cabo en Copenhague sobre mortalidad en 374 pacientes con enfermedad de Crohn (EC), con un seguimiento medio de 17 años, se objetivó que en las mujeres había un incremento de la mortalidad 20-25 años después del diagnóstico, que se relacionó con la severidad de la enfermedad. En este grupo de mujeres se encontró que las infecciones tenían una *ratio* de mortalidad estandarizada (SMR) de 8,33 IC 95 % (1,01-30,9). En cambio, en los hombres no se registraba tal incremento: SMR de 2,33 IC (0,03-11,84). En este estudio, ningún paciente estaba con tratamiento inmunosupresor y las infecciones responsables de la mortalidad fueron meningitis, encefalitis y miocarditis.[2]

En otro estudio poblacional sobre mortalidad en la colitis ulcerosa (CU) no se apreciaron estas diferencias entre mujeres y hombres. En este trabajo, las infecciones fueron una de las dos causas principales de mortalidad en la CU y las más frecuentes, entre ellas, fueron peritonitis, abscesos, sepsis y neumonía.[3]

Las infecciones pueden estar relacionadas con la propia EII o con el tratamiento inmunosupresor o biológico recibido.

1 Infecciones relacionadas con la enfermedad inflamatoria intestinal

La propia EII puede predisponer a la aparición de complicaciones infecciosas, en relación con determinados factores como son:

- Inflamación de la mucosa.
- Malnutrición.
- Cirugía.
- Edad avanzada.

En este sentido, varios trabajos ponen de manifiesto la detección de *Clostridium Difficile* en las heces de pacientes con EII, sin diferencias en cuanto a la incidencia respecto a un grupo de población general con diarrea (13,4 % *vs.* 11,9 %, respectivamente). Sin embargo, sí que se detectan diferencias importantes entre ambos grupos en relación con el consumo previo de antibióticos, mucho más frecuente entre la población general que entre los pacientes con EII (67 % *vs.* 11 %, respectivamente).[4] Ello hace suponer que la propia EII pueda estar desempeñando un papel en la aparición de dicha infección.

Por otro lado, se ha comunicado que hay infecciones más prevalentes entre los pacientes con EII que entre la población sana, como son las secundarias a *Aeromonas*, sin que se hayan relacionado con el uso de inmunosupresores.[5]

En la enfermedad de Crohn hay un mayor riesgo de aparición de abscesos, especialmente del subtipo fistulizante, así como de infecciones del tracto urinario.

Las infecciones virales merecen una mención especial en estos pacientes, concretamente la asociación con los virus de la hepatitis B (HBV) y C (HCV), así como el citomegalovirus (CMV).

1.1 *Infección por los virus de la hepatitis B y C en la EII*

1.1.1 *Prevalencia y factores de riesgo*

La prevalencia de la hepatitis viral B o C es superior en los pacientes con EII que en la población general, como muestra un estudio sobre 494 pacientes con EII (332 EC y 162 CU), comparado con un grupo de 374 controles sin EII. El 24,7 % de los pacientes con EC y el 12 % de los CU presentaban serologías positivas al HBV o HCV frente al 7 % de los controles. La prevalencia de los dos virus a la vez era claramente inferior en los tres grupos (1,3, 0 y 1,1 % en EC, CU y controles, respectivamente). En este trabajo encontraron diferencias claras en la prevalencia del HCV entre la EC y la CU (7,4 y 0,6 %, respectivamente), sin que los autores encontrasen una clara explicación.[6] Estas diferencias no se han descrito en otro trabajo que recoge a más de 500 pacientes con EII.[7]

Al analizar la prevalencia del virus C según la edad, no hay diferencias en los mayores de 50 años, mientras que en los menores es significativamente superior en la EC. Una explicación posible es que en este grupo de edad hay un mayor porcentaje de pacientes intervenidos por su enfermedad (véase la figura 1). Concretamente, la prevalencia es mayor en la cirugía relacionada con la propia EC frente a otras cirugías (10,6 % *vs.* 1,8 %, respectivamente, p = 0,04). Además, entre otros factores de riesgo se han encontrado las transfusiones sanguíneas y la realización de endoscopias, con diferencias significativas respecto a los controles.[6]

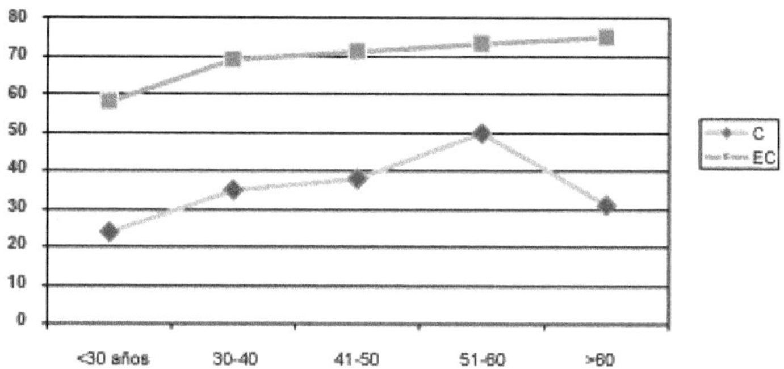

*Figura 1. Porcentaje de cualquier cirugía en relación con grupos de edad en pacientes con enfermedad
de Crohn (EC) y sujetos controles (C). p < 0,04 en todos los grupos de edad.
(Biancone L, Inflam Bowel Dis 2001 Nov;7(4):287-94).*

1.1.2 Influencia del tratamiento inmunomodulador sobre las hepatitis virales

El comportamiento de los inmunomoduladores y la terapia biológica sobre la evolución de las hepatitis difiere según se trate de HCV o HBV.

En la hepatitis por el virus C no parece que se produzca reagudización de la misma tras el tratamiento con esteroides, inmunomoduladores ni con infliximab. Sólo se ha detectado un caso de reagudización en un paciente al suspender los esteroides.[6,8]

En otras patologías, como es la artritis reumatoide, hay más experiencia sobre la influencia de terapias biológicas como infliximab sobre el HCV, y tampoco parece que este fármaco influya negativamente.[9]

Sin embargo, no ocurre lo mismo con el HBV, donde tanto los esteroides como el infliximab incrementan la viremia.[10-14] Por esta razón, se recomienda el tratamiento con lamivudina o adefovir en los pacientes con HBV que vayan a recibir infliximab.[15,16]

1.1.3 Influencia del tratamiento antiviral sobre la EII

El tratamiento con Interferon α en pacientes con HCV y EII obtiene una tasa de respuesta que puede superponerse a la de pacientes sin EII, tanto en la respuesta completa como en la sostenida, y con una toxicidad similar, por lo que parece un tratamiento efectivo y seguro en estos pacientes.

Por otro lado, el Interferon α no modifica el curso evolutivo de la EII, tanto en la EC como en la CU, como lo muestra la estabilidad de los índices de actividad durante el tratamiento.[7]

1.2 Infección por citomegalovirus en la EII

La colitis por CMV está bien definida en los pacientes con algún grado de inmunodeficiencia, tales como los trasplantados, los VIH, los que presentan neoplasias o aquellos que reciben tratamiento quimioterápico o inmunosupresor.

La colitis por CMV se ha descrito anecdóticamente en pacientes inmunocompetentes. Sin embargo, se ha publicado en fechas recientes un metaanálisis sobre la prevalencia de este virus precisamente en la población sin inmunodeficiencia alguna. En este trabajo se incluyeron 44 pacientes inmunocompetentes diagnosticados de colitis por CMV. Fueron divididos en tres grupos según presentasen o no patología asociada. Los pacientes de un grupo tenían enfermedades que los autores definieron como componente inmunomodulador, entre las que se incluían la diabetes, la insuficiencia renal y las neoplasias. Otro grupo padecía enfermedades sin componente inmunológico y el otro no tenía ninguna enfermedad.

Hasta un tercio de los pacientes, todos ellos menores de 55 años, evolucionaban a la curación espontáneamente. En cambio, los mayores de 55 años tenían peor pronóstico, sobre todo aquellos que además tenían comorbilidad asociada con enfermedades con componente inmunomodulador o los que necesitaron una colectomía para el control de la colitis (véase la tabla 1).[17] Entre los pacientes menores de 55 años se diagnosticaron posteriormente cinco EII (tres colitis ulcerosas, una enfermedad de Crohn y una colitis indeterminada).

Variable	Gº IM	Gº NM	Gº NC	Media
Pac. Nº	16	18	10	44
Edad media.	65,6 (22-90)	70,2 (24-92)	37,4 (25-71)	61,1
Sexo M:H.	1,3:1	3,5:1	0,7:1	1,6:1
Porcentaje adq. comunidad.	50 %	55,6 %	100 %	63,6 %
Porcentaje enfermedad localizada.	87,5 %	83,3 %	90 %	86,4 %
Tratamiento antiviral.	18,8 %	44,4 %	40 %	34 %
Colectomía.	31,3 %	22,2 %	0	20,5 %
Tratamiento no especificado.	50 %	33,3 %	50 %	31,8 %
Tasa de remisión espontánea.	18,8 %	33,3 %	50 %	31,8 %
Tasa de mortalidad.	56,3 %	22,2 %	10 %	31,8 %

Gº IM: pacientes con enfermedades asociadas a componente inmunológico.
Gº NM: pacientes con enfermedades no asociadas a componente inmunológico.
Gº NC: pacientes sin enfermedad asociada.
(Galiatsatos P, Dig Dis Sci. 2005 Apr;50(4):609-16)

Tabla 1. Características de los pacientes inmunocompetentes con colitis por CMV.

Por ello, cabría preguntarse si lo que sucedió inicialmente en estos cinco pacientes fue una sobreinfección por CMV sobre una EII incipiente o si el CMV actuó como desencadenante de la EII. Esto apoya el papel mal definido del CMV en la EII. Por esta razón podrían plantearse una serie de interrogantes al respecto:

a) ¿Cuál es el papel del CMV en la CU severa y refractaria?

b) ¿La reactivación del CMV es secundaria a la respuesta inflamatoria de la mucosa?

c) ¿Cuál es el tratamiento óptimo en una EII activa con infección concomitante por CMV?

d) ¿Los inmunosupresores son los responsables de la reactivación del CMV?

Respecto a los dos primeros interrogantes cabe destacar, por un lado, que la prevalencia de CMV en CU es superior a la de la población general. Por otra parte, los pacientes con CU y evidencia de CMV en los que no se ha administrado tratamiento antiviral y se realiza colectomía, se encuentran en remisión posterior y sin evidencia de CMV en el resto del intestino, lo que hace suponer que este virus se encuentra en el tejido afectado.[18]

Además, existe una evidencia mayor de la reactivación del CMV que de la infección *de novo*, ya que se conoce su ubicación en los monocitos y las células endoteliales del tejido afectado y que la liberación de citoquinas proinflamatorias induce al reclutamiento celular y, por tanto, a la replicación y reactivación del CMV.[19]

El tratamiento óptimo de la infección por CMV en un paciente con EII activa no está suficientemente claro. Estos pacientes deberían recibir tratamiento antiviral con ganciclovir, aunque se sabe que no todos los pacientes responden al mismo, e incluso algunos requieren colectomía a pesar de dicho tratamiento.

Si el paciente está recibiendo tratamiento inmunosupresor cabría plantearse si éste debe suspenderse o, por el contrario, debe mantenerse. Según la hipótesis defendida líneas atrás de la reactivación del CMV en relación con la liberación de citoquinas y, por tanto, con la actividad inflamatoria, sería lógico pensar que el tratamiento inmunosupresor concomitante no debería retirarse en estos casos. Sin embargo, es necesario conocer el papel real del CMV en la EII para hacer planteamientos definitivos.

2   Infecciones relacionadas con el tratamiento inmunomodulador e inmunosupresor

El conocimiento progresivo de los factores etiopatogénicos de la EII ha conducido a la aparición de nuevos fármacos, dirigidos de un modo más selectivo hacia la desaparición de los fenómenos inflamatorios, tanto desde el punto de vista clínico como endoscópico. En este sentido, la terapia inmunomoduladora y la biológica están adquiriendo un mayor protagonismo, sobre todo en el mantenimiento de la remisión.

Actualmente, la mayoría de los tratamientos prescritos en la EII van dirigidos al mantenimiento de la remisión, que permita el mayor período de tiempo posible libre de enfermedad y, por tanto, reduzca el número de hospitalizaciones así como la necesidad de cirugía. Ello implica un aumento del tiempo con estos fármacos, con los riesgos que esto comporta, concretamente la aparición de infecciones tanto por gérmenes habituales y oportunistas como por virus, entre los que destacan los del grupo herpesvirus al que pertenecen el CMV y el varicela zoster entre otros (véase la tabla 2).[20]

Pathogen	Infection	Medication	Mode of transmission
Viral	Herpes simplex	CS 6MP/AZA MTX Cyclosporine Inflaximab	Intimate contact, perinatal
	Cytomegalovirus	CS 6MP/AZA MTX Cyclosporine Infliximab	Blood products, intimate contact, perinatal
	Varicella Zoster	6MP/AZA MTX Infliximab	Intimate contact, aerosol, perinatal
	Epstein-Barr virus	CS 6MP/AZA MTX Infliximab	Blood products, intimate contact, perinatal
	Human papilloma virus	CS 6MP/AZA Cyclosporine Infliximab	Intimate contact, perinatal, occupational
Bacterial	*Mycobacterium tuberculosis*	CS 6MP/AZA MTX Cyclosporine Infliximab	Aerosol
	Mycobacterium avium ssp	CS 6MP/AZA MTX	Waterborne
	Mycobacterium xenopi	6MP/AZA	Waterborne
	Listeria monocytogenes	CS 6MP/AZA MTX Cyclosporine Infliximab	Food-borne
	Staphylococcus spp	6MP/AZA Infliximab	Direct contact from carrier state: nasophayrnx skin, vagina
	Nocardia	CS 6MP/AZA MTX Cyclosporine Infliximab	Soil, water
	Escherichia coli	CS 6MP/AZA	Fecal-oral, colonization in gastrointestinal tract
	Salmonella spp	CS 6MP/AZA MTX Cyclosporine Infliximab	Food-borne
Fungal	*Histoplasmosis*	CS 6MP/AZA MTX Infliximab	Inhaled from soil
	Aspergillus spp	CS 6MP/AZA MTX Cyclosporine Infliximab	Inhaled from areas of human habitation, food sources, (decaying vegetable, spices, peppers)
	Cryptococcus spp	CS 6MP/AZA MTX Cyclosporine Infliximab	Inhaled from soil
	Candida spp	CS 6MP/AZA Cyclosporine Infliximab	Commensal, person-person contact
	Coccidioides immitis	CS Cyclosporine	Inhaled from soil
	Blastomycoses	CS Cyclosporine	Inhaled from soil
Other	*Pneumocystis jiroveci (carinii)*	CS 6MP/AZA MTX Cyclosporine Infliximab	Airborne
	Toxoplasma gondii	CS 6MP/AZA MTX Cyclosporine	Food-borne

Tabla 2. Infecciones más frecuentes en relación con el uso de terapia inmunomoduladora e inmunosupresora (Aberra, Inflamm Bowel Dis 2005). Modificada con el permiso de LWW.

Sin embargo, el reto está en saber cuál es el momento idóneo para comenzar, cuáles son los factores predictivos de respuesta (serológicos o genéticos) que permitan seleccionar a los pacientes que se beneficien del tratamiento, y cuál es el tiempo límite de estos tratamientos de mantenimiento.[21]

2.1 *Infecciones relacionadas con el uso de corticoides*

La tasa de infección media de los pacientes tratados con esteroides, con dosis variables entre 0,25 y 0,75 mg al día durante un período medio de once meses, es del 17 %.[20]

Se han barajado una serie de factores de riesgo para el desarrollo de infecciones en los pacientes tratados con esteroides, como son la utilización de los mismos en el preoperatorio, con una dosis superior a 20 mg al día de prednisolona,[20,22] así como el uso durante más de dos semanas con prednisona a una dosis superior a 10 mg al día.[23]

El registro TREAT, realizado con 6.290 pacientes procedentes de más de 200 centros, tratados con diferentes terapias por su enfermedad de Crohn y seguidos durante un período de hasta cinco años (seguimiento medio de 1,9 años), pone de manifiesto que el uso de prednisona se encuentra entre los factores de riesgo independientes asociados con infecciones importantes (OR 2,21; IC 95 % (1,46-3,34) P < 0,001) (véase la tabla 3).[24]

Medication	Trial	Location of trial	Dose	Duration (months)	Infections treatment group (n/sample size)	Infections control group (n/sample size)	Leukopenia in treatment group (n)
CSs	Singleton Gastroenterology, 1979	United States	Prednisone 0,25 0,75 m/kg PO QD	4	23/85	8/77	1
			Prednisone 0,25 mg/kg PO QD	12-24	5/61	19/101	2
	Greenberg N Engl J Med, 1994	Canada	Budesonide 3 mg PO QD	2	0/67	0/66	NA
	Mantzaris Clin Gastroenterol Hepatol 2003	Greece	Budesonide 6 mg PO QD	12	19/29	16/28	0
	Lofberg Gut, 1996	Sweden	Budesonide 10 mg PO QD	2	1/34	0/38	0
Total				44	48/276 (17%)	43/290 (15%)	

Tabla 3. Incidencias de infecciones con esteroides en estudios controlados (Aberra, Inflamm Bowel Dis 2005). Modificada con el permiso de LWW.

2.2 Infecciones relacionadas con el uso de inmunomoduladores

Los inmunosupresores e inmunomoduladores son fármacos que predisponen al desarrollo de infecciones, especialmente de tipo viral, entre las que cabe incluir citomegalovirus, virus herpes simple (HSV) y virus varicela zoster (VVZ).

Present[25] notificó una incidencia de infecciones del 7 % en pacientes con EII tratados con 6-mercaptopurina, siendo las más frecuentes las virales descritas anteriormente.

Otros autores han descrito también un incremento de infecciones por virus del grupo herpes (varicela y zoster) en pacientes con EII bajo tratamiento con azatioprina.[26-28]

Dado el riesgo de infecciones oportunistas, sobre todo virales, en pacientes con EII, se recomienda evitar el contacto de estos afectados con enfermos en procesos exantemáticos, y en caso de ocurrir, debería administrarse gammaglobulina específica durante los cuatro primeros días. Las vacunas con virus atenuados, como es la de la varicela, no están indicadas en los pacientes bajo tratamiento inmunosupresor.

Otro virus que puede causar infección en pacientes con EII y tratamiento con azatioprina y 6-mercaptopurina es el CMV. Éste actúa como un gran simulador, de tal forma que se presenta con una sintomatología que se superpone a la de la EII. De hecho, ante una EII de localización colónica con una respuesta incompleta o inadecuada al tratamiento convencional, una de las patologías que hay que descartar es la colitis por CMV, mediante la toma de biopsias y el estudio histológico con inmunohistoquímica. Como comentábamos anteriormente, el rol del CMV en la EII es controvertido. No se ha establecido el papel de determinados inmunomoduladores en la reactivación del virus. Sin embargo, se sabe que los monocitos de la sangre periférica actúan como santuario o reservorio del CMV. Ante una reagudización de la enfermedad, en la que no sólo se atraerían células de la circulación sistémica, sino que además se produciría una diferenciación y una liberación de citoquinas, se desencadenaría una liberación del virus con reactivación del mismo.[19]

Una aproximación escénica de lo que ocurriría ante un paciente con EII e infección por CMV sería la siguiente según Homes:[20]

- En una primera fase de *iniciación,* ante una reagudización de una EII en un paciente expuesto al CMV, se produciría una liberación de citoquinas por el proceso inflamatorio (IFNγ, TNFα, IL2). Esto se traduciría en la presencia de una IgG frente al CMV+ con PCR negativa y biopsia irrelevante.
- En una segunda fase, se produciría la *reactivación* mediante la diferenciación de los monocitos infectados a macrófagos y células dendríticas y el virus permanecería en el tejido afectado. Serológicamente persistirían la IgG + y la PCR negativa y en la biopsia podrían aparecer los signos citopáticos del CMV (cuerpos de inclusión).
- En una fase final o de *consolidación,* el sistema de vigilancia inmunológica del huésped y el uso de terapia inmunosupresora podrían participar en la replicación viral e incluso en la alteración del curso evolutivo de la EII (véase la figura 2).

Otro inmunosupresor utilizado en la EII que se asocia a la aparición de infecciones es la ciclosporina (CyA). El riesgo de infección con este fármaco se incrementa considerablemente cuando se asocia a otras terapias con esteroides y azatioprina, utilizados sobre todo en casos de CU refractaria grave. En esta situación se ha descrito una tasa de infección de hasta el 18,6 %. La neumonía por *Pneumocystis carini* es muy frecuente en estos casos, por lo que está indicada la profilaxis con trimetropin-sulfametoxazol si se solapan los tres fármacos.[29]

La aparición de infecciones en relación con el uso de metotrexato está menos investigada, ya que hay muy pocos estudios publicados y los que están documentados reclutan un número de pacientes escaso y con seguimientos muy variables.[20] No obstante, las infecciones son más frecuentes con los tratamientos más prolongados, sobre todo si se asocian a corticoides.[30]

Recientemente, la introducción de terapias biológicas, como los anticuerpos anti-TNF, concretamente infliximab, ha puesto de manifiesto la aparición de casos de reac-

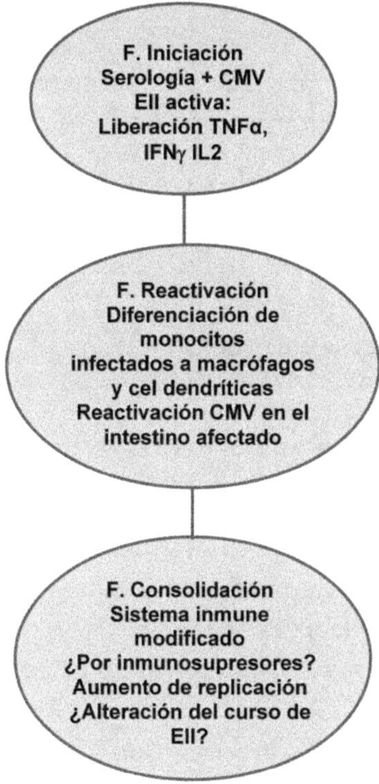

Figura 2. Modelo de activación y replicación de CMV en la EII activa
(Homes DW, Inflamm Bowel Dis 2004).

tivación o infección *de novo* por el bacilo tuberculoso.[31] Ello ha conducido a presentar una serie de indicaciones en la ficha técnica del producto para evitar esta infección. En este sentido, la recomendación de GETECCU[32] ha sido la siguiente:

- En primer lugar, es crucial que la indicación para el tratamiento con infliximab sea correcta y esté aceptada.
- Es fundamental realizar una anamnesis dirigida a los posibles contactos con pacientes infectados, así como a la infección previa por el bacilo.
- Hay que obtener una radiografía de tórax previa al inicio del tratamiento para descartar datos concordantes con infección activa o signos de tuberculosis previa.
- Debe realizarse un Mantoux o PPD. Se considerará positivo si la induración es de 10 mm, o 5 mm en los pacientes que estén bajo tratamiento inmunomodulador, incluyendo el uso de esteroides a una dosis de 15 mg durante un mes o más. En caso de resultar negativo el PPD, se realizará Booster de confirmación, con la misma interpretación que el Mantoux.

- Si existe indicación de tratamiento para la tuberculosis, se empezará antes del inicio de infliximab.
- Ante el diagnóstico de tuberculosis durante el tratamiento, habrá que suspenderlo y notificarlo a las autoridades sanitarias.

Infliximab mostró un incremento del riesgo de infección en el registro TREAT, aunque en el análisis multivariante de regresión logística no fue un factor predictor independiente de infección: OR 0,99 CI 95 % (0,64-1,54). Los factores independientes relacionados con las infecciones eran la prednisona: OR 2,21 CI 95 % (1,46-3,34 p < 0,001) y la actividad moderada o severa de la enfermedad: OR 2,21 CI 95 % (1,10-4,05 p = 0,024).[24]

3 Recomendaciones generales para evitar las infecciones en la EII

- Minimizar la duración y la dosis del tratamiento esteroideo.
- Controlar periódicamente la cifra y el recuento leucocitario en pacientes bajo tratamiento con AZA/6MP o metrotexato, aunque para el desarrollo de infección no es imprescindible la existencia de leucopenia.
- Realizar profilaxis frente a *Pneumocystis carini* en pacientes que usen combinación de inmunosupresores (CyA + MTX, CyA + esteroides).
- Valoración de posibles contactos con TBC o antecedentes de infección, realización de Mantoux con Booster de confirmación y radiografía de tórax antes del inicio de infliximab.
- Realizar profilaxis con isoniacida durante 6-9 meses si ha habido contacto previo o TBC latente.
- Evitar las vacunaciones con virus vivos o atenuados.
- Realizar profilaxis con lamivudina o adefovir en pacientes HBV + cuando reciban infliximab.

BIBLIOGRAFÍA

1. Cucino C, Sonnenberg A. Cause of death in patients with inflammatory bowel disease. Inflamm Bowel Dis. 2001;7:250-55.
2. Jess T, Winther KV, Munkholm P, Langholz E, Binder V. Mortality and causes of death in Crohn's disease: follow-up of a population-based cohort in Copenhagen county, Denmark. Gastroenterology 2002;122:1808-14.
3. Winther KV, Jess T, Langholz E, Munkholm P, Binder. Survival and cause-specific mortality in ulcerative colitis: follow-up of a population-based cohort in Copenhagen County. Gastroenterology. 2003 Dec;125(6):1576-82.

4. Greenfield C, Aguilar Ramirez JR, Pounder RE *et al.* Clostridium difficile and inflammatory bowel disease. Gut 1983;24:713-17.
5. Haffajee JA, Aberra F, Nachmkin I *et al.* Inflammatory bowel disease is a risk factor for Aeromonas infection. Am J Gastroenterol. 2004;99: S249.
6. Biancone L, Pavia M, Del Vecchio Blanco G, D'Inca R, Castiglione F, De Nigris F, Doldo P, Cosco F, Vavassori P, Bresci GP, Arrigoni A, Cadau G, Monteleone I, Rispo A, Fries W, Mallardi B, Sturniolo GC, Pallone F. Hepatitis B and C virus infection in Crohn's disease. Inflamm Bowel Dis. 2001 Nov;7(4):287-94.

7. Bargiggia S, Thorburn D, Anderloni A, Ardizzone S, Giorgi A, Bianchi Porro G, Parente F. Is interferon-alpha therapy safe and effective for patients with chronic hepatitis C and inflammatory bowel disease? A case-control study. Aliment Pharmacol Ther. 2005 Aug 1;22(3):209-15.

8. Campbell S, Ghosh S. Infliximab therapy for Crohn's disease in the presence of chronic hepatitis C infection. Eur J Gastroenterol Hepatol. 2001 Feb;13(2):191-92.

9. Peterson JR, Hsu FC, Simkin PA, Wener MH. Effect of tumour necrosis factor alpha antagonists on serum transaminases and viraemia in patients with rheumatoid arthritis and chronic hepatitis C infection. Ann Rheum Dis. 2003 Nov;62(11):1078-82.

10. Rakela J, Redeker AG, Weliky B. Effect of short-term prednisone therapy on aminotransferase levels and hepatitis B virus markers in chronic type B hepatitis. Gastroenterology. 1983 May;84(5 Pt 1): 956-60.

11. Laskus T, Slusarczyk J, Cianciara J, Loch T. Exacerbation of chronic active hepatitis type B after short-term corticosteroid therapy resulting in fatal liver failure. Am J Gastroenterol. 1990 Oct;85(10): 1414-17.

12. Ueno Y, Tanaka S, Shimamoto M, Miyanaka Y, Hiyama T, Ito M, Kitadai Y, Yoshihara M, Sumii M, Chayama K. Infliximab therapy for Crohn's disease in a patient with chronic hepatitis B. Dig Dis Sci. 2005 Jan;50(1):163-66.

13. Ostuni P, Botsios C, Punzi L, Sfriso P, Todesco S. Hepatitis B reactivation in a chronic hepatitis B surface antigen carrier with rheumatoid arthritis treated with infliximab and low dose methotrexate. Ann Rheum Dis. 2003 Jul;62(7):686-87.

14. Michel M, Duvoux C, Hezode C, Cherqui D. Fulminant hepatitis after infliximab in a patient with hepatitis B virus treated for an adult onset still's disease.J Rheumatol. 2003 Jul;30(7):1624-5.

15. Oniankitan O, Duvoux C, Challine D, Mallat A, Chevalier X, Pawlotsky JM, Claudepierre P. Infliximab therapy for rheumatic diseases in patients with chronic hepatitis B or C. J Rheumatol. 2004 Jan;31(1):107-09.

16. Esteve M, Saro C, González-Huix F, Suárez F, Forné M, Viver JM. Chronic hepatitis B reactivation following infliximab therapy in Crohn's disease patients: need for primary prophylaxis. Gut. 2004 Sep;53(9):1363-65.

17. Galiatsatos P, Shrier I, Lamoureux E, Szilagyi A. Meta-analysis of outcome of cytomegalovirus colitis in immunocompetent hosts. Dig Dis Sci. 2005 Apr;50(4):609-16.

18. Eyre-Brook IA, Dundas S. Incidence and clinical significance of olonic cytomegalovirus infection in idiopathic inflammatory bowel disease requiring colectomy. Gut. 1986 Dec;27(12): 1419-25.

19. Hommes DW, Sterringa G, van Deventer SJ, Tytgat GN, Weel J. The pathogenicity of cytomegalovirus in inflammatory bowel disease: a systematic review and evidence-based recommendations for future research. Inflamm Bowel Dis. 2004 May;10 (3):245-50.

20. Aberra FN, Lichtenstein GR. Methods to avoid infections in patients with inflammatory bowel disease. Inflamm Bowel Dis 2005;11(7):685-95.

21. Rutgeerts P. Modern therapy in inflammatory bowel disease. Scand J Gastroenterol 2003 (suppl 237):30-33.

22. Yamamoto T, Allan RN, Keighley MR. Risk factors for intra-abdominal sepsis after surgery in Crohn's disease. Dis Colon Rectum. 2000 Aug; 43(8):1141-45.

23. Stuck AE, Minder CE, Frey FJ. Risk of infectious complications in patients taking glucocorticosteroids. Rev Infect Dis. 1989 Nov-Dec;11(6): 954-63.

24. Lichtenstein GR, Feagan BG, Cohen RD, Salzberg RA, Diamond RH, Chen DM, Pritchard ML, Sandborn WJ. Serious infections and mortality in association with therapies for Crohn's disease: TREAT registry. Clin Gastroenterol Hepatol 2006 May;4(5):621-30.

25. Present DH, Meltzer SJ, Krumholz MP, Wolke A, Korelitz BI. 6-mercaptopurine in the management of the inflammatory bowel disease: short and long-term toxicity. Ann Intern Med 1989;111:641-49.

26. Mouzas IA, Greenstein AJ, Giannadaki E, Balasubramanian S, Manousos ON, Sachar DB. Management of varicella infection during the course of inflammatory bowel disease. Am J Gastroenterol 1997;9:1534-37.

27. Bernal I, Domènech E, García-Planella E, Cabré E, Gassull MA. Infecciones oportunistas en pacientes con enfermedad inflamatoria intestinal bajo tratamiento inmunosupresor. Gastroenterol Hepatol 2003;26(1):19-22.

28. Koreliz BI, Fuller SR, Warman JI, Goldberg MD. Shingles during the course of treatment woith 6-mercaptopurine for inflammatory bowel disease. Am J Gastroenterol 1999;94:424-26.

29. Arts J, D'Haens G, Zeegers M, Van Assche G, Hiele M, D'Hoore A, Penninckx F,Vermeire S, Rutgeerts P. Long-term outcome of treatment with intravenous cyclosporin in patients with severe ulcerative colitis. Inflamm Bowel Dis. 2004 Mar; 10(2):73-78.

30. Jansen TL, van Heereveld HA, Laan RF, Barrera P, van de Putte LB. Septic arthritis with Listeria monocytogenes during low-dose methotrexate. J Intern Med. 1998 Jul;244(1):87-90.

31. Keane J, Garshou S, Wise RP, Mirabile-Levens E, Kasznica J, Schwieterman WE *et al.* Tuberculosis associated with infliximab, a tumor necrosis factor alpha-neutralizing agent. N Engl J Med 2001;345: 1098-104.

32. López-San Román A, Obrador A, Fortú J, Muñoz P, Gassull MA, (GETECCU). Recomendaciones sobre tuberculosis y tratamiento de la EII con Infliximab. Actualización 2006. Gastroenterol Hepatol 2006;29(2):81-84.

Capítulo 16

Algunos aspectos de la enfermedad de Crohn pediátrica

P. J. Vilar Escrigas, J. Martín de Carpi, L. Suárez Cortina*

Hospital Sant Joan de Déu
Sección de Gastroenterología, Hepatología y Nutrición Pediátrica
Barcelona

*Hospital Universitario Ramón y Cajal
Servicio de Pediatría
Madrid

Dirección para correspondencia
Hospital Sant Joan de Déu
Dr. P. J. Vilar Escrigas
pvilar@hsjdbcn.org

1 Objetivo prioritario en el tratamiento de la EII pediátrica: modificar la historia natural de la enfermedad

El inicio de la enfermedad inflamatoria intestinal (EII) en la edad pediátrica constituye un problema más grave y con mayor tasa de complicaciones, ya que la actividad inflamatoria durante períodos más largos puede condicionar mayor morbimortalidad. Además, un control inadecuado de la enfermedad puede tener repercusiones importantes sobre el crecimiento y desarrollo del niño y del adolescente. Por todo ello, el objetivo prioritario es lograr el control efectivo de la enfermedad, evitando las consecuencias que la inflamación crónica puede tener sobre un organismo en crecimiento y, al mismo tiempo, minimizar los efectos secundarios de las terapias empleadas. En definitiva, se trata de intentar modificar la historia natural de la enfermedad.

1.1 Lograr un diagnóstico precoz y exacto

En la población pediátrica, es muy posible que los síntomas y signos de la EII sean poco definidos, lo que puede favorecer diagnósticos erróneos y dificultar, no sólo el diagnóstico, sino también la clasificación en enfermedad de Crohn (EC) o colitis ulcerosa (CU). En un 10 % de los casos pediátricos el diagnóstico inicial es de colitis indeterminada. Es importante realizar pruebas diagnósticas adecuadas para formular un diagnóstico acertado. Debe realizarse una endoscopia alta en el momento de la presentación, para descartar una posible afectación digestiva superior, lo que podría apoyar el diagnóstico de EC.[1] Diferentes autores han valorado la utilidad de los marcadores serológicos p-ANCA y ASCA en pacientes pediátricos,[2-4] y aunque el estudio combinado de ambos ha mostrado una buena especificidad para el diagnóstico de EII frente a la patología funcional, los resultados no parecen ofrecer ventajas significativas respecto a las técnicas tradicionales para el diagnóstico definitivo.

1.2 Uso de marcadores que permitan predecir la evolución de la enfermedad

Sería posible entonces, *a priori,* individualizar las medidas para cada paciente, actuando sobre la enfermedad y previniendo las complicaciones.

a) Trabajos recientes en niños con EC, valorando la respuesta inmune frente a diferentes agentes microbianos, han demostrado que los pacientes con marcadores serológicos positivos frente a interleucina-2 (antiI-2), flagelina CBir1 (antiCBir1), proteína externa de membrana (antiOmpC) y *Saccharomyces cerevisiae* (ASCA)[5] presentaban una mayor tendencia hacia formas agresivas de la enfermedad.

b) Los niños con valores elevados de velocidad de sedimentación globular (VSG), disminución de la albúmina sérica y del hematocrito[vi] en el momento del diagnóstico parece que pueden tener un mayor beneficio con el uso precoz de inmunomoduladores. Sin embargo, no se ha demostrado que la variabilidad de datos clínicos recogidos en el PCDAI *(Pediatric Crohn's Disease Activity Index)* tenga valor pronóstico.

c) Algunos estudios han tratado de establecer factores condicionantes de riesgo aumentado de la cirugía precoz en niños con EC: el sexo femenino, el retraso de crecimiento en el momento del inicio, un diagnóstico inicial compatible con colitis ulcerosa y el desarrollo de absceso intraabdominal, fístula o estenosis parecen asociarse a un mayor riesgo de evolución hacia la resección intestinal.[7] Por el contrario, una edad más joven en el diagnóstico, la presencia de fiebre en el brote inicial y el tratamiento previo con 5-ASA o infliximab conllevarían un menor riesgo de complicaciones quirúrgicas.

d) Un estudio multicéntrico realizado en Escocia establece la relación genotipo/fenotipo respecto a las mutaciones NOD2/CARD15 en pacientes pediátricos.[8] La presencia de dichas mutaciones condicionaría una forma de presentación estenosante, un mayor riesgo de intervención quirúrgica, valores elevados de PCR, valores disminuidos de albúmina, retraso de crecimiento y afectación conjunta yeyuno-ileal.

1.3 *Mejor conocimiento de los mecanismos patogénicos de la EII*

Parece que algunos desequilibrios inmunes pueden condicionar la aparición y la perpetuación de la EII. Diferentes estudios sugieren que la administración precoz de tratamientos con poder inmunomodulador o «inmunomodificador» podría ayudar a controlar mejor la enfermedad, comportando así un cambio en su evolución. Dentro de esta tendencia, se enmarcaría la utilización de los inhibidores de la síntesis de purinas (azatioprina, 6-mercaptopurina)[9] para el tratamiento de mantenimiento de los pacientes pediátricos con EII desde las primeras fases de su enfermedad.

1.4 *Mayor vigilancia de la evolución de la enfermedad*

La experiencia nos ha enseñado que la falta de síntomas no siempre refleja ausencia de actividad inflamatoria a nivel histológico. También sabemos que la alteración mantenida de la mucosa condiciona un mayor riesgo de complicaciones. Por ello, es imprescindible un seguimiento estricto de la evolución, con el establecimiento de controles endoscópicos e histológicos que corroboren el efecto de los tratamientos. La tendencia va hacia el uso de terapias con un efecto reparador demostrado a nivel microscópico (nutrición enteral,[10,11] azatioprina, infliximab),[12] frente a otros tratamientos con efectos beneficiosos sobre la clínica, que pueden no tener efecto curativo sobre la mucosa (esteroides,[13] 5-ASA).

1.5 Limitación y efectos secundarios de los tratamientos disponibles

Frente a los tratamientos clásicos, disponemos de otros tratamientos con menos efectos adversos sobre el crecimiento y el desarrollo, como la nutrición enteral o las técnicas de aféresis selectiva de granulocitos.[14]

2   Papel de la nutrición en la enfermedad de Crohn en niños

La intervención nutricional es importante en el tratamiento de niños y adolescentes con EC y tiene dos objetivos: *1)* prevenir o corregir las carencias nutricionales para asegurar un correcto desarrollo ponderal, de la estatura y puberal, y *2)* ser una alternativa eficaz, frente al tratamiento médico (esteroides), en el control de las fases de actividad de la enfermedad.

La posibilidad de utilizar la nutrición enteral (NE) como tratamiento primario derivó de una observación casual a principios de la década de 1970. A finales de la década de 1980, se llevó a cabo el primer estudio piloto en niños, que demostró que, en determinados pacientes, la NE era igual de efectiva que los esteroides para inducir la remisión, sin tener efectos adversos.[15] Trabajos posteriores demostraron que la mejoría no ocurre sólo en los parámetros clínicos y analíticos, sino que la NE exclusiva favorece también una recuperación de la mucosa.[16]

El tratamiento con NE es más rentable en niños y adolescentes que en adultos y no parece que haya diferencias según el tipo de fórmulas utilizadas. Los estudios realizados en niños confieren a la NE mantenida durante ocho semanas una efectividad para inducir la remisión entre el 53 y el 82 %.

2.1 Mecanismo de acción

Aunque no se conocen exactamente los mecanismos, sabemos que la NE tiene un efecto antiinflamatorio demostrado,[17] favorece la renovación celular y la cicatrización de la mucosa,[18] estimula la inmunidad celular y disminuye la carga antigénica. Tiene además un efecto de «reposo intestinal» que, al modificar la microflora, es responsable de la respuesta inmune de la mucosa intestinal.[19] También se ha demostrado que produce una reducción de la síntesis de leucotrienos y prostaglandinas.

En la práctica clínica, los niños que responden al tratamiento con NE se vuelven asintomáticos, se les normalizan los parámetros biológicos que miden la inflamación y, lo que es más importante, consiguen la curación de la mucosa intestinal y disminuyen la producción de citocinas (interleucina-2 e interferón gamma) por los linfocitos de la lámina propia.

2.2 Factores que influyen en la eficacia del tratamiento primario con NE

No todos los niños con EC deben ser tratados con NE. Los factores que influyen en la respuesta al tratamiento son:[20] la *localización,* con una mejor respuesta en las formas de predominio ileal e ileocólico, y menos en las de afectación colónica extensa y aislada y en las gastroduodenales;[21] el *genotipo* de la enfermedad,[22] con mejores expectativas en la EC ligada al gen NOD2/CARD15, y el período de *tiempo* transcurrido desde el inicio de la enfermedad hasta el momento de iniciar el tratamiento, con una mejor respuesta en los pacientes de diagnóstico reciente, ya que los niños en recaída y con una evolución previa larga tienen unas tasas de respuesta escasas, similares a las de los adultos.

2.3 Composición de la fórmula

La evidencia actual parece indicar que las fórmulas poliméricas son similares a las fórmulas elementales en cuanto a su capacidad para inducir la remisión, aunque las primeras pueden corregir mejor las alteraciones en el estado nutricional.[23]

No está aclarado si puede ser beneficioso reducir el contenido de la grasa total o de los PUFA[24] y, aunque tampoco existe evidencia probada, algunos trabajos sugieren que la presencia de TGF-β2 en la fórmula aporta ventajas adicionales, al disminuir más la producción de citocinas proinflamatorias y favorecer así la supresión de la respuesta inflamatoria de la mucosa intestinal.[25]

2.4 Cuándo y cómo usar la NE como tratamiento primario

El perfil del paciente respondedor es el de un niño o adolescente en su primer episodio inflamatorio, con un grado de actividad moderado, con afectación ileal o íleo-cólica y con una familia receptiva y responsable, dispuesta a prestar todo el apoyo necesario y que acude a una unidad de gastroenterología pediátrica con experiencia en el manejo de pacientes con enfermedad inflamatoria intestinal.

Una vez tomada la decisión de proponer la NE como tratamiento, la primera tarea es conseguir la aceptación por parte del niño y de los padres; sin esto, las posibilidades de una respuesta favorable son escasas. Es importante explicar las ventajas y los inconvenientes e informar también de las alternativas posibles y de sus efectos secundarios (esteroides). También debe mencionarse la existencia de estudios que demuestran que la calidad de vida aumenta durante y después de este tratamiento.

El planteamiento inicial debe incluir siempre la propuesta de una NE total y exclusiva, que proporcione todo el aporte calórico que el paciente necesita, y que se mantendrá, en principio, durante un período de seis a ocho semanas. Las NE parciales no son útiles para inducir la remisión.[26]

La selección de la fórmula pasa por la disponibilidad: nos inclinamos por una polimérica que permita alcanzar los volúmenes deseados por vía oral.

El aporte se calcula según las necesidades energéticas del niño. Los pacientes con EC suelen necesitar un 120 % de los RDR para niños normales.

La vía de administración será oral y en aquellos casos en los que sea necesario el empleo temporal de una vía alternativa se utilizará una sonda naso-gástrica (la requieren menos del 10 %). Los pacientes pueden ser manejados ambulatoriamente, pero es importante constatar la tolerancia del producto, que la ingesta es adecuada y que se alcanza el volumen deseado. La administración debe ser fraccionada en varias tomas (de cuatro a ocho) a lo largo del día.

Durante los primeros días, es frecuente que el paciente no tenga apetito, por lo que inicialmente la cantidad necesaria para cubrir los aportes puede que sea mal aceptada por el niño. El aumento controlado y progresivo resuelve el problema en la mayoría de los casos y sólo ocasionalmente es preciso recurrir a complementar la ingesta oral con sonda naso-gástrica.

La respuesta al tratamiento se valora teniendo en cuenta la evolución clínica y analítica (índices de actividad PCDAI). Resulta imprescindible monitorizar muy de cerca el cumplimiento con visitas frecuentes y, a medio plazo, es conveniente evaluar la recuperación sobre la mucosa con endoscopia.

Dado que el número de remisiones es grande, lo habitual es que tras las primeras semanas de reticencias, tanto el niño como la familia acepten el tratamiento al constatar la mejoría. Cuando la evolución es favorable, tras completar las ocho semanas, se iniciará la reintroducción gradual y controlada de la dieta normal, disminuyendo los aportes de la fórmula a medida que se aumenta la ingesta de los alimentos naturales, a un ritmo que permita una alimentación normal en tres o cuatro semanas, asegurando en todo momento un aporte calórico adecuado.

Si no hay respuesta, entendiendo como tal la mejoría clínica y biológica (índice PCDAI) en las primeras tres o cuatro semanas, puede considerarse fracasada esta alternativa y será necesario iniciar otras alternativas terapéuticas.

Respecto a la evolución de los pacientes que entran en fase de remisión con NE, un estudio reciente[27] muestra que el 90 % de los casos consiguieron la remisión en un plazo de seis semanas; de éstos, el 62 % recayeron tras un tiempo medio de remisión de 54 semanas, con una recaída más temprana en los pacientes con afectación colónica. Este trabajo demuestra también otro dato importante: la mitad de los niños no recibió corticoides y la mitad que los recibió evitó su uso durante un período de uno a siete años. El estudio no aclara la incógnita de si el uso de NE como primera alternativa de tratamiento en el momento del diagnóstico de la EC proporciona beneficios a largo plazo.

A pesar de su eficacia demostrada y de su carencia de efectos secundarios, el uso de la NE no está muy extendido,[28] sin que se haya encontrado una explicación que justifique su escasa utilización; aunque no hay que olvidar que este tratamiento requiere una importante implicación, ya que el cumplimiento es un factor determinante para el éxito. Para conseguirlo, es imprescindible un apoyo continuo al paciente y a la familia, lo que requiere un equipo médico experimentado, motivado, entusiasta y con disponibilidad.

3   Infliximab en el Crohn pediátrico: eficacia y seguridad

3.1 *Eficacia*

El uso del infliximab en el tratamiento de la EC pediátrica se ha centrado en pacientes con enfermedad moderada/grave o fistulizante, corticorresistente o dependiente que tampoco responden al tratamiento inmunomodulador. En pediatría, se especula con la posibilidad de utilizarlo como tratamiento inicial para evitar el uso de los corticoides (fundamentalmente en pacientes adolescentes con retraso en el desarrollo con Tanner I-II y escasas perspectivas de crecimiento), como «puente» para esperar el efecto de los inmunomoduladores.

Aunque no existen datos definitivos, resulta tentador especular con la posibilidad de su uso en niños como primera línea de tratamiento, al inicio de la enfermedad, más que como tratamiento de rescate en los casos de enfermedad resistente. El fundamento de este proceder sería que el uso precoz del infliximab podría constituir un tratamiento curativo, ya que provocaría una reacción inflamatoria crónica, devastadora de la mucosa intestinal, antes de que el proceso se autoperpetuara.[29]

Parece que el infliximab sería más potente en niños que en adultos, ya que muchos responden a la administración precoz en la evolución de la EC y mantienen la remisión durante años.[30]

La eficacia del infliximab en niños puede verse afectada por el tiempo de evolución de la enfermedad en el momento de su administración. En el trabajo de Kugathasan *et al*,[31] se estudia de forma prospectiva la respuesta a corto y largo plazo a una dosis única de infliximab en EC pediátrica refractaria, valorando de forma separada lo que se considera enfermedad precoz (< de dos años de evolución) y tardía (> de dos años) en quince pacientes de 6 a 18 años (M 12,8) con EC refractaria (no fistulizante). En catorce de cada quince niños, el infliximab produjo una respuesta rápida y espectacular.

A las diez semanas, diez de los quince estaban en remisión y no existía ninguna diferencia en la respuesta entre ambos grupos. La diferencia en la duración de la respuesta clínica alcanzó y mantuvo diferencias significativas a partir de las 32 semanas: todos los pacientes del grupo tardío habían perdido respuesta al infliximab, mientras que el grupo precoz la mantuvo en un 50 % hasta la semana 52.

En un trabajo similar de Lionetti *et al*[32] que incluye 22 pacientes con EC refractaria y fistulizante, la administración del infliximab se efectúa a demanda. Los autores definen como enfermedad precoz a la que lleva menos de un año de evolución y tardía a la que supera este tiempo (seis pacientes presentan una evolución menor de un año y los dieciséis restantes, superior a este tiempo). A los cuatro meses, existe una diferencia significativa en el PCDAI de ambos grupos ($p < 0,05$ [precoz *vs.* tardío]). La respuesta también es mejor en el grupo de EC precoz con enfermedad fistulizante. Así, a las dieciséis semanas presentaban cierre de las fístulas el 83 % (cinco de seis pacientes) frente al 29 % (dos de siete pacientes) en el grupo de enfermedad tardía. Ambos trabajos coinciden en que la duración de la respuesta terapéutica es más prolongada en pacientes con un menor tiempo de evolución de la enfermedad, lo que apoyaría un uso del infliximab más temprano al preconizado hasta ahora.

En la reunión anual de la NASPGHAN de 2005 se presentaron los resultados del estudio REACH.[31] El estudio REACH es un estudio abierto, randomizado y multicéntrico, diseñado para valorar la eficacia y seguridad del infliximab en pacientes pediátricos afectos de EC moderada/grave refractaria a tratamiento corticoideo e inmunomodulador. Unos 112 pacientes de 6 a 17 años (M 13) recibieron tres dosis de inducción de infliximab (5 mg/kg) en las semanas cero, dos y seis.

Los pacientes que respondieron a esta pauta fueron randomizados en la semana diez para recibir tratamiento de mantenimiento cada ocho (q8; $n = 52$) o cada doce semanas (q12; $n = 51$) en las mismas dosis (5 mg/kg) hasta la semana 46. Los pacientes que perdían respuesta en la fase de mantenimiento pasaban a dosis más altas o más frecuentes. Los datos demográficos basales y las características de la enfermedad fueron similares en ambos grupos.

El 88,4 % de pacientes alcanzaron una respuesta clínica en la semana diez (el 59 % en remisión clínica). La respuesta clínica y de remisión a la semana diez fueron comparables a las del estudio ACCENT I.

La valoración en la semana 54 mostró que el grupo q8 tuvo niveles significativamente mayores de respuesta clínica que el grupo q12 (63 % *vs.* 33 % ; p = 0,002). Además, después de las 54 semanas, el 56 % del grupo q8 seguía en remisión, comparado con el 24 % del grupo q12 ($p < 0,001$). Las dosis de corticoides que recibían estos pacientes disminuyeron de forma significativa ($p < 0,001$) y en un 50 % de los pacientes se los habían suprimido en la semana diez.

En este estudio se evaluó la respuesta sobre el crecimiento tras infliximab en un total de 38 pacientes. El *z-score* basal de talla fue de -1,6, con un cambio medio respecto al basal de 0,3 y 0,5 a las semanas 30 y 54 ($p < 0,001$ para ambos).

Los resultados de este estudio parecen confirmar que la respuesta al infliximab en pacientes pediátricos con EC y actividad moderada/grave que no responden a tratamientos convencionales es similar a la de los adultos. Por lo tanto, el infliximab es efectivo para inducir y mantener respuesta y remisión clínica, mejorar el crecimiento y disminuir la dosis de corticoides. La administración del infliximab cada ocho semanas como pauta de mantenimiento es mejor que la de doce semanas para mantener la respuesta y la remisión clínicas.

3.2 Seguridad

Las reacciones infusionales (RI) agudas o retardadas publicadas en niños son similares a las de los adultos y a las publicadas por el mismo fabricante.

Los datos de las publicaciones sobre los efectos secundarios del infliximab en niños (RI e infecciones relacionadas) indican que, de 740 pacientes estudiados, el 16,8 % presentaron RI: un 93,8 %, de carácter agudo y sólo un 7 %, retardado. Se considera RI precoz cualquier evento que tenga lugar durante la infusión o dos horas después de la misma. Cuando sólo se considera RI al evento que precisa asistencia facultativa, la frecuencia disminuye significativamente.[34]

La mayoría de las RI se producen a partir de la segunda o tercera infusión, pero hay que destacar un 7 % de reacciones infusionales en la primera administración del infliximab, por lo que también existe un efecto placebo en la presentación de las mismas. Factores predictivos para RI son: que el paciente sea niña, que haya tenido una RI previa y que lleve menos de cuatro meses con tratamiento inmunomodulador.

Cuando hay reacción infusional aguda o retardada, se administran antipiréticos, antihistamínicos y corticoides (en ocasiones de reacción aguda grave llega a precisarse epinefrina). La premedicación profiláctica, justo antes de cada infusión, permite disminuir el número de reacciones una vez que éstas ya se han presentado con anterioridad, aunque también se ha sugerido que su uso desde antes de la primera infusión podría prevenir la aparición de RI.

Se ha descrito, en pacientes adultos, que el uso concomitante de inmunomoduladores o la administración pautada, en vez de esporádica, del infliximab disminuye el número de RI.

El trabajo de Jacobstein *et al*,[35] único estudio pediátrico que consideró estas circunstancias con un número adecuado de pacientes (n = 243), demostró que no se aprecia ningún beneficio en la prevención de las reacciones infusionales con el uso de la premedicación antes de que aparezca la primera RI. De todas formas, una vez que ha aparecido la primera, sí que debe prescribirse la premedicación para prevenir otras.

Tampoco se aprecian beneficios sobre la prevención de las RI con el uso concomitante de inmunomoduladores. En las publicaciones revisadas se han descrito infecciones asociadas al uso de infliximab en pediatría: siete casos de herpes zóster, tres casos de tiña, una sepsis por catéter, un caso de meningitis por *listeria,* siete infecciones menores y un fallecimiento por sepsis (paciente muy malnutrido, que había sido sometido a múltiples intervenciones quirúrgicas, con leucopenia por el uso de azatioprina y con absceso abdominal).[30]

4   Comentario al tratamiento del Crohn en niños

Todos los autores coinciden en que el tratamiento ideal será aquel que permita modificar el curso de la EC, inducir y mantener la remisión, curar la mucosa y permitir el desarrollo correcto del niño, sin cirugías ni efectos secundarios y con una buena calidad de vida.

Con los conocimientos actuales, la alternativa de tratamiento ideal podría ser la NE exclusiva, asociada desde su comienzo al uso de inmunomoduladores[36,37] como la azatioprina o el infliximab. La NE, actuando desde su inicio, permitiría inducir la remisión clínica, biológica e histológica durante las primeras seis u ocho semanas, dando tiempo a que los inmunomoduladores empiecen su acción más tardíamente. Es posible que esta combinación permita modificar el curso natural de la enfermedad, mantener la remisión y evitar los efectos devastadores de la inflamación, con unos efectos secundarios aceptables. Esta pauta viene realizándose ya en algunos centros, aunque el tiempo de seguimiento no permite extraer aún conclusiones.

5   La transición del paciente pediátrico afectado de EII desde los cuidados pediátricos a la atención del adulto

Uno de los aspectos importantes en el manejo del paciente pediátrico con EII lo constituye la transición desde el cuidado por parte de los equipos de gastroenterología pediátrica al seguimiento por parte del gastroenterólogo de adultos. Existen diferencias notables entre la atención al paciente en los servicios de pediatría y el manejo por parte de los equipos de gastroenterología encargados del tratamiento monográfico de la EII en adultos. El cuidado pediátrico es multidisciplinar y está focalizado de forma predominante en la familia: exige en muchas ocasiones la implicación, el consentimiento y la dirección por parte de dicho núcleo familiar. Por el contrario, la atención al adulto es habitualmente administrada por un único facultativo, se focaliza fundamentalmente en el paciente, del que se espera que sea autónomo e independiente, y, en algunos casos, tiene un marcado matiz investigador. Por todo ello, es importante realizar una correcta transición de una asistencia a otra, entendiendo como tal un proceso progresivo de adaptación por parte del paciente a una serie de nuevas situaciones y retos, paralelos en muchos casos a los derivados del paso de la edad infantil a la edad adulta.

Esencial para el éxito de esta transición será el reconocimiento de que se trata de un proceso, no únicamente de un hecho puntual en el tiempo. No se trata del mero acto de entregar al paciente la información para contactar con un facultativo de referencia. El hecho en sí del traspaso del paciente debe ser la culminación de un programa planificado que incluya la administración de una atención ininterrumpida apropiada al desarrollo y a la edad del paciente en cada momento, así como la promoción de sus aptitudes en la comunicación, la toma de decisiones, la seguridad en uno mismo y la autoestima, la responsabilidad, el cuidado de uno mismo y la autonomía personal.

Pero este proceso muchas veces no es sencillo. Tanto los propios pacientes como sus padres pueden sentirse temerosos ante los posibles cambios en el patrón de atención sanitaria. Durante mucho tiempo, se han enfrentado a situaciones difíciles que han requerido la toma de decisiones trascendentes y lo han hecho con el apoyo de su equipo pediátrico, con el que han llegado a tener un grado importante de confianza. En contraste con ello, pueden percibir al gastroenterólogo internista, cuyos pacientes normalmente funcionan de forma independiente, como menos implicado o menos sensibilizado respecto a las necesidades sociales y personales del enfermo y de su familia. Incluso el facultativo que ha tratado al paciente puede tener sentimientos ambivalentes durante este período de tiempo, ya que, en ocasiones, encuentra difícil transferirlo a otro profesional cuya práctica clínica puede que no sea conocida por él.

Por todo ello, existen una serie de factores que pueden obstaculizar este proceso de transición por parte de los diferentes protagonistas implicados. El propio paciente puede mostrarse reacio a pasar a una consulta de adultos, ya que eso supone abandonar el ambiente más familiar del ámbito pediátrico. De hecho, en ocasiones, permanecer bajo el cuidado pediátrico puede retrasar el desarrollo del paciente e incluso privarle de una atención apropiada a su edad real. Los padres, a su vez, pueden ser también reacios a abandonar a un equipo médico que ha sido su punto de referencia durante un período más o menos largo y con el que han podido establecer vínculos afectivos fuertes. Hasta ese momento, los padres se han sentido intensamente involucrados en el cuidado de su hijo y en la nueva situación pueden sentirse desplazados o incluso ignorados, pues el manejo del paciente adulto se basa fundamentalmente en el consenso entre facultativo y paciente. Además, hay ocasiones en las que los deseos del enfermo y de su familia discrepan, ya que algunos adolescentes, pese a compartir alguno de los recelos de sus padres, desean ser tratados como adultos. La transmisión debe ser un hecho que implique a toda la familia, por lo que los padres deberán estar incluidos también en el planteamiento de la misma.

Por último, las actitudes de los diferentes profesionales médicos también pueden dificultar el proceso. El gastroenterólogo pediátrico puede querer mantener la relación con el que ha sido su paciente, e incluso albergar la creencia que los especialistas de adultos no están preparados para abordar la problemática psicosocial del enfermo crónico pediátrico. Y, por su parte, el gastroenterólogo internista puede opinar que el nuevo paciente es todavía algo inmaduro y su familia demasiado demandante e implicada, lo que conlleva una necesidad de explicaciones más prolongadas y exhaustivas.

Para tratar de crear las condiciones adecuadas para este proceso, la Sociedad Norteamericana de Gastroenterología, Hepatología y Nutrición Pediátrica estableció una serie de recomendaciones para seguir.[38] El momento en el que realizar la transición debe ser establecido con flexibilidad, ya que muchos pacientes presentan circunstancias especiales. Dicho momento dependerá, por un lado, de la edad establecida por el sistema sanitario, o por cada centro hospitalario, para el paso desde la atención pediátrica a la asistencia adulta. Dependiendo del momento en que se vaya a producir dicho paso, se han postulado diferentes objetivos para facilitar el proceso (véase la tabla 1).[39] Por otro lado, la transición debe realizarse en un momento de estabilidad de la enfermedad de base, preferentemente en situación clínica de remisión y en ausencia de cambios terapéuticos importantes.

Edad	Paciente	Equipo médico
11-13	Identificar su patología. Identificar tratamientos, dosis y efectos adversos. Usar y leer un termómetro. Referir el impacto de la enfermedad en su vida diaria.	Introducir la idea de futuras visitas independientes. Mantener a los padres en la sala de espera durante parte de la visita.
14-16	Identificar al equipo médico. Conocer los nombres y objetivos de las pruebas y análisis realizados. Conocer su historia clínica. Conocer grupos sociales de apoyo a la EII y otras organizaciones de la comunidad. Comprender los riesgos de no cumplir los tratamientos. Comprender el impacto de determinadas drogas y del alcohol sobre su enfermedad.	Dirigir todas las preguntas y las exploraciones al paciente. Explorar la actitud de los padres acerca de la toma de decisiones por parte del paciente. Determinar cuándo el paciente quiere que sus padres estén o no en la consulta. Iniciar el debate sobre una eventual transición. Instruir al paciente sobre los nombres de medicaciones y dosis. Instruir al paciente acerca de cómo contactar personalmente con el equipo médico para consultas y citaciones.
17-19	Es capaz de buscar información acerca de su enfermedad. Demuestra capacidad de fijar visitas médicas y de contactar con el equipo médico. Puede hacerse cargo de los documentos, informes, peticiones…	Introducir el tema de posibles barreras para la transferencia. Identificar posibles gastroenterólogos de adultos para realizar la transferencia. Estimular al paciente a reunirse y entrevistarse con el facultativo de adultos. Recordar al paciente y a su familia que, a partir de los 18 años, tiene el derecho a tomar sus propias decisiones referentes a su salud.
20-23	Ha tenido conversaciones telefónicas con su gastroenterólogo de adultos. Se fija una visita inicial con su gastroenterólogo en situación de estabilidad de su enfermedad.	Proveer al paciente de los informes médicos adecuados. Transferir dichos informes también al facultativo encargado del seguimiento posterior.

Tabla 1. Objetivos según la edad del paciente. Modificado de Hait E et al.[39]

El gastroenterólogo pediátrico debe empezar a visitar al enfermo sin sus padres, para establecer una relación que promueva la independencia y la confianza en uno mismo, y que asemeje la futura relación que establecerá con el digestólogo de adultos. Es importante introducir el concepto de la transición al paciente y a su familia con anticipación, enfatizando sus beneficios, como son la normalización del desarrollo, la promoción de la independencia, de la confianza en uno mismo y la mejora del cumplimiento del tratamiento. Asimismo, debe transmitirse la necesidad de un seguimiento por un facultativo experto en una serie de problemas relacionados con la EII que normalmente no son tratados por pediatras, como fertilidad, vida sexual, embarazo y prevención del cáncer colorrectal, así como de otros problemas de salud habituales en la edad adulta no relacionados directamente con la enfermedad.

Una vez que se ha planteado esta transición, el paso siguiente es la identificación de un gastroenterólogo habituado al manejo del adulto joven, alguien que reconozca que los adultos jóvenes con EII de inicio pediátrico tienen unos condicionantes diferentes a los de un adulto joven con inicio reciente de la enfermedad. Es importante que el pediatra facilite los informes médicos necesarios al nuevo facultativo de referencia, así como al paciente y a su familia.

BIBLIOGRAFÍA

1. Castellaneta SP, Afzal NA, Greenberg M *et al.* Diagnostic role of upper gastrointestinal endoscopy in pediatric inflammatory bowel disease. J Pediatr Gastroenterol Nutr 2004;39:257-61.

2. Dubinsky MC, Ofman JJ, Urman B, Targan SR, Seidman EG. Clinical utility of serodiagnostic testing in suspected pediatric inflammatory bowel disease. Am J Gastroenterol 2001;96:758-65.

3. Khan K, Schwarzenberg SJ, Sharp H, Greenwood D, Weisdorf-Schindele S. Role of serology and routine laboratory tests in childhood inflammatory bowel disease. Inflamm Bowel Dis 2002;8:325-29.

4. Gupta KG, Fitzgerald JF, Croffie JM, Pferfferkorn MD, Molleston JP, Corkins MR. Comparison of serological markers of inflammatory bowel disease with clinical diagnosis in children. Inflamm Bowel Dis 2004;10:240-44.

5. Dubinsky MC, Lyn YC, Dutridge D *et al.* Serum immune responses predict rapid disease progression among children with Crohn's disease: immune responses predict disease progression. Am J Gastroenterol 2006;101:360-67.

6. Jacobstein DA, Mamula P, Markowitz JE, Leonard M, Badassano R. Predictors of immunomodulator use as early therapy in pediatric Crohn's disease. J Clin Gastroenterol 2006;40:145-48.

7. Gupta N, Cohen SA, Bostrom AG *et al.* Risk factors for inicial surgery in pediatric patients with Crohn's disease. Gastroenterology 2006;130:1069-77.

8. Russell RK, Drummond HE, Nimmo EN *et al.* Genotype-phenotype analysis in childhood-onset Crohn's disease: NOD2/CARD15 variants consistently predict phenotypic characteristics of severe disease. Inflamm Bowel Dis 2005;11:955-64.

9. Markowitz J, Grancher K, Kohn N, Daum F. Immunomodulatory therapy for pediatric inflammatory bowel disease: changing patterns of use, 1990-2000. Am J Gastroenterol 2002;97:928-32.

10. Griffiths AM. Enteral feeding in inflammatory bowel disease. Curr Opin Clin Nutr Metab Care 2006;9:314-18.

11. Fell JM, Paintin M, Arnaud-Battandier F *et al.* Mucosal healing and a fall in mucosal pro-inflammatory cytokine mRNA induced by a specific oral

polymeric diet in paediatric Crohn's disease. Aliment Pharmacol Ther 2000;14:281-89.

12. D'Haens G. Mucosal healing in pediatric Crohn's disease: the goal of medical treatment. Inflamm Bowel Dis 2004;10:479-80.

13. Berni Canani R, Terrin G, Borrelli O *et al.* Short- and long-term therapeutic efficacy of nutritional therapy and corticosteroids in paediatric Crohn's disease. Dig Liver Dis 2006;38:381-87.

14. Martín de Carpi J, Varea V, Vilar P, Ribes C, García Novo Mª D, Prieto G. Leukocite Adsorptive Apheresis in Paediatric Inflammatory Bowel Disease: Safety and tolerance of the technique and preliminary data of efficacy. J Pediatr Gastroenterol Nutr 2004;39:s315-16.

15. Ruemmele FM, Roy C, Levy E *et al.* Nutrition as primary therapy in pediatric Crohn's disease: fact or fantasy? J Pediatr 2000;136:285-91.

16. Griffiths AM. Enteral nutrition in the management of Crohn's disease. JPEN J Parenter Enteral Nutr 2005;29:S108-17.

17. Sanderson IR, Croft M. The anti-inflammatory effects of enteral nutrition. JPEN J Parenter Enteral Nutr2005; 29: S134-S140.

18. Bacietto C, Borrelli O, Di Nardo G *et al.* Nutritional therapy alone with polymeric diet (Modulen) is more effective than corticosteroids in inducing healing of intestinal mucosal lesions in active Crohn's disease. J Pediatr Gastroenterol Nutr 2004;39 (Suppl):S106.

19. Gassul MA, Mañe J, Pedrosa E, Cabré E. Macronutrients and bioactive molecules: is there a specific role in the management of inflammatory bowel disease? JPEN J Parenter Enteral Nutr 2005; 29: S179-S183.

20. Sullivan MO, Morain CO. Nutrition in inflammatory bowel disease. Best Practice & Research Clinical Gastroenterology 2006; 20: 561-73

21. Afzal NA, Davies S, Paintin M y *cols.* Colonic Crohn's disease in children does not respond well to treatment with enteral nutrition if the ileum is not involved. Digest Dis Sci 2005;50:1471-75.

22. Bonen DK, Cho J. The genectics of inflammatory bowel disease. Gastroenterology. 2003;124: 521-39.

23. Zachos M, Tondeur M, Griffiths AM. A meta-analysis of enteral nutrition as primary therapy of active Crohn's disease: does formula composition influence efficacy? Cochrane Database Syst Rev 2001; 3:1-24

24. Gassull MA, Fernández-Bañares F, Cabré E *et al.* Fat composition may be a clue to explain the primary therapeutic effect of enteral nutrition in Crohn's disease: results of a double blind randomised multicentre european trial. Gut 2002; 51:164-68.

25. Fell JME. Control of systemic and local inflammation with transforming growth factor β containing formulas. JPEN J Parenter Enteral Nutr 2005;29:S126-33.

26. Johnson T, MacDonald S, Hill SM *et al.* Treatment of active Crohn's disease in children using partial enteral nutrition with liquid formula: a randomised controlled trial. Gut 2006; 55:356-61.

27. Knight C, El-Matary W, Spray C *et al.* Long term outcome of nutritional therapy in paediatric Crohn's disease. Clin Nutr 2005; 24:775-79.

28. Griffiths AM. Enteral nutrition: the neglected primary therapy of active Crohn's disease. J Pediatr Gastroenterol Nutr. 2000;1:3-5.

29. Ruemmele FM. Infliximab: how to use it in pediatric Crohn's disease. J Pediatr Gastroenterol Nutr. 2004;39: 12-14.

30. de Ridder L, Escher JC, Bouquet J, Schweizer JJ, Rings EH, Tolboom JJ, Houwen RH, Norbruis OF, Derkx BH, Taminiau JA. Infliximab therapy in 30 patients with refractory pediatric Crohn disease with and without fistulas in The Netherlands.J Pediatr Gastroenterol Nutr. 2004 ; 39:46-52.

31. Kugathasan S, Werlin SL, Martinez A, Rivera MT, Heikenen JB, Binion DG. Prolonged duration of response to infliximab in early but not late pediatric Crohn's disease. Am J Gastroenterol. 2000;95: 3189-94.

32. Lionetti P, Bronzini F, Salvestrini C, Bascietto C, Canani RB, De Angelis GL, Guariso G, Martelossi S, Papadatou B, Barabino A. Response to infliximab is related to disease duration in paediatric Crohn's disease. Aliment Pharmacol Ther 2003;18:425-31.

33. Hyams J, Crandall W, Kugathasan S, Heuschkel R, Griffiths A, Cohen S, Markowitz J, Olson A, Johanns J, Liu G, Baldassano R. A Randomized, Multicenter, Open-label Study to Evaluate the Safety and Efficacy of Infliximab In Pediatric

Patients with Moderate-to-severe Crohn's Disease. NASPGHAN 2005.

34. Crandall WV, Mackner LM. Infusion reactions to infliximab in children and adolescents: frequency, outcome and a predictive model. Aliment Pharmacol Ther. 2003;17: 75-84.

35. Jacobstein DA, Markowitz JE, Kirschner BS, Ferry G, Cohen SA, Gold BD, Winter HS, Heyman MB, Baldassano RN. Premedication and infusion reactions with infliximab: results from a pediatric inflammatory bowel disease consortium. Inflamm Bowel Dis. 2005;11: 442-46.

36. Heuschkel R. Synergy between immunosuppressive therapy and enteral nutrition in the management of childhood Crohn's disease. JPEN J Parenter Enteral Nutr 2005;29: S160-65.

37. Matsumoto T, Iida M, Kohgo Y *et al.* Therapeutic efficacy of infliximab on active Crohn's disease under nutritional therapy. Scand J Gastroenterol 2005;40: 1423-30.

38. Transition of the patient with Inflammatory Bowel Disease from pediatric to adult care: recommendations of the North American Society for Pediatric Gastroenterology, Hepatology and Nutrition. J Pediatr Gastroenterol Nutr 2002;34: 245-48.

39. Hait E, Arnold JH, Fishman LN. Educate, comunícate, anticipate. Practical recommendations for transitioning adolescents with IBD to adult health care. Inflamm Bowel Dis 2006;12:70-3.

We see change. UCBeyond
Transforming patients' lives by pioneering new treatments for Crohn's disease. By rethinking biological therapeutics, through Fab' fragment technology, we are going beyond. UCBeyond.
ucb

www.ingramcontent.com/pod-product-compliance
Lightning Source LLC
LaVergne TN
LVHW080424200726
843507LV00004B/708